DAVID ROTH

LET'S TALK ABOUT
TOD

50 Fragen zu Sterben, Tod und Bestattung

INHALT

ERINNERN.
LEBEN MIT DEM TOD

VORWORT

*Liebe Leser*innen,*

der Tod begegnet mir jeden Tag und er macht mir keine Angst. Das liegt nicht etwa daran, dass ich besonders mutig, übermütig oder ignorant wäre. Im Lauf der Jahre, die unsere Familie das Bestattungshaus Pütz-Roth in Bergisch Gladbach nun führt, haben wir viel über den Umgang mit Sterben, Tod, Trauer und Bestattung gelernt. Dieses Wissen möchten wir mit Ihnen teilen.

Durch die Digitalisierung stehen uns unerschöpfliche Informationsquellen zur Verfügung und trotzdem wissen die meisten Menschen immer weniger über den Tod Bescheid. Was passiert, wenn wir unseren letzten Atemzug getan haben? Darf man einen Toten zu Hause aufbahren? Soll man ihn noch einmal anschauen? Wie gefährlich ist Leichengift? Und was kostet ein Sarg? Im Trauerfall sind zunächst mal viele organisatorische Dinge zu klären. Nicht alles sollte man an den Bestatter delegieren. Warum es helfen kann, den Toten selbst anzuziehen und am offenen Sarg zu sitzen, darüber können Sie in diesem Buch eine Menge erfahren. Dass Trauer nicht nur Traurigkeit und Lähmung bedeutet, sondern eine Zeit sein kann, aus der man viel für sein weiteres Leben mitnehmen kann, auch darum geht es auf den nächsten Seiten. Trauer ist Liebe, denn die Liebe hört nicht mit dem Tod einfach auf. Trauer braucht Gemeinschaft. Dabei ist die persönliche Begegnung viel wertvoller als nur virtuelle Anteilnahme. Facebook wird zwar in ein paar Jahren die größte Nekropole der Welt sein, kann aber niemals einen mitfühlenden Blick oder ein gutes Gespräch ersetzen. Trauer braucht eine Heimat; in den meisten Fällen wird das ein Ort sein, eine Grabstelle, an der ich mich verbunden fühlen kann. Deshalb ist es wichtig, sich über die Gestalten unserer Friedhöfe Gedanken zu machen.

Immer häufiger begegnen mir Menschen, die noch nie in ihrem Leben einen Toten gesehen haben. Viele wissen nichts über den Tod, außer das, was sie durch die Medien erfahren haben. Der inszenierte mediale Tod hat mit der Realität nichts zu tun.

In meinem Podcast *Talk about Tod** reden der Journalist und Autor Klaus Reichert und ich seit vielen Jahren über alle Facetten dieses für uns alle so wichtigen Themas. Wir räumen auf mit Klischees, wir geben Tipps, wie man sich auf einen Trauerfall vorbereiten kann. Wir erklären, warum es wichtig ist, sich mitten im Leben mit dem Tod zu beschäftigen, gerade dann, wenn es einem gut geht, wenn man glücklich ist und man keinen Grund hat, an den Tod zu denken.

Diese Gespräche sind weder schwermütig, noch gruselig und schon gar nicht langweilig. Im Lauf der Jahre hat sich ein munteres Frage- und Antwortspiel entwickelt, getreu dem Titelsong einer TV-Serie, die wir als Kinder immer angeschaut haben: »Wer, wie, was, wieso, weshalb, warum – wer nicht fragt, bleibt dumm!«

Aus diesem Frage- und Antwortspiel ist dieses Buch entstanden. Es ist ein Ratgeber-Buch, ohne belehrend sein zu wollen. Es ist ein Lesebuch, mit dem wir Sie zum Nachdenken bringen wollen, damit Sie für den Fall der Fälle vorbereitet sind. Denn der wird kommen.

---

*   Sie finden den Podcast »Talk about Tod« auf der Website puetz-roth.de
und bei Spotify – I-tunes – Podcaster – Stitcher – TuneIn.

Dieses Buch ist kein trauriges Buch. Im Gegenteil, es ist ein quicklebendiges, unterhaltsames und hilfreiches Buch, und ich bin fest davon überzeugt, dass Ihnen das Lesen viele neue Erkenntnisse bringen und auch Spaß machen wird.

Der Tod gehört zum Leben! Diese Tatsache nicht zu verdrängen wird ihr Leben bereichern.

Herzlichst,
Ihr

David Roth

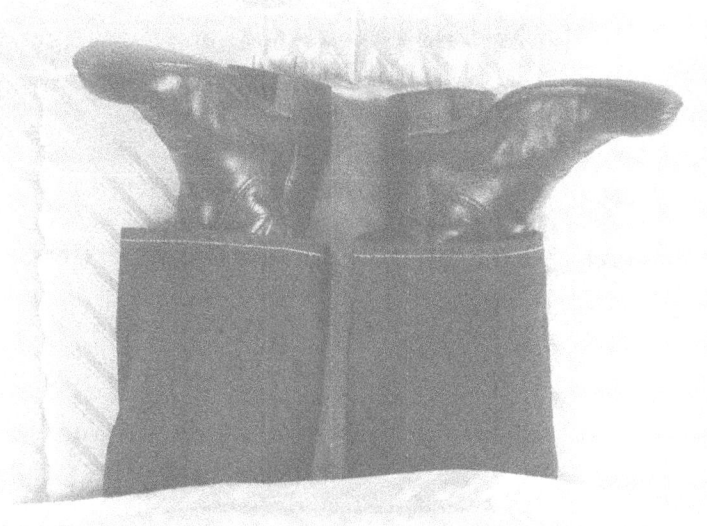

WIR STERBEN.
UND DANN?

SOLL MAN MIT STERBENDEN ÜBER DEN TOD REDEN?

Auf diese Frage kann es nur eine persönliche Antwort geben. Mein Gesprächspartner Klaus Reichert und ich möchten mit Ihnen unsere Erinnerungen an die letzten Gespräche, das Sterben und den Tod unserer Väter teilen.

David, darf man schwerstkranken Menschen sagen, dass sie bald sterben werden?

Ja. Es ist hart, aber ich glaube, das ist auch ganz wichtig. Sich der Tatsache zu stellen, dass es nicht immer gut gehen wird, dass Menschen einfach sterben.

Vielleicht reden wir über unsere eigenen Erfahrungen. Mein Vater war zum Beispiel nicht bereit, sich in irgendeiner Form mit uns über dieses Thema zu unterhalten, bis er dann eines Tages tot in seinem Badezimmer lag. Er war schwerer Alkoholiker und ihm war anzusehen, dass das nicht mehr allzu lange gehen wird. Sein Zustand wurde immer schlechter. Wann auch immer wir auf das Thema zu sprechen kamen, wehrte er ab: Nein, ich habe nur eine Grippe, nur eine Erkältung. Er hatte dann Ausfallerscheinungen an den Füßen, konnte nicht mehr richtig laufen, mit den Händen konnte er nicht mehr richtig greifen. Er hat dieses Thema völlig verdrängt. Als er tot im Badezimmer lag und ich ihm ins Gesicht gesehen habe, hatte ich das Gefühl: Er war überrascht, dass er sterben musste.

Bei meinem Vater war es etwas anders. Er war ein kleiner Hypochonder wie ich und hat trotz all seiner Energie sehr genau gesehen, dass sich etwas verändert hat. Er ist zu den Ärzten gegangen, weil eine Erkältung nicht mehr aufhören wollte, und hat dadurch relativ früh erfahren, dass er Krebs hatte. Dann kam eine sehr bewusste Auseinandersetzung. Das gipfelte darin, dass er in der Sendung »Kölner Treff« bei Bettina Böttinger offen gesagt hat, dass er todkrank sei. Zu der Zeit wusste er von einem Freund mit der Diagnose Krebs, allerdings ein Krebs, der sich nicht so schnell entwickelte wie in seinem Fall. Wir waren damals in einer Phase, in der wir ohnehin viel miteinander gesprochen haben, weil es um Nachfolge ging. Das haben wir eigentlich zehn Jahre lang gemacht. Aber am liebsten sprach er darüber, was er noch alles tun möchte. Er hat uns immer damit gedroht, dass er bis 95 im Büro bleibt. Ab und zu hatte er dann Phasen, in denen er sagte: Jetzt ist auch mal genug, im nächsten Jahr werde ich ein Jahr lang reisen und so etwas. Das hat er dann doch nicht gemacht. Für uns war es die reinste Achterbahnfahrt, die geprägt war von Miteinander-Sprechen, aber auch einem gewissen Unglauben, ob das wirklich geschehen würde. Später kamen dann immer heftigere Behandlungen, die er vorher vielleicht abgelehnt hätte und die dann so schleichend auf ihn zukamen. Zum Beispiel eine Art Dialyse, die für seine Leber und Nieren gemacht wurde. Irgendwann ist es mir schon so gegangen, dass ich es einfach nicht mehr ausgehalten habe, wenn er über tausend triviale Sachen gesprochen hat und gar nicht absehbar war, was passieren wird und wie es mit ihm weitergeht. Für mich war klar: Das wird so nicht mehr weitergehen und es geht leider in eine klare Richtung. Nachdem ich dann mit einem der Ärzte geredet hatte, habe ich ihn darauf angesprochen, wie er das eigentlich sieht? Mir war klar: Wenn ich jetzt nicht mit ihm über dieses Thema spreche, kann ich das in zwei Monaten garantiert nicht mehr tun. Das war für mich sehr hart, weil ich diese fortschreitende Entwicklung miterlebt habe. Es wurde immer schwieriger, er wurde immer schwächer, die Behandlungen wurden immer weniger aussichtsreich. Dann kam dieser Punkt, wo **13** man immer hört: »Du musst jetzt kämpfen!« Und wo ich das Gefühl hatte nach dem Gespräch mit ihm, dass er es auch akzeptiert hatte und die Entwicklung dann immer schneller ging.

Wie hast du diese Situation erlebt, dass jemand tatsächlich begreift: Mir ist nicht mehr zu helfen? Fritz, dein Vater, hatte Leberkrebs. Das ist eine Diagnose, mit der schlagartig der endende Horizont sichtbar wird, weil es kaum Heilungschancen gibt. Nur die Möglichkeit, das Leben noch ein bisschen zu verlängern. Aber wenn ich mich richtig erinnere, ist vom Moment der Diagnose bis zu seinem Tod nicht einmal ein Jahr vergangen.

Ja, so war es. Es gibt viele Geschichten, in denen es trotz allem gut ausgehen kann. Es ist vielleicht nicht so ein krasses Todesurteil wie Bauchspeicheldrüsenkrebs zum Beispiel. Es gibt Statistiken für alles und jenes und auch neue, innovative, hochgefährliche Behandlungsmethoden. Die Crux an dem Ganzen ist, dass er gar nicht so krasse Einschränkungen hatte wie andere in der Zeit. Das war für ihn sicher ein Riesenglück. Er hatte nicht diese unerträglichen Tumorschmerzen, wurde zwar ein bisschen schläfriger, aber er hatte einfach immer viel Energie. Von außen sah es weiter so aus, dass er mit ganz großer Energie alle seine Ziele und Themen weiterverfolgt. Wenn die Leute wegguckten, musste er sich dann aber auch mal einen Moment hinlegen.

Ich erinnere mich noch daran, dass er zwei oder drei Wochen vor seinem Tod bei Günther Jauch in der Talkshow saß. Man sah ihm an, dass er nicht gesund war, dass da ein schwerkranker Mann sitzt. Aber dass es dann so schnell gehen würde, damit hat gar keiner gerechnet, oder?

Das konnte keiner fassen, viele waren fassungslos, als sie das gehört haben. Direkt nach dieser Sendung ist er am nächsten Morgen das letzte Mal ins Krankenhaus gegangen, und hat es bis zu seinem Tod nicht mehr verlassen. Er hat per SMS oder Telefon noch Leute zu sich bestellt, auf einen Kaffee oder dieses und jenes. Das erlebe ich auch im Alltag, wenn ich mit Angehörigen spreche, dass Leute, die auf einmal bettlägerig werden, dies für eine Episode halten.

Woran kann man erkennen, ob jemand bereit ist für ein Gespräch über den nahenden Tod? Ich konnte mit meinem Vater nie ein solches Gespräch führen. Wann immer ich versucht habe, in irgendeiner Form mit ihm darüber zu sprechen, hat er das total abgeblockt.

Ich denke, wir sehen eine Art Signale. Ich hatte eher das Gefühl, dass da ein Widerstand auf der anderen Seite ist. Es ist ein Finden des stimmigen Moments, so ähnlich, wie wenn man einem Menschen sagt, dass man ihn liebt. Da kommen tausend Faktoren. Das Schwierige ist, dass es immer die unausgesprochenen Gedanken auf beiden Seiten gibt, die man dem anderen nicht zumuten mag, diese verborgenen Welten. Ich glaube, irgendwann braucht es ein Bekenntnis.

Soll man jemanden auffordern, darüber zu reden, oder lieber warten, bis jemand damit kommt? Wie war es bei dir? Hat dein Vater das Gespräch mit dir gesucht oder bist du auf ihn zugegangen?

Ich bin auf ihn zugegangen. Ich glaube, es gibt dafür kein richtig und falsch. Man sollte sich der Situation und der Gefühle sicher sein, dann kann man es nur versuchen. Das Leben ist nichts für Angsthasen. Ich muss auch realistisch und ehrlich damit umgehen und ich kann keinen Menschen dazu zwingen. Bei meinem Opa war es ganz ähnlich wie bei deinem Vater. Er hat kurz mitbekommen, dass er den ganzen Körper voller Metastasen hatte, und genau einmal gesagt: Oh, dann habe ich wohl Krebs. Danach war das Thema für ihn gegessen. Er wollte in die Kneipe gehen, zu seinen Freunden, solange es nur irgendwie geht. Er wollte leben. Das sehe ich auch nicht als verkehrt an. Die gesamte Familie wusste über drei Jahre hinweg, in welche Richtung das geht.

Wann hattest du bei deinem Vater das Gefühl: Er weiß, dass die Situation sich nicht mehr ändern wird? Wann war er sich wirklich bewusst: Jetzt sterbe ich?

Ganz spät, erst zwei Tage vor seinem Tod. Es gab indirekte Zeichen, zum Beispiel hat er uns nicht mehr in irgendwelche Restaurants geschickt, um ihm was zu essen zu holen. Das ließ sogar schon ein paar Wochen vorher nach. Dann ließen auch seine Aktivitäten nach, er verließ kaum noch das Zimmer und hatte kaum noch Lust, mal eine Runde über die Station zu gehen oder das Gebäude zu verlassen, daran war schon gar nicht mehr zu denken. Irgendwann hat er dann die Offensive gesucht und uns alle um fünf Uhr morgens angerufen und zu sich bestellt. Seine Geschwister, meine Schwester und ihren Mann, mich und meine Lebensgefährtin und die Kinder. Dann wurde es so richtig typisch für ihn: Ganz melodramatisch hat er aus seinem Bett heraus jedem einzelnen gute Worte mitgegeben, so etwas wie Privataudienz gehalten. Nachdem das geschehen war, war es für ihn auch gut, dann wäre er gerne gestorben, wie auf dem Bild von Carl Spitzweg mit dem Künstler, der in der Mansarde liegt. Das hatte durchaus komische Züge. Wir durften dann alle wieder zu ihm kommen, haben noch einmal mit Getränken und Keksen angestoßen und versucht, das Schönste aus diesem Moment zu machen. Der Moment wurde dann lang: Der Tag ging langsam zu Ende und die Kinder, die wir mitgebracht hatten, mussten wieder nach Hause und ins Bett. Man stirbt nicht, wenn man das will, sondern wenn es so weit ist. Jedenfalls kam nicht dieser sanfte Übergang.

Und wie seid ihr damit umgegangen? Habt ihr in der Familie darüber gesprochen, oder hast du dir jemanden gesucht, einen Trauerbegleiter, der dir quasi professionelle Hilfe geben konnte?

Ich habe keine Trauerbegleitung für mich in Anspruch genommen, weil ich das mit meinem Umfeld machen konnte, mit meiner Lebensgefährtin, mit meiner Mutter, mit meinen Kindern, meinen Tanten, meiner Schwester, ihrem Mann. Es gab immer wieder Momente, wo wir darüber gesprochen haben. Und es gab in meinem Gefühl die Zwiesprache mit ihm, mit der Situation, mit dem, was ich da erlebt hatte, als ich ihn fast dazu gezwungen habe, mit mir darüber zu sprechen. Was ist, wenn du stirbst? Und er konnte dem nicht wirklich ausweichen, ich saß da, er lag da. Er hätte mich nur aus dem Zimmer werfen können.
Es passierte ganz viel in dieser Zeit, was ich richtig schön fand. Aber nach wie vor erlebe ich auch, dass ich fast weinen muss, wenn ich daran denke. Das ist ein Prozess, bei dem man jeden Tag ein Stückchen weiterkommt. Jetzt sind es schon zehn Jahre, die er tot ist. Die Zeit rast. Und ich merke, zum Beispiel in so einem Gespräch, dass da noch ganz viele Aspekte sind, die mich ein bisschen lächeln lassen darüber, wenn ich mich erinnere, was ich alles mit ihm erlebt habe. Ein großes Foto von ihm steht bei uns in der Eingangshalle. Für mich ist es wie ein Spiegel dessen, wie ich mich gerade fühle, was ich gerade denke. **17**

WAS TUN, WENN JEMAND STIRBT?

Niemand weiß, wann der Tag kommt: Ein Angehöriger stirbt. Auf einmal stellen sich viele Fragen. Zu Gefühlen von Trauer und Bestürzung kommen Rat- und Hilflosigkeit. Auf den Fall der Fälle kann sich jeder vorbereiten – und sollte es tun.

Wenn jemand gestorben ist, ruft man den Bestatter an. Er kommt dann, holt den Toten ab und regelt den Papierkram. Das klingt nach einem Rundum-sorglos-Paket?

Das kommt auf das Selbstverständnis des Bestatters an und was er wirklich leisten kann. Bei vielen Bestattern sucht man sich hauptsächlich einen Sarg aus, bekommt einen Termin zugewiesen, wählt aus fünf Sprüchen den passenden aus. Damit ist die Sache durch. Aber man kann natürlich viel mehr von einem Bestatter bekommen. Bei uns ist es zum Beispiel Usus, dass wir uns um allen Schriftverkehr kümmern, weil das viele Menschen überfordert. Das heißt: Wir kümmern uns um alle Formalitäten bei den Behörden. Mit den Urkunden, die wir dort bekommen, können wir uns dann auch um die Rente kümmern, die Abmeldung bei der Krankenkasse, bis hin zum Handyvertrag. Es gibt praktisch nichts, was wir als Bestattungsinstitut nicht schon gemacht haben.

Nun hat man früher viele Rituale gepflegt. Die Leute sind zu Hause gestorben, dort sind sie erst einmal geblieben, und man hat nicht den Bestatter gerufen. Der Beruf ist noch gar nicht so alt. Noch vor 100 oder 150 Jahren gab es gar keine Bestatter, oder?

Es gab so etwas wie erste Spezialisten, das geht sogar bis auf die Römer zurück, etwa auch im alten Ägypten. Aber im Grunde war es etwas, was man als Liebesdienst für die Gemeinschaft getan hat, wie auch immer diese Gemeinschaft aussah.

Liebesdienst bedeutet, dass der Tote von den Angehörigen oder von Nachbarn oder von Freunden versorgt worden ist?

Genau. Ganz viel wurde selbst gemacht und jeder wusste auch, dass man das selbst tun und dabei nichts falsch machen konnte. Zum Beispiel das Einkleiden. Das Thema war noch vertraut und lebensnah.

Welche Rituale waren früher üblich, die wir heute gar nicht mehr kennen oder nicht mehr pflegen?

Es gab zum Beispiel dieses letzte Hemd, das man schon als Aussteuer mitbekam und als Schutz über die restliche Kleidung legte.

Wieso als Schutz?

Als Staubabdeckung. Es lag immer oben auf den anderen Kleidungsstücken.

Das ist ja ein netter Zweck, den das letzte Hemd erfüllte ...

Ja. Vielleicht reime ich mir das auch nur so zusammen. Es lag auf den anderen Sachen und man hatte es jeden Tag in der Hand. Auch als Erinnerung daran, dass man sterblich ist. Früher hatte man auch so etwas wie Reliquien von seinen Vorfahren dabei. Das waren Knöchelchen, Haare, Nägel oder anderer Schmuck. Es gab früher diese große Reliquienverehrung, die ganz alltäglich war. Gerade hier in Köln mit den Heiligen Drei Königen.

Ich dachte, da wären vor allem Reliquien von Jesus Christus gesammelt und verehrt worden?

Jemand hat einmal gesagt, aus den Splittern des Kreuzes, die es überall gibt, könnte man ganze Städte bauen. Es war ein natürlicher Teil des Ganzen, wodurch der Tod immer präsent war. Es gab in der Gemeinschaft Vorstellungen darüber, was geschieht, wenn jemand verstirbt, und was da zu tun sei. Manches geht natürlich ein bisschen in Richtung Aberglauben. Zum Beispiel, dass Spiegel verhangen, Wäscheleinen abgehangen wurden, damit sich der Geist des Toten nicht verheddderte. Oder Rituale wie: zum Verstorbenen zu gehen, der zu Hause in der guten Stube blieb, wo ein kleines Behältnis mit Weihwasser stand, vielleicht mit einem Palmzweig darin, und ihn damit zu segnen. Um ihm den Weg ins Paradies leichter zu machen. Dann wurde gesegnet und gesegnet, dass das Wasser in Strömen lief. In Amerika war es üblich, dass man sogar Streiche mit dem Körper gemacht hat, um ihn quasi aus der Reserve zu locken und sicherzugehen, ob er auch wirklich tot ist. Es gab eine große Angst, dass jemand lebendig begraben wird. Früher wusste man über das Mysterium Tod nicht so viel.

Es wurde wirklich getestet, ob jemand tot ist? Was genau haben die Menschen da an Streichen veranstaltet? Mit Nadeln mal zugestochen?

Vielleicht. Oder den Verstorbenen in den Arm genommen, ihm eine Kappe aufgesetzt wie so eine Eselskappe damals in der Schule. Und man hat natürlich das Haus belagert. All diesen Ritualen war gemeinsam, dass man sie in Gemeinschaft erlebt hat. Anders als heute war man nicht alleine, wenn jemand starb, sondern das Haus war voller Gäste. Da ging es dann auch hoch her: Es wurde geweint, getrauert und auf den Verstorbenen angestoßen, man hat miteinander gelacht, gescherzt, sich erinnert, und all das gleichzeitig.

Früher gab es Leute, die verkündet haben, dass jemand gestorben ist. Heute ist es so, dass eine Anzeige in der Zeitung geschaltet wird oder in den Amtlichen Bekanntmachungen. In kleineren Orten gibt es Aushänge. Früher sind Menschen von Tür zu Tür gegangen und haben erzählt, dass jemand gestorben ist?

Genau. Sie haben dazu eingeladen, die Familie zu besuchen, den Verstorbenen noch einmal zu sehen. Wenn man hier zu uns auf den Berg kommt, auf den unser Bestattungshaus steht, sieht man auch noch diese Seelenbretter. Die wurden ähnlich genutzt. Zuerst lag der Verstorbene darauf, bis der Schreiner einen Sarg fertig gezimmert hatte. Bis dahin lagen sie auf dem Brett. Wenn dann der Sarg fertig war, wurde dieses Brett gestaltet, bemalt und vor die Haustür gestellt, um Menschen einzuladen. Es gibt in manchen Kulturen heute noch eine ähnliche Tradition, zum Beispiel in manchen Gegenden Spaniens, da fahren dann Lautsprecherwagen durch die Straßen und verkünden das, so dass jeder davon erfährt. So war das früher auf dem Dorf auch.

Viele Menschen sehen heute überhaupt keine echten Toten mehr. Wenn jemand stirbt, bekommt man das mitgeteilt, vielleicht von einem Arzt. Und bekommt dann zu hören: Behalten Sie ihn so in Erinnerung, wie er gelebt hat. Das hört man auch von Bestattern relativ oft. Deiner Meinung nach ist das Gegenteil richtig?

Ja. Die Orte, an denen Verstorbene aufbewahrt werden, sind oft verborgene, dunkle und kalte Orte. In anderen

Ländern sind die Toten zunächst zu Hause; und da ist es durchaus üblich, den Verstorbenen noch einmal in den Arm zu nehmen oder zu küssen. Das ist für uns eine schwierige Vorstellung. Wir sind es nicht so gewöhnt, Emotionen und Nähe in der Öffentlichkeit zu zeigen. Es kommt zunächst einmal niemand auf die Idee, den Toten noch einmal anzufassen, gar zu küssen.

Meistens ist es so: Wenn Leute im Krankenhaus oder einem Pflegeheim sterben, werden sie sofort weggeschafft, in die Pathologie oder in den Leichenkeller. Auch sonst sind Orte, wo Tote sind, z.B. in den Leichenhallen auf den Friedhöfen, nicht wirklich einladend, geschweige denn so, dass ich da eine Zeitlang einfach mit dem Toten zusammen sein will.

Das ist schade. Es gibt solche ästhetischen Bilder wie aus Indien, dass jemand in weißes Leinen gekleidet auf einem erhöhten Podest bequem liegt und das Ganze einen ganz harmonischen Eindruck ausstrahlt. Das ist gar nicht das, was wir hier favorisieren. Aber dass man den Ort vielleicht selbst ein bisschen schön macht, das wäre möglich.

Bei euch, im »Haus der menschlichen Begleitung«, gibt es extra Räume, die ganz wohnlich eingerichtet sind ...

Bei uns kann man die Verstorbenen so oft und so lange besuchen, wie man möchte. Und zwar in einer leichten Atmosphäre, in einer Art Wohnzimmer. Es gibt eine Küche zum Kaffeekochen, es gibt Gebäck und einen großen Garten, in dem man sich aufhalten und trauern kann.

Es ist hier im Haus sogar möglich, dass die Angehörigen dabei sind oder mithelfen, wenn der Tote gewaschen, wenn er angezogen wird.

Ja, das ist hier gang und gäbe. Das macht natürlich nicht jeder, und nicht jedem ist das wichtig. Aber es kann jeder hier mitmachen, wenn er das möchte. So erlebt man, dass alles behutsam, liebevoll, anständig geschieht.

Ich erinnere mich, dass Kardinal Karl Lehmann im Mainzer Dom mehrere Tage lang aufgebahrt war und man ihn sehen konnte. Bei normalen Beerdigungen ist es doch ganz selten, dass tatsächlich am offenen Sarg Abschied genommen wird, oder?

Das ist schon selten. Es ist meistens eine eher kulturelle Frage. Zum Beispiel bei Menschen mit einem russisch-orthodoxen oder griechisch-orthodoxen Glauben ist das gang und gäbe. In anderen Religionen, wie im Islam, ist es üblich, dass die ganze Gemeinschaft kommt, um den Verstorbenen zu waschen.
Bei uns im Bestattungsinstitut kann das jeder machen, wie er mag. Wir haben natürlich eine Verantwortung unseren Gästen gegenüber, gerade weil das so unvertraut ist. Wir führen die Leute behutsam an die Situation heran.

Darf man einen Toten auch zu Hause aufbahren?

Klar. Das haben wir ja auch mit unserem Vater gemacht und bei unserer Oma; das machen wir auch beruflich für viele Menschen. Ich habe kürzlich eine Familie begleitet, die einen Sohn hatte. Er ist 24 Jahre alt geworden. Den Eltern war es ganz wichtig, dass er bis zum Tag der Trauerfeier zu Hause bleiben konnte. Das war fast eine ganze Woche (was auch deshalb möglich war, weil er im Dezember gestorben ist). Sie konnten ihn bei sich, in seinem Bett, in seinen Sachen und als Familie dort geborgen wissen. Wir sind dann am Morgen hingefahren, haben ihn mit der Familie gemein-

sam in den Sarg gelegt mit allen Sachen, die ihm wichtig
waren, es war wie ein Nest. Dann sind wir gemeinsam zur
Kirche gefahren.

Für den einen oder anderen ist die Vorstellung, dass ein Toter zu Hause sein könnte, sicher merkwürdig, befremdlich,
gruselig. Das macht zunächst Angst ...

Das ist ein Problem unserer emotionalen Vorstellungskraft.
Wer einen Toten zu Hause aufbahrt, wird sehr schnell feststellen, dass die Realität gar nicht so aufregend, sondern
ganz entspannt ist. Abgesehen davon, habe ich in der Situation immer die Möglichkeit, mich jederzeit anders zu
entscheiden. Ich muss nicht stur dem Ziel folgen, »da muss
ich jetzt durch!« Wenn ich das Gefühl habe, es reicht, dann
mache ich den Sarg zu und bitte den Bestatter, zu kommen
und den Toten abzuholen.

MUSS MAN VOR TOTEN ANGST HABEN?

Die meisten Menschen haben noch nie einen echten Toten gesehen. Sie kennen Tote nur aus dem Kino oder dem Fernsehen. Was man nicht kennt, davor hat man natürlich Angst. Es gibt Gründe, warum wir hinschauen sollten.

Der Tod macht Menschen Angst. Und Tote natürlich auch. Warum?

Ich denke, weil in unserer Gesellschaft ganz viele Vorurteile bestehen. Wir sehen in den Medien viele schreckliche Bilder. Es ist auch nicht ungewöhnlich, dass Menschen bis zum letzten Moment jemandem im Krankenhaus die Hand halten. Aber ab dem Moment, wo sie begreifen, er ist verstorben, weichen sie auf einmal vor Angst zurück.

Heißt das, die Menschen haben Angst, sich mit irgendwas anzustecken?

Genau das. Oder davor, wie nahe es ihnen kommt, wie fragil eigentlich dieses Leben ist. Diese Angst entsteht durch den Kontakt, den wir nicht haben. Ähnlich wie es mit den Ängsten vor Überfremdung in unserer Gesellschaft ist: Sie sind nicht dort am größten, wo die meisten Fremden sind, sondern dort, wo sie als exotisch angesehen werden.

Haben Menschen auch Angst davor, der Situation nicht gewachsen zu sein? Jemanden tot vor sich zu sehen, damit umgehen zu sollen, müssen?

Ja, ich denke schon. Denn das kann ich heute gar nicht mehr lernen, weil wir nicht mehr in Generationen zusammenleben. Wir sehen in der Natur das Werden und Vergehen nicht mehr. Wir bekommen von Kindheit an beigebracht, wenn da ein totes kleines Vögelchen liegt: Fass das bloß nicht an! Geh da weg! Wir wissen einfach nicht mehr, was normal ist im Umgang mit Tod.

Früher, als die Menschen noch als Familie mit mehreren Generationen unter einem Dach gelebt haben, war es unvermeidbar, irgendwann dem Tod zu begegnen. Die Älteren sind gestorben, meistens auch zu Hause. Heute gehen wir mit 18 aus dem Haus, die Großeltern leben schon lange nicht mehr bei den Eltern. Das heißt, wir sind vom Tod relativ weit weg?

Genau. Die Großeltern werden heute auch viel älter, so dass ich das oft erst in einer späteren Zeit erfahre. Bei mir war es noch normal, dass ich als Kind mit zu einer Beerdigung genommen wurde und im weiteren Familienkreis auch einmal in Kontakt mit Verstorbenen kam. Mein Vater erzählte uns davon, wie er es erlebte, als seine Oma starb. Er war in der Familie der kleine Prinz, denn er hatte vier ältere Schwestern. Zu uns hat er immer gesagt: Wenn man in dieser Situation eine Oma hat, dann ist das wie ein Sechser im Lotto! Die Oma hat ihn total verhätschelt – sehr zum Ärger seiner Schwestern übrigens. Aber als er dann mit fünf, sechs Jahren erlebte, wie seine Oma starb, wie sie zu Hause blieb, dass ihn die Hand der Oma nie wieder streicheln wird, konnte er begreifen, dass da etwas geschehen war, etwas Endgültiges.

Würdest du dazu raten, Kinder mit zu einer Beerdigung zu nehmen? Vielleicht sogar zu einem offenen Sarg?

Dazu gibt es unterschiedliche Ansichten. Ich denke, ich muss die Kinder fragen, was sie möchten. Auch Pädagogen sagen, das kann man ihnen so oder so zumuten. Ich kann ihnen Möglichkeiten geben, das auszugestalten. Aus meiner Sicht sollten sie in jedem Fall mitkommen. Meine Dreijährige fragt mich jetzt seit Wochen: Ist dein Papa tot? Das fragt sie jeden Tag ein paar Mal. Sie hat ihn nie wirklich kennengelernt, aber sie versucht durch Fragen, das in irgendeiner Form zu fassen. Ich persönlich habe die Erfahrung gemacht, mit Kindern, die ich im Bestattungsinstitut habe genauso wie mit meinen eigenen Kindern, mit denen ich zum Abschiednehmen gegangen bin: Sie kriegen so oder so mit, was um sie herum geschieht. Sie spüren, dass die Stimmung sich verändert, dass etwas geschehen ist. Ich finde es wichtig, dass sie das verstehen können und nicht auf sich beziehen. Vor allem kleinere Kinder brauchen eine Erklärung, dass ein Verstorbener nicht tief schläft, damit sie selber keine Angst vor dem Schlafengehen bekommen. Manchmal ist es hilfreich, dass man sie zumindest bis zum Vorraum mitnimmt, die Tür einen Spalt breit offenlässt, damit sie merken: Da drinnen geht nicht irgendetwas Grausiges, Dunkles vor sich. Ihre Neugier zieht sie dann in diesen Raum und sie fangen an, sich damit zu befassen und Fragen zu stellen.

Viele Menschen kennen den Tod nur aus dem Fernsehen, als fiktionalen Tod, inszenierten Tod.

Ja. Der Tod wird zum Teil sehr drastisch, sehr schnell, mit schnellen Schnitten gezeigt, zum Teil angedeutet. Ich kenne Szenen, in denen man in der einen Sekunde das Gesicht sieht, und dann nur noch Blutspritzer auf der Wand dahinter. Mein Vater hat immer gesagt, dass heute ein Jugendlicher durch Computerspiele perfekt wüsste, wie er einen Menschen mit der Kettensäge filetiert, der reale Tod im Leben aber keinen Platz mehr hat.

Einerseits gucken wir uns sehr viele inszenierte Tote und auch inszenierte Tode im Fernsehen an. Aber im richtigen Leben habe ich mittlerweile das Gefühl, dass der Tod verschwindet. Viele Bestatter beschriften ihre Autos gar nicht mehr oder nutzen normale Lieferwagen, so dass man nicht mehr sieht, dass da ein Toter transportiert wird ...

Es ist auch so, dass wir oft als Bestatter vor 8 Uhr morgens oder nach 20 Uhr abends in ein Seniorenheim gerufen werden – damit bloß niemand der Bewohner darüber nachdenkt, dass das wahrscheinlich sein letzter Wohnort ist, den er lebendig nicht mehr verlassen wird.

Warum haben wir den Tod aus dem Leben verdrängt?

In der heutigen Zeit geht es sehr viel um Arbeit, um Effizienz und Ähnliches. Da ist der Tod so etwas wie ein »Störfall«. Ich glaube, dass wir auch Angst vor der Emotion des anderen haben und vor den Ängsten der anderen.

Ich habe manchmal das Gefühl, wir schauen zu sehr auf die jungen Leute. Alle wollen möglichst lange jung und schön bleiben. Es kommt mir vor, als ob wir rückwärts durchs Leben laufen würden: Wir schauen nicht in die Richtung, in der irgendwann der finale Horizont sichtbar wird und der Tod wartet.

Wir befassen uns im Bestattungsinstitut nicht so intensiv mit der »werberelevanten Gruppe« der 16- bis 49-Jährigen. Wir öffnen es aber gerne für Besucher, auch immer mehr für interessierte Schulklassen.

Schulklassen werden hier durchs Haus geführt?

Ja, das kommt immer häufiger vor. Aber selbst wenn wir auf einer Seniorenmesse sind, wo es um das Thema Vorsorge geht, staunen viele Menschen darüber, dass da auch ein Bestatter ist und sagen sich: Das ist ein Thema, um dass wir uns kümmern, wenn es ansteht, wenn wir alt sind. In der heutigen Vorstellung ist es sogar so, dass wir die Unendlichkeit entdecken und vielleicht 150 Jahre alt werden könnten. Wir bekommen natürlich immer das Bild der »Best Ager« vorgegaukelt, die noch bis ins hohe Alter fit sind. Sie machen Nordic Walking, bauen Häuser, konsumieren oder beweisen ihre Nützlichkeit, indem sie ihren Kindern mit deren Kindern helfen.

Was passiert mit Menschen, die es schaffen, sich dem Tod zuzuwenden? Die hinschauen anstatt davor zu fliehen?

Ich glaube, sie könnten ein zufriedeneres Leben führen. Wenn sie einfach ganz nüchtern wahrnehmen, dass es ihnen gerade wirklich relativ gut geht. Egal wie das Wetter draußen ist, dass es ein schöner und guter Tag ist. Sie könnten manchmal immer wieder einmal Bilanz ziehen: Was ist wirklich wichtig in meinem Leben? Viele kennen mittlerweile die fünf Dinge, die Menschen am Ende des Lebens bereut haben aus dem Buch »Five Regrets of the Dying«. Da wurden Menschen im Hospiz gefragt, die wussten, dass sie sehr bald sterben werden, was sie eigentlich gerne anders gemacht hätten.

Bei den Antworten war eine nicht dabei: »Ich wäre gerne mehr im Büro gewesen«, oder?

Das war der Punkt. Viele haben bereut, dass sie nicht wirklich ihr Leben, sondern das der anderen leben mussten. Dass sie für die Arbeit, die Karriere sehr viel Zeit aufgewendet haben. Das nimmt heute deutlich zu und führt dazu, dass viele in entscheidenden Phasen ihres Lebens ganz wenig Zeit haben. Wenn ein Kind geboren wird, wenn ein Angehöriger ersten Grades verstirbt und ich nur ein bis zwei Tage Sonderurlaub bekomme, in denen ich gar nicht begreifen kann, was da geschieht. Viele junge Menschen stellen dann fest, dass die Großeltern qua Gesetz nur als Angehörige zweiten Grades gelten und sie unter Umständen sich gar nicht kurzfristig die Zeit bzw. Sonderurlaub dafür nehmen können. Es ist auch schwerer geworden, Beziehungen aufrechtzuerhalten, weil uns die Arbeit oft an einen anderen Ort verschlägt. Viele Menschen können sich heute für das, was ihnen einmal wichtig war, nicht mehr so einsetzen. Stattdessen sind andere Dinge wichtiger geworden, welches Produkt als Nächstes gekauft wird u.v.m. Wir befassen uns weniger mit dem, was für uns tatsächlich relevant ist. Da ist der Tod ein ganz großer Wachmacher. Denn ab diesem Moment ist erst einmal alles ganz anders, weil der Tod den Menschen auch nicht so häufig begegnet und dann vielleicht manches anders bewerten werden kann.

Gut, wenn ich einen Trauerfall habe und wirklich in Trauer bin, muss ich mich in irgendeiner Form diesem Thema stellen. Aber warum sollte ich mich dem Thema stellen, wenn es mir im Grunde gut geht? Ich habe einen guten Job, genug Geld, ich kann fröhlich vor mich hin leben. Da ist doch gar kein Platz für diesen Gedanken?

Stimmt. Ich denke aber, man sollte manchmal einfach innehalten, um zu wissen, wo man gerade steht, warum man so viel arbeitet, wofür ich das, was ich habe, investiere, was ich konsumiere. Das ist wie in der Debatte über das Essen: Ob ich jetzt vegan lebe oder Fleisch esse oder wie auch immer. Es geht darum, dass ich weiß, was ich da tue, dass ich genieße, was ich da gerade tue, dass ich auch bewusst von dort aus meine nächste Mahlzeit, meine nächsten Tage oder meine Ziele plane. Dadurch, dass ich weiß, was Tod ist, weiß ich auch, was Leben ist. Was lebendig ist, bekommt gleichzeitig einen Wert dadurch, dass ich weiß, dass ich nicht das Versprechen hab, den nächsten Tag zu erleben. Das ist die einzige Garantie in unserem gesamten Leben: unser Tod. Darauf kann ich mich absolut verlassen. Von Herzen lachen und von Herzen weinen sind Emotionen, die von den gleichen Quellen genährt werden. Wir können nicht immer glücklich sein, wir können nicht immer traurig sein, wir brauchen diesen Wechsel. Trauer ist die vergessene Schwester des Glücks.

Der Tod und das Leben existieren gleichzeitig. Wir haben allein in Deutschland rund 900.000 Sterbefälle im Jahr, stündlich stirbt irgendwo jemand. Wenn wir das jetzt hochrechnen auf die Weltbevölkerung, dann lautet die Tatsache: jede Sekunde sterben Menschen. Diese Gleichzeitigkeit verliert man aus dem Blick, oder? Wenn man bei euch im Bestattungshaus ist, dann verliert man das nicht aus dem Blick – weil hier Tote sind und gleichzeitig finden eine Reihe von Veranstaltungen satt. Was macht ihr da?

Hier im Haus finden Lesungen statt, Kabarett, Konzerte. Es sind Veranstaltungen, die manchmal, aber nicht immer mit dem Tod zu tun haben, und es gibt natürlich Veranstaltungen für Trauernde. Genauso aber auch für Menschen, die gar nicht in Trauer sind. Hier ist jeder willkommen.

David, macht dir der Tod Angst?

Nein, kein bisschen. Ich kann es nicht beeinflussen. Ich kann nur mit einem ganz großen Zutrauen auf das Thema zugehen. Und wenn es mich treffen sollte, persönlich, dass die anderen einen Weg finden werden, damit umzugehen. Sie können dabei nichts falsch machen.

IST SCHON MAL JEMAND AN LEICHENGIFT GESTORBEN?

Die Vorstellung, dass Tote etwas Gefährliches an sich haben, hält sich hartnäckig. Von Leichengift hat jeder schon einmal gehört. Ob es so etwas wirklich gibt und Tote tatsächlich giftig sind, darüber wissen die wenigstens Bescheid.

Oft hört man, man soll den Toten so in Erinnerung behalten, wie er war. Du siehst das anders ...

Ich glaube, das ist nicht hilfreich. Wir sehen jeden Tag Hunderte Verstorbene im Fernsehen, bei *The Walking Dead*, im *Tatort* oder in anderen Serien. Und wir haben natürlich alle Vorstellungen, wie der Tote aussehen müsste, bis hin zu den Ängsten, die wir damit verbinden. Das ist ganz natürlich.

Wenn so viele Tote im Fernsehen vorkommen, haben wir natürlich auch eine Vorstellung davon, wie Tote aussehen müssen. In vielen Kriminalfilmen geben sich die Maskenbildner Mühe, sie tatsächlich zu schminken wie Tote – oder werden die Toten unrealistisch dargestellt?

Das ist oft hyperrealistisch, drastisch, richtig grausige Bilder. Und das kann Angst machen. Wenn Angehörige hierherkommen, sind viele ganz verwundert, wie entspannt ein Verstorbener da liegt. Aber hier geschieht etwas sehr Natürliches: Alle Muskeln entspannen sich, der Verstorbene liegt friedlich da. Wir möchten den Menschen, die hierhin kommen, natürlich keine heftigen Bilder zeigen. Die Verstorbenen, die hier sind, sind natürlich gewaschen und in ihre persönlichen Sachen eingekleidet. Wir sprechen manchmal auch mit den Angehörigen darüber, wenn sie uns sagen, wie derjenige vielleicht am bequemsten gelegen hat, wenn er im Bett lag.

Du empfiehlst den Menschen, die zu euch kommen oder zu denen ihr geht, die Toten tatsächlich auch anzuschauen?

Ja. Wenn ich einen Verstorbenen sehe, dann spüre ich, dass da etwas anders ist, dass da etwas kälter ist, dass da gar keine Regung mehr zu sehen ist. Dann kann ich anfangen zu begreifen, was da geschehen ist. Es geht uns darum, den Angehörigen zu vermitteln, dass sie ein gutes Gefühl haben dürfen und das Empfinden: Auch dem Verstorbenen geht's gut. Wir machen hier bei ihrem Besuch außerdem Mut, ihren Verstorbenen still zu berühren.

Machen das die Leute, fassen die den Toten tatsächlich an?

Das machen sie. Dann ist es oft so, dass sie dem Toten etwas beilegen wollen und mich fragen: Darf ich ihm die Brille ins Jackett stecken? Darf ich ihr eine Blume beilegen oder ein Bild von mir? Ich habe bisher immer erlebt, dass die Angehörigen liebevoll mit ihren Toten umgehen.

Man sollte also auf jeden Fall, wenn man einen Sterbefall in der Familie hat, hingehen und sich den Toten nochmal anschauen?

Die Realität ist in der Regel immer viel besser als das, was ich mir aus Angst vorstelle. Und dann ist das auch ein Moment, in dem ich mir überlegen kann: Was mach ich nun mit meiner Trauer? Was brauche ich jetzt für mich persönlich? Würde ich gerne was Bestimmtes tun? Hätte ich gerne Leute bei mir?

Wie ist es eigentlich mit dem Geruch? Wie ist das, wenn man vor einem Toten steht, der einen normalen Tod gestorben ist?

Im ersten Moment wird man gar keine Veränderung spüren. Das kommt vielleicht über die Zeit, muss aber auch nicht so sein. Ich erlebe gerade auch hier bei uns Menschen, die vielleicht schon seit einer Woche oder etwas länger tot sind. Das sind keine untragbaren, unhygienischen Zustände. Der Geruch ist normal. Man kann vielleicht mal das Fenster aufmachen, aber es ist normal, dass der Geruch anfängt, sich ein bisschen zu verändern. Das kann man gut aushalten. Wenn jemand schon länger verstorben ist, kann das natürlich auch ein bisschen heftiger werden.

Wo kommt denn der Geruch her?

Der Geruch entsteht durch die Verwesungsprozesse, die in allem, was tot ist, entstehen. Das bildet sich einfach über die Zeit und ist Ausdruck des biologischen Prozesses. Das ist prinzipiell nicht anders als bei den Blättern, die im Herbst herabfallen und nach einiger Zeit einen eigenen Geruch entwickeln, etwa in einem späteren Herbstwald.

Wenn jemand gestorben ist, wird der Bestatter angerufen, der Tote abgeholt und an einen Ort gebracht, wo Tote hingebracht werden müssen. Wo ist das? Wo sind die Toten bei euch im Bestattungshaus?

Sie sind in klimatisierten, gekühlten Räumen. Da verzögern sich die Verwesungsprozesse im Körper.

Wie ist der Ablauf normalerweise? Wenn jemand stirbt, innerhalb welcher Zeit wird er dann hierhergebracht oder auf einen Friedhof, in eine städtische Leichenhalle?

Als Allererstes muss man, wenn jemand gestorben ist, den Arzt rufen. Wir raten dazu, nicht unbedingt zwischen Freitagmittag und Montagmorgens in Deutschland zu sterben, weil ich meinen Arzt dann vermutlich nicht erreiche, sondern vielleicht nur den Rettungsdienst holen kann, der dann meistens »Unbekannte Todesursache« schreibt, und dann kommen natürlich noch ganz andere Prozesse ins Rollen. Aber ich kann auch noch warten, bis ich den Arzt des Verstorbenen erreiche. Er stellt den Tod fest, und ab diesem Zeitpunkt habe ich gesetzlich die Möglichkeit, in der Regel 24 Stunden bis 48 Stunden (in Nordrhein-Westfalen sind es 36 Stunden), den Verstorbenen bei mir zu behalten.

Man darf den Verstorbenen, wenn er zu Hause gestorben ist, zunächst da behalten?

Ja, das ist erlaubt. Ganz am Anfang ist der Körper auch noch voll beweglich. Die Leichenstarre tritt innerhalb der ersten 48 Stunden nach und nach ein und löst sich dann nach weiteren 48 Stunden wieder. Das ist ähnlich wie beim Sport, dass man durch Dehnen oder Massieren auch den Körper weiter bewegen kann. Der Körper kann während der ganzen Zeit gewaschen und eingekleidet werden.

Wenn ihr den Toten mitnehmt, dann bringt ihr ihn hier im Haus in spezielle Räume, wo man den Toten nochmal anschauen kann, sich zu ihm setzen kann, wo kein Zeitdruck herrscht. Warum macht ihr das?

Für uns ist das ein zentraler Punkt: Die Angehörigen müssen erst einmal begreifen, was da gerade geschehen ist. Denn das ist zunächst unvorstellbar, irreal. Viele hätten noch so vieles gerne gesagt, gefragt. Dieses persönliche

Abschiednehmen ist der erste Schritt. Die Angehörigen wissen, dass ist der Körper, den sie nicht bei sich behalten können. In dem Moment fangen sie auch an zu begreifen, dass es ganz vieles gibt, was ihnen der Tod nicht nehmen kann. Hier im Haus versuchen wir, das in einer Umgebung zu ermöglichen, die gerade nicht klinisch, nicht steril ist. Es ist vielleicht die zweitbeste Alternative gegenüber zu Hause, wo ich eine vertraute Atmosphäre habe, weiß, wo alles ist, was ich gerade brauche in dem Moment und mir vielleicht vorstellen könnte, Gäste einzuladen. Das versuchen wir hier in einer gewissen Form zu ermöglichen.

Was du beschreibst, ist das, was ihr hier macht. Es gibt auch andere Bestatter, die das so ähnlich anbieten. Aber die meisten Bestatter, die kommen nach Hause, ins Pflegeheim oder Krankenhaus, holen den Toten ab, und sagen dann: Wir treffen uns dann auf dem Friedhof ...

Ja. Es heißt oft: Behalten Sie ihn so in Erinnerung, wie er gewesen ist. Oder aber es heißt, man könnte den Verstorbenen aus den absurdesten Gründen nicht sehen, weil er irgendetwas Ansteckendes hatte. Das kommt aber sehr selten vor. Und wenn es so ist, dann weiß man das als Angehöriger meistens vorher und kann damit umgehen.

Wenn man den Toten anfasst, kann man sich da mit irgendwas anstecken?

Nein. Aber generell ist es so, dass der Verstorbene ja eine Person ist, die ich vielleicht noch Momente zuvor gestreichelt oder umarmt habe. Das könnte ich auch nachher. Wir kennen das allerdings heute fast nur noch aus südlichen Ländern.

So etwas wie Ebola kann hier also nicht passieren? Da haben sich ja tatsächlich viele Menschen in Afrika damals an den Toten angesteckt.

So etwas kann hier kaum passieren. Bisher gibt es Ebola nicht in Deutschland. Nur weil jemand stirbt, wird er nicht ansteckend, und es entwickelt sich auch nichts Ansteckendes aus dem Körper. Bei den meisten ansteckenden Krankheiten kann man mit entsprechenden Vorsichtsmaßnahmen trotzdem Abschied nehmen.

Viele Trauerfeiern finden so statt, dass entweder der Sarg in der Mitte der Leichenhalle auf dem Friedhof in einem kalten Raum steht oder auch die Urne. Ist es denn nicht möglich, da noch einmal den Toten so aufzubahren, dass die Trauergäste ihn anschauen können?

Das ist gar kein Problem. Es ist allerdings nur fair, dass die Gäste dann wissen, was sie erwartet und sie nicht unvermittelt vor dem Toten stehen. Die Menschen sollten vorbereitet sein und das vor allem auch wollen.

Es gibt auch schlimme Unfälle, damit muss man anders umgehen, oder?

Ja, das heißt, dass ich in dem Fall einfach Stellen abdecke, die schwer anzuschauen sind. Aber dass ich zumindest vielleicht die Hand sehen kann, und weiß, das ist real, das ist der Mensch, den ich kannte. In der Realität ist es meistens deutlich weniger heftig, als wie ich es mir vorgestellt hätte.

In amerikanischen Filmen sieht man oft, dass der Sarg bis zur Mitte geschlossen und der Teil, wo der Kopf sich befindet, offen ist. Da sieht man dann einen Toten, der aussieht, als käme er gerade aus Hawaii. Thanatopraxie heißt das: eine würdevolles Abschiednehmen vom Verstorbenen ermöglichen, auch durch Leichen-Schminken und -Herrichten. Leichen-Schminken und Herrichten.

Da kann man sicherlich eine ganze Menge tun. Aber wir machen hier kein Schminken, keine Einbalsamierung. Damit der Tote eben nicht so aussieht, als ob er gerade vom Strand käme. Ich muss ja begreifen, dass ich denjenigen weggeben muss. Ganz am Anfang kann ich einen Toten nicht vom Schlafenden unterscheiden, bis ich merke: Da ist keine Atmung, da ist keine Regung. Wir machen das in der Regel so, dass wir Wunden verbinden. Wunden schließen sich nicht mehr, weil der Körper sie nicht mehr heilt. Dafür gibt es spezielle Pflaster und Ähnliches, und dann kann man jemanden vernünftig einkleiden.

Es gibt das Gerücht, dass man Tote deshalb auf dem Friedhof bestatten müsse, weil da dann das Leichengift an einem besonderen Ort in die Erde eindringt und sich dann auch dort sammelt und dort auch bleibt. Ist da was dran?

Nein. Alles, was mit einem Verstorbenen geschieht, ist das, was rund um uns herum auf diesem Planeten organisch auch geschieht. Der Körper wird von Mikroben, Bakterien besiedelt und wird wieder Grundlage für neues Leben. Das ist nichts, was uns gefährlich wird. Ein natürlicher Kreislauf.

Wir können also festhalten: Es gibt kein Leichengift! Niemand muss Angst haben, einen Toten anzufassen.

LEBENDIG BEGRABEN?!

In Geschichten kommt es immer wieder vor, dass jemand lebend begraben wird oder nur scheintot ist. Die absolute Horror-Vorstellung. In der Realität ist das ungefähr so wahrscheinlich, wie einem Vampir zu begegnen.

David, ist schon einmal jemand aus Versehen lebend begraben worden?

Wenn, dann unbemerkt. Nein, es ist unmöglich, dass jemand lebendig begraben wird.

Warum kann ich die Oma nicht zu Hause im Garten beerdigen?

Deutschland ist so ziemlich das einzige Land, das diesen Friedhofszwang hat, übrigens auch für Urnen. Prinzipiell ist es möglich, zum Beispiel, wenn jemand das Glück hat, auf einem Rittergut zu leben. Allerdings ist das auch dann durch die Behördenvorschriften sehr aufwendig, das zu machen. Aber unmöglich ist es nicht. Nur, praktikabel ist noch mal was anderes.

Bei uns gibt es den Friedhofszwang und Friedhofsgesetze, die besagen: Leichen darf man nur auf dem Friedhof beisetzen. Es sei denn, man hat irgendwie ein Landgut, und da ist so eine kleine Ecke vorgesehen?

Genau, dann geht es. Die zuständigen Behörden, das ist in der Regel die Friedhofsverwaltung, müssen mich auch als fähig ansehen, gerade vielleicht aus der Familientradition, damit umzugehen.

Die wenigsten von uns haben ein Rittergut, auf dem sich das machen lässt und müssen also ihre Angehörigen auf dem Friedhof beisetzen. Warum ist das so?

In Deutschland wird alles gut geregelt. Wir sind ein Land, das weltweit die meisten Vorschriften hat. Wir haben eine unendliche Ressource in unserer Gesellschaft an Bedenken, dass jemand was falsch machen könnte. Und viele glauben leider auch, dass Trauernde bevormundet werden müssten, weil sie vielleicht gar keine vernünftige Entscheidung treffen könnten in dieser Zeit. Manche trauen Familien nicht zu, liebevoll und würdig mit dem Verstorbenen umzugehen. Dazu kommt die Angst, dass dann irgendjemand nicht die Möglichkeit hätte, das Grab zu besuchen. Ausnahmen sind in den Gesetzen vorgesehen, aber hier in Deutschland absolut nicht alltäglich.

Wenn ich zu dir käme und sagen würde: Ich möchte gern meine Oma in der Urne mit nach Hause nehmen. Könnte ich das?

Rechtlich nein. Praktisch würde man einen Weg finden, wie man damit umgeht, und da kann man eine Menge machen.

Ich frage deshalb, weil die Gesellschaft immer mobiler wird. Das heißt, wir bleiben nicht mehr unser Leben lang an einem Ort, wo dann auch die Toten beigesetzt werden. Wenn ich weiß, in fünf Jahren ziehe ich woanders hin – dann kann ich die Oma ja nicht einfach umbetten lassen.

Genau, ich kann nicht immer den Aufwand treiben, dann den Friedhof zu wechseln, wie ich meine Wohnung wechsle.

Bei euch kann man die Urne für eine gewisse Zeit quasi »parken«. Dann kann ich sie mitnehmen und an einem anderen Ort bestatten?

Ja. Wir haben hier im »Haus der Klage« diese Möglichkeit. Wenn ich noch nicht weiß, was der richtige Ort ist, wie mein Leben sich entwickelt, dann kann ich zu einem späteren Zeitpunkt die Urne beisetzen, auch auf einem anderen Friedhof. Es ist in Deutschland nicht verboten, die Urne mit ins Ausland zu nehmen.

Darf man denn in anderen Ländern die Urne mit nach Hause nehmen?

Da ist das ganz üblich. Vom Prinzip her ist es zum Beispiel in Amerika nicht verboten, auf meiner Ranch in Montana jemanden beizusetzen. Das sind aber auch Gesellschaften, die vielleicht etwas mehr Erfahrung mit der Mobilität haben. Und die Holländer, Schweizer, Amerikaner würden nicht akzeptieren, dass der Staat sie so da bevormundet.

Aber Leichen müssen auch dort auf den Friedhof?

In der Regel, ja.

Gibt es Zahlen darüber, wie viele Menschen heute noch im Sarg beerdigt werden und wie viele in der Urne?

Ja, dabei gibt es ein Nord-Süd-Gefälle. Hier bei uns im Kölner Raum ist es so, dass noch etwa 30 bis 35 Prozent der Menschen in einer Erdbestattung beigesetzt werden. Die Zahl der Feuerbestattungen ist in den letzten Jahren stetig gestiegen, auch weil die Kinder heute oft nicht wissen, wo sie vielleicht in fünf Jahren sind oder an einem anderen

Ort leben als ihre Eltern. Im Osten ist es historisch so, dass mehr Menschen zu einer Feuerbestattung tendieren. Dabei geht es auch um die reduzierten Grabgrößen und die Grabpflege.

Ihr habt vor zehn Jahren einen eigenen Friedhof gegründet: die Gärten der Bestattung. Was unterscheidet diesen Friedhof von einem ganz normalen Friedhof, wie man ihn an vielen Orten in Deutschland findet?

Die meisten Friedhöfe sind in kommunaler oder konfessioneller Trägerschaft. Unser Friedhof als erster privater Friedhof hatte deshalb auch mit Vorbehalten zu kämpfen. Hier ist vieles anders: Wir haben keine Tore, keine Öffnungszeiten und wir versuchen, die Regeln sehr einfach zu halten. Es gibt kein Raster, sondern jeder kann sich eine Stelle aussuchen und dann auch so gestalten, wie er das Gefühl hat, dass das passt. Es gibt bei uns eigentlich nur eine wichtige Regel: dass wir niemanden ohne Namen bestatten wollen.

Was ist der Unterschied zum Friedwald? Auch das ist ein relativ neues Konzept, das es in Deutschland gibt.

Dort ist viel mehr reguliert. Zum Beispiel, dass ich da nichts ablegen darf, die Stelle nicht selbst gestalten und kennzeichnen darf, maximal mit einem kleinen Schildchen wie auf einem Klingelschild am Hochhaus, auf dem der Name steht.

Heißt das, die Bestattung im Friedwald ähnelt eher einer anonymen Bestattung?

Ja, denn der direkte Ort der Bestattung ist nicht eigens gekennzeichnet, sodass man ihn nicht einfach finden kann. **43**

Wenn wir uns einen normalen Friedhof anschauen, dann stehen da die Gräber in Reih und Glied, die Grabsteine haben alle die gleiche Größe, die Pflanzen sind oft die gleichen. Ich kann da also nicht hingehen und sagen, ich möchte gern etwas anderes?

Genau. Aber das ist eine relativ junge Entwicklung. Erst zu Anfang des letzten Jahrhunderts, um 1907, wurde die erste systematische und dauerhafte Friedhofsatzung in München erlassen. Bis dahin war es üblich, dass ein Friedhof sehr vielfältig war und es Leute gab, die sehr hingebungsvoll zum Grab gingen, das wurde nachher zum Ideal erklärt. Es gab auch Gräber, das sieht man heute noch in den aufgegebenen, ruhigeren Teilen eines Friedhofes, die ein bisschen überwuchert oder verwildert waren.

Auf normalen Friedhöfen heute ist das einzig Innovative, dass man sich anonym bestatten lassen kann. Das heißt auf einer Wiese, wo dann gar nicht mehr sichtbar wird, wer da eigentlich liegt. Viele Leute wollen möglichst wenig damit zu tun haben, wollen das Grab nicht pflegen. Das kostet ja auch Zeit und Geld.

Ja, das ist das eine, aber das andere Problem ist, wie bei vielem, dass man nicht vorher miteinander spricht und gegenseitig seine Bedürfnisse achtet. Wenn ich meine Oma anspreche, erzählt sie mir etwa: Ach, wenn ich mal tot bin, dann könnt ihr mich anonym beisetzen. Der Gedanke ist dabei, dem anderen nicht mehr zur Last zu fallen mit der Grabpflege.
Für uns sind Tage wie Festtage der Toten wie in Mexiko oder Ähnliches, ganz fern. Wir erleben den Friedhof nicht als lebendigen Ort, wie es vielleicht früher war, als der Friedhof mitten in der Stadt bei der Kirche war. Da haben

sich die Menschen einfach mal in der Arbeitspause unter einen schattenspendenden Baum gesetzt oder zur Grabstelle ihrer Familie, um in Verbindung zu sein.

Bei einer anonymen Bestattung nimmt man auch an keiner Beisetzung teil?

Genau, das macht die Friedhofsverwaltung selbst mit der Urne.

Angenommen, ich möchte eine anonyme Bestattung rückgängig machen. Geht das?

Das geht einfach. Wenn ich einen Gewissensgrund darstelle, dass ich mit der Situation nicht klarkomme. Die Friedhofsverwaltung weiß das. Sie können dir dann auch eine pflegefreie Stelle geben. Das kommt dann dem Gedanken des Verstorbenen nahe. Vielleicht habe ich aber auch später das Bedürfnis, dass ich die Grabstelle gestalten mag. Das habe ich vor einigen Jahren mal erlebt. Eltern fingen knapp ein halbes Jahr, nachdem ihr Kind verstorben, an, das Grab zu gestalten. Sie wurden dann von der Friedhofsverwaltung zurechtgewiesen. Die sagte ihnen, da macht man kein Logo vom Fußballverein drauf oder einen Fußball aus Marmor, das würde dort nicht hinpassen. Solche ganzen Gedanken hatten sie sich bei der Wahl des Friedhofs am Anfang gar nicht gestellt. Niemand liest erstmal die Friedhofssatzung.

Dürfte ich den Leichnam selber transportieren? Oder ist das ein Monopol der Bestatter, dass nur sie einen Toten transportieren dürfen?

Das ist zumindest nicht verboten, wenn auch ein Sargtransport aus Gründen der Größe in einem Privatwagen wohl eher schwierig ist. Aber ich sollte mir vielleicht ein, zwei Gedanken dazu machen. Ich darf auch auf dem Weg zum Friedhof die Urne selber transportieren. Es bestehen da einfach riesige Berührungsängste, das auch ordentlich zu machen. Was könnte mir passieren, wenn ich angehalten werde? Wenn ich die ordentlichen Papiere dabei habe, gar nichts.

WIE FÜHLT SICH EIN TOTER AN?

Die meisten Menschen finden die Vorstellung unheimlich, einen Toten anzufassen. Als Bestatter habe ich schon viele tote Menschen berührt. Wie sich ein Toter anfühlt, hängt von ganz verschiedenen Dingen ab.

David, wie lange bist du schon Bestatter?

Als ich fünf war, sind meine Eltern Bestatter geworden. Ich durfte dann auch als Kind schon in der Firma helfen. Ab meinem 19. Lebensjahr ging es mit Studium, Ausbildung und all dem los. Im engeren Sinn sind es also 21 Jahre, insgesamt 35.

Dann wirst du die Frage sofort beantworten können: Wie fühlt sich ein Toter an?

Das ist ganz unterschiedlich. Es kommt darauf an, wie lange der Verstorbene schon tot ist. Ganz am Anfang, wenn jemand eben erst gestorben ist, wird man erst einmal gar keinen Unterschied spüren. Über die Zeit verliert der Tote dann an Temperatur. Das heißt, die Temperatur nähert sich der Umgebungstemperatur an.

Ich habe hier bei euch im Haus schon öfter einen Toten angefasst. Die Hand eines Toten fühlt sich sehr kalt an.

Wenn gerade niemand bei dem Verstorbenen ist, sind sie hier in gekühlten, klimatisierten Räumen. Dadurch hat man auch länger die Möglichkeit, den Verstorbenen zu besuchen. Dort liegt die Temperatur bei ungefähr acht Grad.

Von früheren Fotos kenne ich es, dass Bestatter weiße Handschuhe anhaben. Die tragen sie wahrscheinlich nur, wenn Beerdigungen stattfinden?

Ja, das ist später zum Tragen des Sarges gedacht.

Ansonsten zieht man mittlerweile wie Chirurgen und Ärzte diese Plastikhandschuhe an.

Genau. Das hat hygienische Gründe. Unsere Mitarbeiter tragen diese Handschuhe, wenn sie einen Verstorbenen versorgen. Das gilt aber nicht für die Angehörigen. Wir machen immer Mut, den Verstorbenen direkt anzufassen. Da kann nichts passieren, solange ich mich ganz normal hygienisch verhalte und mir vielleicht vor dem Essen oder bevor ich mit den Fingern mein Gesicht berühre, die Hände wasche. Der Verstorbene ist nicht ansteckend, es sei denn, es gibt ausdrückliche Warnhinweise.

Aber ihr tragt immer die Handschuhe, auch wenn man sich mit nichts anstecken kann? Hat sich das so eingebürgert, dass Bestatter, wenn sie zu einem Verstorbenen kommen, dann tatsächlich auch diese Handschuhe anziehen?

Zunächst ja, wenn wir nicht wissen, ob zum Beispiel auf dem Totenschein Warnhinweise stehen. Wir müssen auch aufpassen, wenn wir einen Verstorbenen versorgen, ob bei ihm noch Nadeln oder Kanülen von Zugängen aus dem Krankenhaus vorhanden sind. Wir passen natürlich auf, dass wir uns dabei nicht verletzen. Wenn wir mit Angehörigen zum Abschiednehmen gehen, dann tragen wir keine Handschuhe.

Welche Farbe haben die Handschuhe bei euch?

Das ist ganz unterschiedlich. Es hat jeder eine andere Verträglichkeit der Materialien, ob das jetzt Latex, Nitril oder die normalen Handschuhe sind. Dementsprechend sind sie mal blau, gelb, weiß, oder durchsichtig.

Mir ist aufgefallen, dass die Köche im Fernsehen immer schwarze Handschuhe tragen. Die würden doch viel besser zu euch passen?

Prinzipiell sicher. Das ist mir auch schon mal aufgefallen. Nur ist das eigentlich eher ein reines Lippenbekenntnis, wenn ich an Lebensmittelbetriebe denke, wo mit den gleichen Handschuhen auch in die Kasse gefasst wird. Da verliert das dann seinen Sinn. Wir haben hier bei einer Veranstaltung einmal über Andrej Stachiuk gesprochen, einen polnischen Autor, der gesagt hat: Die Hygiene hat uns das Leben geschenkt. In den vergangenen hundert Jahren ist unsere Lebenserwartung gerade durch die Hygiene enorm gestiegen. Auf der anderen Seite nimmt sie auch ein wenig das Gefühl für Leben. Wir haben nicht mehr dieses erdige, richtige Gefühl, wie wenn ich mit der Hand zum Beispiel in Erde reingreife und mal spüre, wie das so auf meiner Haut ist.

Der Tote ist kalt und seine Haut, wie fasst die sich an? Ich hatte das Gefühl bei den Toten, die ich an der Hand angefasst habe: Das fühlt sich an wie Stein?

Das mit der Härte kann sein, denn der Verstorbene verliert kontinuierlich Flüssigkeit. Dadurch wird die Haut viel glatter, als sie vorher war, und ist auch nicht mehr so weich. Aber ich finde, das ist kein komisches Gefühl, es ist besonders. Man merkt, da ist etwas anders. Und das ist definitiv anders, als wenn ich jemanden zum Beispiel die Hand gebe.

Da hat das Leben den Körper verlassen. Manche würden vielleicht sogar sagen, die Seele hat den Körper verlassen, je nachdem, welcher Konfession man angehört. Es ist auf jeden Fall anders als einen lebendigen Körper anzufassen?

Ich merke sehr schnell, dieses andere. Ich spüre, dass jemand nicht am Schlafen ist, sondern dass tot etwas sehr anderes ist. Und das muss ich dann auch mit allen Sinnen begreifen können. Da ist der Tastsinn wichtig.

Ein Toter fühlt sich also deshalb kalt an, weil er sich an die Raumtemperatur anpasst. Und man kann einen Toten, wenn er nicht gerade an Ebola oder an einer anderen ansteckenden Krankheit gestorben ist, auch getrost anfassen?

Ja. In den allerallermeisten Fällen. Dann wird man feststellen, das ist gar nicht so seltsam, sondern es tut vielleicht sogar richtig, richtig gut.

Wieviel Tote seht ihr im Jahr oder fasst ihr an?

Das ist unterschiedlich, es sind aber sicher ein paar Hundert.

Wenn die Angehörigen zu euch ins Bestattungshaus kommen, empfehlt ihr ihnen, den Toten noch einmal anzuschauen und auch anzufassen?

Wenn sie das möchten. Ja.

Warum macht ihr das?

Damit ich wirklich begreifen kann, im wahrsten Sinne des Wortes begreifen, was tot bedeutet. Dass da etwas anders ist, und ich aus der Denkebene herauskomme und mich erden, wieder fühlen kann.

Was meinst du mit Denkebene?

Jeder sieht im »Tatort« oder irgendwelchen Krimiserien und Gerichtsmedizin-Sendungen Tote. Das sind oft heftige Bilder. Oder Bilder, auf denen der Tote auf einem Metalltisch in einer aseptischen Umgebung liegt.

Hier ist es anders. Die Räume sehen fast aus wie Hotelzimmer, nur dass ein Sarg in der Mitte steht.

Es sind warme Räume, in denen man sich auch sonst hinsetzen und ausruhen könnte. Da steht ein bequemer Sessel drin, ein Tisch, Kerzen und ich habe einen Blick nach draußen, sehe die Natur.

Schon die Umgebung sorgt dafür, dass die Leute mit einem anderen Blick auf den Toten gucken können?

Es geht darum, dass die Umgebung die Menschen nicht ängstigt und dadurch vertreibt, dass sie sich auf das, was sie sehen, einlassen und das Unfassbare begreifen können.

Eine Todesanzeige in der Zeitung, die offizielle Sterbeurkunde des Standesamts oder die Erzählung eines Freundes, all das bedient die rationale Ebene. Aber das ist etwas ganz anderes, als wenn ich das mit eigenen Augen sehe und mit eigenen Händen begreife, auch rieche, vielleicht auch über Tage sehe.

Machen das die Leute, die zu euch kommen, dass sie tatsächlich dann noch ein bisschen mit ihren Toten zusammen sind in den Räumen hier? Wird das in Anspruch genommen?

Das wird sehr in Anspruch genommen. Bestimmt 95 Prozent kommen zumindest mal kurz, um zu schauen, ob alles in Ordnung ist, ob die Tote oder der Tote z.B. stimmig angezogen ist. Viele entdecken dann, dass ihnen das guttut. Da löst sich auch unglaublich viel.

Du sagtest, stimmig angezogen: Passiert es denn, dass Tote nicht passend gekleidet werden?

Ich denke, der Standard ist, dass sie so etwas wie ein Hemdchen angezogen bekommen. Gerade bei einer Feuerbestattung ist das meist so: ein Rüschenhemd oder ein Hemd mit einer Fliege am Hals. Bei uns ist das ganz anders. Jeder hat das an, was er gerne anhatte. Und wir raten auch dazu, den Opa nicht in so einen Konfirmationsanzug zu stecken mit einer Krawatte, wenn er das gar nicht leiden konnte. Wenn Menschen dann kommen, um noch einmal ihren Verstorbenen bei uns zu sehen, sehen sie auch, wie wir ihn schön mit seinen Sachen eingekleidet haben.

Der eine oder andere lässt sich heutzutage auch schon im Fußballtrikot bestatten ...

Wir verlassen uns darauf, dass wir die Sachen bekommen, die dafür gut passen. Natürlich ziehen wir keinem Borussia-Fan ein Bayern-Trikot an.

Wenn die Angehörigen kommen, um den Verstorbenen noch einmal zu sehen, fassen sie ihn auch nochmal an?

In vielen Fällen schon. Es ist so, dass wir immer mitgehen, zeigen, wo alles ist, und Mut machen. Dann kommt es durchaus dazu, dass man noch mal die Hand anfasst oder die Stirn. Ich erlebe auch, dass Menschen dem Verstorbenen dann noch einmal einen Kuss auf die Stirn drücken, wie wir das aus Südländern kennen.

Wie ist das bei anderen Bestattern? Ihr habt hier ein großes Haus mit diesen wohnlichen Zimmern. Die meisten Bestatter haben irgendwo in der Stadt ein Büro in einer Seitenstraße. Mittlerweile sind die Schaufenster oft ansprechender gestaltet als früher. Da war es eher so, dass Bestatter sich mehr oder weniger versteckt haben, weil sie gewusst haben: Man muss sowieso zu ihnen kommen, wenn jemand gestorben ist. Das hat sich geändert. Aber was ist, wenn ich nicht die Möglichkeit habe, hierherzukommen: Wie und wo kann ich meinen Verstorbenen anschauen?

Das kann ich im Prinzip jederzeit, wenn man den Mitarbeitern im Krankenhaus oder im Pflegeheim sagt: Ich möchte nicht, dass mein Toter direkt an einen anderen Ort gebracht wird, damit ich noch einen Moment sitzenbleiben kann. Im Idealfall so lange, wie ich mag.
Kürzlich habe ich einen Bestatter kennengelernt, der ein System hat, dass es den Angehörigen ermöglicht, mit einem Chipschlüssel jederzeit alleine zu ihrem Verstorbenen zu gehen. In der Regel komme ich dann aber in eine dunkle, kalte Kapelle, vielleicht sogar mit einer Barriere, so dass ich nicht direkt hingehen kann. Oder ich komme an einen Ort, an dem ich in einer fremden Umgebung alleine bin. Das finde ich sehr schade, dass viele Bestatter sich nicht die Mühe machen und mitgehen.

WIE RIECHT DER TOD?

*Zugegeben, das ist eine etwas unappetitliche Frage.
Die meisten kennen den Tod nur aus dem Fernsehen
und da riecht er nicht – oder doch? Im Krimi sehen wir
gelegentlich Ermittler, die sich eine weiße Paste unter
die Nase reiben oder gleich angewidert das Weite suchen.*

Warum fangen Tote an zu riechen, David?

Das hängt mit dem Zersetzungsprozess zusammen, den
der Körper ab dem Zeitpunkt durchläuft, wo kein Kreislauf,
kein Herzschlag, keine Atmung mehr da sind. Bakterien
zersetzen den Körper dann, das sind natürliche Verwesungsprozesse.

Wenn ich mir so einen Körper vorstelle, der gerade gestorben ist, dann gibt es ja verschiedene Bereiche. Es gibt den
Blutkreislauf, die Muskeln, die ganzen Organe, den Magen,
in dem oft noch irgendetwas drin ist. Von wo geht dieser
Zersetzungsprozess aus? Wo fängt er an?

Einerseits in jeder Zelle, auf der anderen Seite sieht man
unterschiedliche Auswirkungen im Körper. Es ist ähnlich
wie bei allem anderen, was organisch ist. Auch bei unserer
Ernährung ist es ja nicht so, dass ab dem Moment, wo ein
Tier geschlachtet, eine Frucht geerntet wurde, das direkt
losgeht. Das ist ein Prozess, der mit der Zeit abläuft. Das
ist auch der Grund, warum beim Einbalsamieren gewisse
Tätigkeiten gemacht werden, beispielsweise der Magenin-
halt entfernt wird, weil es sehr schnell zu Zersetzungspro-
zesse kommen kann, die sichtbarer sind; es kann zu einer
Blähung des Bauches kommen.

Wenn so ein Gärungsprozess im Magen stattfindet, was beeinflusst diesen Prozess, der da im Körper beginnt?

Was den Prozess natürlich beeinflusst, ist die Temperatur. Das ist auch der Grund für die Kühlung eines Verstorbenen. Bestimmte Prozesse beginnen erst ab einer gewissen Temperatur, die so etwa über acht Grad liegt, denke ich. Liegt die Temperatur darunter, laufen die Verwesungsprozesse langsamer ab. Dazu kommt, in welcher Weise der Körper den Elementen ausgesetzt ist, dem Sonnenlicht, der Luft.

Das heißt, wenn der Tote in einem Kühlraum liegt bei unter acht Grad, dann dauert es deutlich länger?

Genau. Allerdings lässt sich das nicht ganz exakt sagen. Es gibt auch noch weitere Faktoren. Zum Beispiel wenn jemand sehr füllig ist, führt das in der Regel zu einer schnelleren Veränderung; oder wenn jemand aggressive Medikamente bekam, die sich auch noch einmal im Körper zersetzen. Abgesehen davon, dass es besser ist, jemanden früher als später zu sehen. Denn ab dem ersten Moment bemerke ich noch keinen großen Unterschied, außer dass da keine Regung mehr im Körper ist.

Der Tote verändert sich auch, wenn man ihn anschaut, also äußerlich. Diese Prozesse finden nicht nur drinnen im Körper statt, sondern werden von außen sichtbar?

Sichtbar und wahrnehmbar.

Du hast eben angedeutet, je schneller desto besser. Gibt es Zeitfenster, die du empfiehlst, wenn man den Toten noch einmal sehen will?

Zu unserem Praxis gehört, dass das jeder selbst bestimmen kann, wann für ihn der Zeitpunkt gekommen ist, jemanden loszulassen und wegzugeben. Das können durchaus drei Wochen sein. Das ist hier auch schon geschehen.

Das kommt mir sehr lang vor. Normalerweise heißt es doch: Der Tote soll innerhalb von 36 Stunden oder drei Tagen bestattet werden. Und es gibt Kulturen, die beerdigen innerhalb von 24 Stunden.

Ja, sogar am gleichen Tag oder am gleichen Abend. Das ist in den südlichen Ländern so., weil es dort sehr warm ist. Das sind auch Gedanken, die ich höre, wenn ich vor Schulklassen spreche. Drei Wochen? Das muss aber riechen! So bekommen die Schüler es im Fernsehen suggeriert und stellen sich vor, die Toten sehen dann schon aus wie ein Zombie.

Das ist der erste Gedanke, und später liegt dann ein Skelett da.

Genau. Wobei das Skelett die letzte Form ist: nur die übrig gebliebenen Knochen.

Wie lange dauert es, bis ein menschlicher Körper ein Skelett ist?

Je nach den Umständen. Es gibt auch so etwas wie Mumifizierung, da wird das ein paar Jahre dauern. Wichtig ist, dass das Grab nicht hermetisch von einer Lehmschicht oder Ähnlichem umgeben ist, sondern Wasser und Luft an den Leichnam kommen. So werden auch teilweise heute Betongruften konstruiert, die Zugang zu dem Sarg haben, so dass der Verstorbene und alles, was er bei sich hatte, im wahrsten Sinne des Wortes verrotten kann.

Also, unser Körper verwest nicht nur, er verrottet? Wenn tatsächlich ein Toter im Sarg unter die Erde kommt, wie tief wird da gegraben?

Ein Meter achtzig, das ist Vorschrift.

Man liegt also einen Meter achtzig unter der Erde, dann kommt Erde auf einen drauf, und man wird auch schon von Würmern aufgegessen. Oder ist das Märchen?

Das halte ich für ein Märchen. Es werden erst einmal Bakterien, Mikroben sein. Während es sonst, wenn ein Verstorbener irgendwo liegen gelassen würde, dann würden sich Fliegenlarven einnisten oder andere Insekten. Wenn ein Körper jetzt hier im Wald in der Natur liegen würde, würde sich die ganze Natur des Körpers annehmen. Und ja: Tiere würden den Körper essen.

Das heißt, der eine oder andere Fuchs, der vorbeikommt? Oder ein Wildschwein?

Genau. Das ist auch der Grund für die ein Meter achtzig. Damit Tiere nicht den Sarg ausgraben und so an den Verstorbenen rankommen.

Aber wenn ein Toter im Wald liegt und nicht entdeckt wird, dann kann es passieren?

Das passiert sogar relativ schnell. Tiere würden dann auch Teile wegschleppen. Das ist so, wie man es manchmal hört, dass jemand im Wald gefunden wurde und nur schwer identifizierbar ist.

Nach was riecht ein Toter? Oder riechen Tote unterschiedlich?

Unterschiedlich. Es ist ein ganz spezieller Geruch. Wenn ich hier mit einer Gruppe durchgehe, werden ganz viele Gerüche einem Verstorbenen zugeordnet, die gar nichts mit dem Verstorbenen zu tun haben. Das können Verbrauchsmaterialien sein, das kann Holz sein.

Die Leute erwarten schon, dass es irgendwie riecht?

Ja. Sie sprechen dann darüber, das sei ein Toter, den sie da riechen …

… dabei riecht es nach Lavendel-Duftspray oder Ähnlichem.

Das kann sein. Es ist vielleicht einfach ein Geruch, der einem nicht vertraut ist. Wir kennen von einem anderen Menschen den Geruch, den er hatte, wenn wir irgendwo ein Kleidungsstück von ihm finden, oder uns sogar als Andenken aufbewahren. Das hat einen bestimmten Geruch. Ich muss natürlich auch wahrnehmen, dass dieser Geruch sich im Verwesungsprozess über die Tage deutlich verändert. Das ist einer dieser Sinne, die mir das Begreifen ermöglichen, dass da was anders ist. Wie man vielleicht ja auch anders riecht, wenn jemand krank ist oder eine Krankheit hat.

Ich habe immer dieses Bild im Kopf aus dem Film »Das Schweigen der Lämmer«, wo es um eine Wasserleiche geht. Da reiben sie sich die Beamten bei der Obduktion irgendwas unter die Nase, was diesen Geruch fernhält oder überdecken soll. Das müsst ihr nicht machen, wenn ihr zu Toten geht? Ihr reibt euch nichts unter die Nase, oder?

Natürlich nicht. Aber es kommt durchaus öfters vor, wenn wir für das Ordnungsamt tätig sind, dass ein Verstorbener erst nach einer gewissen Zeit, vielleicht nach einer Woche in seiner Wohnung gefunden wird, und der Geruch die Nachbarn alarmiert hatte. Dann kann das schon richtig heftig sein. Vom Geruch her lässt es sich ein bisschen mit vergorenen, schimmelnden Lebensmitteln vergleichen.

Ist es ein süßlicher, säuerlicher oder irgendwie ganz anderer Geruch?

Ich kann das nicht beschreiben.

Glaubst du, dass die Leute es merken, wenn irgendwo eine Leiche verwest und sie riecht?

Mal ja, mal nein. Ich finde, das kann man gar nicht so klar definieren. Wie gesagt, weil hier auch Verstorbene, die wirklich lange hier sind, nicht riechen. Und das nicht, weil wir irgendwas Besonderes tun, außer die Toten zu kühlen.

Gab es schon Situationen, wo du selbst etwas tun oder dir die Nase zuhalten musstest, damit du nicht riechst, was da an Ort und Stelle zu riechen war?

Eigentlich nicht, auch wenn ich fürs Ordnungsamt unterwegs war.

Wenn du für ein Ordnungsamt unterwegs bist, sind das Fälle, wo es tatsächlich keine Angehörigen gibt?

Ja, es sind keine Angehörigen da. Oder Menschen lebten allein und werden dann gefunden. In solchen Fällen habe ich auch schon wirklich sehr heftige Situationen erlebt. **59**

Zum Beispiel, dass Verstorbene sich sehr verfärbt haben oder in einer Flüssigkeitslache lagen. Ich war auch schon bei Umbettungen dabei, wo Menschen nach Jahrzehnten umgebettet wurden und immer noch in einem Zustand der Verwesung waren, weil das Grab fast hermetisch abgeschlossen war.

Man liest immer wieder einmal von den sogenannten »Wachsleichen«, Körpern, die kaum verwesen. Früher wurden ihnen mystische Dinge zugeschrieben. Hat das mit dem Boden zu tun?

Ja, wenn die Luft nicht zirkulieren kann und kein Wasser an den Körper kommt, dann kommt es vor, dass der Verwesungsprozess nicht weitergeführt wird. Die Leichname sind dann zum Teil auch noch vom Gesicht her erkennbar.

Du hast erwähnt, dass in anderen Kulturen Tote einbalsamiert werden. Von Lenin weiß ich das, es gibt ja das Lenin-Mausoleum. Wird so was heute noch gemacht?

Wir kennen das vor allem von den Ägyptern oder Kulturen in den Anden, in denen das gemacht wurde. Es werden alle weichen Organe entfernt, das Hirn durch die Nase, der Magen, all das. Dann wird der Körper durch Salze getrocknet und mit bestimmten Harzen oder Salben eingerieben. Was es bis heute gibt, ist eine Form von Einbalsamierung, bei der Körperflüssigkeiten abgesaugt werden und das Blut gegen andere Stoffe in der Art von Formaldehyd ausgetauscht wird. Das nennt man Plastination. Dabei werden Körper in Schnitten wie bei einem Kernspintomografen aufgeteilt, oder es werden durch diese Präparation bestimmte Muskeln hervorgehoben und alles, was über den Muskeln liegt, entfernt. Bei der Einbalsamierung wird ein Trocar, das ist eine Art Spieß, der innen hohl ist, in den Körper eingeführt, und zwar nicht nur durch die vorgesehenen Öffnungen, sondern beispielsweise auch durch den Bauch. Damit werden die Flüssigkeiten und Organe abgesaugt, dann auswattiert und mit Plastikscheiben wieder verschlossen, die man in den Körper eindreht. Anders als bei Lenin oder bei den Pharaonen ist das nur für ein paar Wochen gedacht.

Klingt danach, dass ich meinen Körper lieber verbrennen lasse ...

Ich glaube nicht, dass ich das mit meiner Mutter machen würde. Einfach weil es unnötig ist, weil von ihr keine Gesundheitsgefahr ausgeht und in dem Körper nichts anderes ist als zuvor. Ich kann mir nicht vorstellen, den Körper in welcher Form auch immer zu verletzen.

Gab es schon mal die Frage an euer Bestattungsinstitut, ob ihr jemanden plastinieren könntet?

Eher selten. Aber was heute durchaus populär ist: seinen Körper der Medizin zur Verfügung zu stellen. Da werden auch bestimmte Verfahren angewendet, um den Körper etwas länger haltbar zu machen. Wir haben auch schon erlebt, dass jemand das verfügt hatte. Die Frage ist allerdings: Ist der Körper nachher wirklich interessant für den Plastinator oder die Medizin? Da ergeben sich durchaus kontroverse Diskussionen, wenn dieses »Geschenk« dann abgelehnt wird und die Medizin einen einfach nicht haben möchte.

AN ODER MIT CORONA GESTORBEN?

Während der Corona-Pandemie war diese Formulierung täglich zu hören. Die Zahl der Toten wurde täglich gemeldet, von überlasteten Bestattern und Krematorien war hier und da zu lesen. Wie habe ich diese Zeit erlebt und welche Möglichkeiten des Abschiednehmens gab es damals?

Es gab viele Tausende an und mit Corona Verstorbene in Deutschland. In den Medien war von Engpässen in Krematorien die Rede, von überlasteten und überforderten Bestattern. Wie ist es tatsächlich gewesen?

Wir hatten zu tun, keine Frage. Wir konzentrierten uns auf unsere Arbeit und kamen gut zurecht. Im November und Dezember 2020 hatte die Sterberate deutlich zugenommen.

Haben wir tatsächlich eine Übersterblichkeit erreicht? Starben mehr Leute als in den Jahren zuvor um diese Jahreszeit?

Ja, davon kann man schon sprechen. Im Dezember und im Januar gab es einen deutlichen Anstieg. Soweit ich die Statistiken gesehen habe, ist es im Umfang von 10 Prozent zu einer höheren Sterblichkeit gekommen. Aber es gibt natürlich auch Faktoren, durch die es im Gesamtjahresverlauf zu Untersterblichkeiten kam, weil Operationen verschoben wurden und dort keine Menschen gestorben sind oder dadurch, dass weniger Verkehr war und die normale Grippe durch die Schutzmaßnahmen eingeschränkt wurde.

David, wenn du zu einem Corona-Sterbefall gerufen wurdest, wie war das? Starben die Menschen in der Regel auf der Intensivstation?

Auf der Intensivstation oder auch auf den normalen Stationen, viele auch in den Heimen. In der Regel war es so, dass wir nicht auf die Station gehen, sondern in die Prosektur oder in die Leichenhalle des Krankenhauses gebeten wurden. Wenn der Verstorbene Corona hatte, konnte es sein, dass er in einem sogenannten Body Bag gelegt war. Das war nicht unbedingt notwendig. Wir gingen in Schutzkleidung und mit Schutzmaske, FFP2-Masken, dorthin und legten den Verstorbenen in einen Sarg. Das war in der Regel ein einfacher Einäscherungssarg mit einer Lackierung, damit wir die glatte Oberfläche gut reinigen und desinfizieren konnten. Nachdem der Sarg gereinigt war, nahmen wir den Verstorbenen mit zu uns ins Haus. Dann warteten wir erst einmal ab, bis ein Gespräch mit Angehörigen stattgefunden hatte. Wenn diese selber aktuell Corona positiv waren, sprachen wir am Telefon, ansonsten hielten wir bei den Gesprächen natürlich Sicherheitsabstände ein und trugen Masken. Dann wurde der Verstorbene von uns eingekleidet. Weil bei der Lagerung Flüssigkeiten austreten oder auch Luft entweichen konnte, trugen wir auch bei dieser Arbeit Schutzkleidung. Nach der Versorgung wurden in den Rachen der Toten mit Desinfektionsmittel getränkte Baumwolle eingelegt, um auch die kleinste Luftzirkulation zu verhindern. Lag der Verstorbene im Sarg, bestand keine Gefahr mehr.

Heißt das, es bestand eine Ansteckungsgefahr, während ihr den Toten angezogen, ihn gewaschen habt?

Ja, deshalb waren wir auch sehr vorsichtig. Danach herrschte dann keine Ansteckungsgefahr. Zum einen war es so, dass mit dem Tod des Menschen nach einigen Tagen auch der Virus nicht mehr am Leben war; wenn man dann zu seinem Verstorbenen ging, war es nicht anders als zuvor,

63

wenn zum Beispiel jemand an einer Grippe verstorben war. Solange man sich mittels der genannten Schutzmaßnahmen achtsam verhielt, vielleicht darauf verzichtete, als Angehöriger den Verstorbenen zu umarmen oder zu küssen, war das Risiko, sich anzustecken, sehr gering.

Kam es in den Krematorien tatsächlich zu Engpässen?

Die Aufregung war schon da, gerade in kleinen Krematorien, als plötzlich der Bedarf anstieg. Natürlich hatten auch viele Bestatter die Sorge, sich mit dem Corona-Virus zu infizieren, wenn sie die Verstorbenen direkt aus dem Krankenhaus zum Krematorium brachten. Dort musste man einige Tage warten, bis Sterbeurkunden vorlagen oder der restliche Schriftverkehr erledigt war. Aber generell haben wir in Deutschland eine relativ große Überkapazität an Kremationsmöglichkeiten, so dass das eine sehr kurze temporäre Sache war. Das Krematorium, mit dem wir zusammenarbeiten, kam zu keinem Zeitpunkt an seine Belastungsgrenze.

Normalerweise ist es doch so: Jemand stirbt zu Hause oder im Krankenhaus oder im Pflegeheim. Dann holt ihr den Toten ab und bringt ihn zu euch ins Haus, wo er eine gewisse Zeit bleibt, bis er ins Krematorium gebracht wird. Diesen Zwischenschritt haben sich einige Bestatter während der Pandemie gespart, einerseits aus Angst vor Ansteckung, andererseits verschlankte dieses Vorgehen einen Teil der Logistik.

Ja, sehr ökonomisch. Einige Bestattern war der zusätzliche Aufwand einfach lästig, oder sie hatten vielleicht auch ein bisschen Angst vor der Veränderung, die mit dem Verstorbenen vor sich ging, Bei uns nahmen die Menschen oft sehr lange Abschied, auch deutlich über die Bestattungsfrist von zehn Tagen hinaus. Einfach, weil sie feststellten, dass es ihnen gut tut, bei ihrem Verstorbenen zu sitzen, zu sehen, dass er keine Angst, keine Schmerzen mehr hat, und dabei zu begreifen, dass sie ihn nicht bei sich behalten können. Das war auch unter Corona-Aspekten machbar und möglich.

Nun gab es die Kontaktbeschränkungen untereinander. Was bedeutete das für die Trauerfeiern?

Dafür galten ganz unterschiedliche Regeln, regional und während der unterschiedlichen Phasen der Pandemie. Bei uns im Haus konnten wir 22 Personen zulassen aufgrund der Größe der Räume, die wir haben. In Kirchen waren es bis zu 95 Personen, unter freiem Himmel bestand keine Beschränkung der Teilnehmerzahl. Wenn Abstände eingehalten wurden, jeder sich vernünftig verhielt und eine Maske trug, die Gäste etwas weiter entfernt voneinander standen, dann war auch während der Corona-Zeit ganz viel möglich. Auch beim Abschiednehmen am Sarg konnten die Gäste zum Beispiel zeitlich versetzt hingehen und eine Kerze anzünden. Wir hatten damit keine Probleme.

Beim ersten Lockdown war es so geregelt, dass nur fünf Leute kommen durften. Danach wurde das wieder gelockert.

Ja, es gab Lockerungen und mehr Möglichkeiten. Ganz wichtig war, mit dem Bestatter, dem Pfarrer, der Friedhofsverwaltung zu sprechen. In der Regel erledigte das der Bestatter für die Betroffenen. Wenn Freunde und Verwandte Abschied nehmen wollten, konnten wir Möglichkeiten schaffen, für Gemeinschaft, eine gewisse Art von Nähe, für

Rituale zu sorgen. Auch unter Corona-Bedingungen war so etwas wie Trauerkultur möglich.

Wie war das mit den Trauergruppen? Es gibt viele Menschen, die sich nach einem Sterbefall in einer eurer Trauergruppen anmelden, um über ihre Gefühle zu sprechen, andere Menschen kennenzulernen.

Das war unter Corona-Bedingungen entweder nur virtuell möglich, oder man musste den Weg gehen und Psychotherapie-Gruppensitzungen anbieten. Wir haben ganz deutlich gemerkt, dass virtuelle Trauergruppen kein Ersatz dafür sind, sich zusammenzusetzen, andere Menschen zu sehen, sich emotional nahezukommen. Das können virtuelle Formate schlecht leisten. Wir haben darüber viel diskutiert. Und wir hatten auch den Fall, dass eine Teilnehmerin positiv getestet wurde. Es war gut, dass alle wirklich sehr vorsichtig waren, drei Meter voneinander entfernt saßen, sich mehrfach die Hände desinfizierten. Wir haben trotz dieser Erfahrung auch in der neuen Situation gesagt, dass es unglaublich wichtig ist, die Gruppen zu unterstützen. Trauer braucht Nähe, Trauer braucht Gemeinschaft, Trauer muss irgendwo auch gesehen werden. Man muss beklagen, wen man verloren hat. Warum man jemanden liebhatte, das möchte man anderen Menschen zeigen.

Home Office war für viele Mitarbeiterinnen und Mitarbeiter im Haus gar nicht machbar, bestenfalls ein Teil der Berater konnte von zu Hause aus arbeiten. Was war mit den anderen Aufgaben?

Die finden nach wie vor im Haus statt. Wir versuchten, uns
aufzuteilen und in Schichten zu arbeiten. Es wurde sehr

viele telefoniert und geskypt und gezoomt, der Betrieb ging relativ reibungslos weiter. Wir waren für die Menschen da, auch für uns untereinander, und ich merkte, dass es eine große Solidarität gab, und eine große gegenseitige Unterstützung.

Ihr habt auch eine Hotline ...

Genau. Die hatten wir vorher schon und haben sie jetzt auch noch. Wenn jemand Fragen hat, weil er zum Beispiel vom Bestatter oder von der Kirche oder vom Friedhofsverwalter gehört hat, dass ganz vieles nicht ging, konnte man sich bei uns melden und nachfragen. Oder wenn Ängste da waren im Umgang mit Angehörigen. Wir haben uns das alles angehört, was für viele Betroffene schon eine Entlastung war, und wo wir helfen konnten, haben wir geholfen. So ist das jetzt aber auch noch bei uns.

CORONA, HIV, LASSA ...
SIND VIREN FÜR DEN BESTATTER
UND ANGEHÖRIGE GEFÄHRLICH?

*Die Corona-Pandemie hat die Angst vor tödlichen Viren
geschürt. Angehörige, aber auch Bestatter fürchteten,
sich bei einem Toten anzustecken.*
*Die Ansteckungsgefahr wurde teilweise durch die Medien
übertrieben dargestellt. Wir haben Vorsichtsmaßnahmen
getroffen und es wurde kein einziger Fall bekannt, wo
sich jemand an einem Toten angesteckt hätte.*

David, wir müssen über Hygiene reden. Gibt es eigentlich
eine besondere AHA-Regel für Bestatter?

Als Bestatter muss man natürlich immer auf alles gefasst
sein. Die AHA-Regeln, die uns inzwischen allen bekannt
sind, gibt es auch für Bestatter. Wir können im Umgang
mit Toten natürlich nicht die ganze Zeit 1,5 Meter Abstand
halten. Wir tragen immer Handschuhe und sind sehr aufmerksam, gerade wenn Flüssigkeiten oder Verschmutzun-
gen auf unsere Hände oder Kleidung kommen.

Gehen wir mal vom Normalfall aus: Wir werden zu einem
Toten gerufen, der nicht an einer Virusinfektion gestorben
ist. Was war vor Corona üblich an Hygienemaßnahmen?

Wenn wir zu jemanden nach Hause kommen, dann be-
grüßen wir die Angehörigen, sprechen mit ihnen über die
Situation. Dann gehen wir mit den Angehörigen zu dem
Verstorbenen, schauen uns alles genau an, überlegen uns,
wie wir ihn am besten ins Auto und dann zu uns ins Haus
transportieren können. Wir bereiten unsere Materialien

vor, ziehen uns langsam unsere Handschuhe an, breiten ein großes Leinentuch aus, mit dem wir den Verstorbenen umlagern, ganz behutsam auf die Bahre oder in den Sarg legen. Und dann bringen wir den Toten aus dem Haus. All das geschieht langsam und würdevoll.

Du sagst »mit unseren Materialien«. Was für Materialien habt ihr denn dabei, wenn ihr zu einem Toten geht?

In unseren Wagen sind kleine Köfferchen für alle Eventualitäten. Es kann zum Beispiel sein, dass noch nässende Wunden oder Ähnliches zu versorgen sind. Wir haben alles dabei, um dann zum Beispiel auch den Ort, wo wir den Toten versorgt haben, zu reinigen.

Gibt es Fälle, wo Bestatter sich an einem Toten was eingefangen haben?

Es gab 2016 einen sehr prominenten Fall in der Nähe von Frankfurt. Ein Bestatter hat einen Verstorbenen aus der Uniklinik Köln überführt und versorgt, der das Lassafieber hatte: einen amerikanischen Staatsbürger, der in Togo gewesen war, sich dort angesteckt hatte und dann gestorben ist. Damals kam es trotz aller Vorsichtsmaßnahmen bei dem Bestatter leider zu einer Infektion.

Wie groß ist für euch die Gefahr, euch an einem Toten mit Corona anzustecken, im Vergleich zu anderen Infektionskrankheiten? Es sterben nach wie vor auch Leute zum Beispiel an Krankenhauskeimen oder auch an Aids.

Gefährlich ist immer das, worauf man nicht gefasst ist und nicht vorbereitet. Deshalb ist es so wichtig, dass die Ärzte, die den Tod feststellen, auf dem Totenschein auch

Vorsichtsmaßnahmen aufschreiben. Wenn jemand Corona hatte, sollen wir auf jeden Fall nach Aussage des RKI mindestens eine FFP2-Maske tragen. Wir tragen meistens zusätzlich noch ein Visier, dazu medizinische, undurchlässige Handschuhe und eine Art Overall aus dem medizinischen Bereich, der keine Flüssigkeiten durchlässt. In den meisten Fällen sorgen die Krankenhäuser vor, indem der Verstorbene in einer Unfallhülle, einem sogenannten Body Bag, gelagert wird. In dieser Hülle wird er erst einmal in den Sarg gelegt. Der Sarg sollte eine glatte Oberfläche haben, also lackiert sein, damit wir auch die Außenflächen desinfizieren können.

Werden die Toten mittlerweile auch in diesem Body Bags beigesetzt?

Das kann vorkommen. Also wenn der Bestatter den Verstorbenen direkt aus dem Krankenhaus ins Friedhofsgebäude bringt oder ins Krematorium, dann ist es mittlerweile sogar erlaubt, den Verstorbenen in diesem Body Bag im Sarg beizusetzen. Was wir ein bisschen schwierig finden, weil das Abschiednehmen für so viele Menschen wichtig ist. Wir entfernen diese Hülle meistens. In anderen Fällen, zum Beispiel, wenn jemand ganz alleine verstirbt und erst sehr spät, ein, zwei, drei Wochen später, gefunden wird und in einem sehr fortgeschrittenen Zustand der Verwesung ist, dann besteht oft leider gar keine Alternative zum Body Bag. Wir können dann die Kleidung nur noch mit in den Sarg legen.

Ist es gefährlicher für euch, sich mit Aids oder Krankenhauskeimen anzustecken oder mit Corona?

Das ist alles gefährlich und ich muss mir des Risikos bewusst sein. Wenn ich zum Beispiel zu einem Verstorbenen komme, der noch Infusionen oder Kanülen im Körper hat, und ich diese Dinge rausziehe, mich damit steche, und derjenige Aids hatte, dann ist das ein schwieriges Thema, auch wenn man da heute viel tun kann. Bei Krankenhauskeimen kann auch schnell was passieren. Wir tragen in der Regel auch noch Schutzbrillen und achten noch mehr, als wir das sonst tun, auf die Hygiene.

Bei Corona kommt noch als Besonderheit hinzu, dass der Hauptübertragungsweg die Luft ist, die Aerosole. Aber Tote atmen doch gar nicht mehr?

Ja, klar. Wenn der Verstorbene mit etwas infiziert ist, das sich über die Luft verbreitet, dann legen wir ihm ein Tuch, das mit Desinfektionsflüssigkeit getränkt ist, über das Gesicht. Wenn wir mit ansteckenden Krankheiten infizierte Tote waschen und einbetten, dann verschließen wir die Nasenlöcher und den Mund mit in Desinfektionsflüssigkeit getauchten Wattebällchen oder Tüchern, die später wieder entfernt werden.

Wie schützt ihr euch im Bestattungshaus vor Ansteckung?

Die Hygienestandards sind sehr hoch. Die Räume, wo die Verstorbenen sind, werden täglich und nach jeder Nutzung gereinigt und desinfiziert. In den Kühlräumen ist ein großer Warnhinweis angebracht, so dass wir uns sehr bewusst sind, wie wir uns verhalten. Wir tragen konsequent im Haus Masken, durchlüften, desinfizieren alle Flächen, die häufig angefasst werden wie Türklinken; überall sind Hygienespender aufgestellt und in unserer großen Eingangshalle ist eine Plexiglasscheibe angebracht worden. **71**

Es soll Bestatter geben, die sich gar nicht mehr mit Angehörigen treffen wollen, sondern alles nur noch per Telefon erledigen. Das ist übertrieben, oder?

Ich denke schon. Viele gehen ja heute auch dazu über, nicht mehr einzukaufen, sondern sich alles liefern zu lassen. Aber in unserem Bereich ist es wirklich ganz wichtig, Menschen zu sehen, ihnen in die Augen schauen zu können. Am Anfang eines Gespräches nehme ich – mit Abstand natürlich – immer kurz einmal die Maske herunter, damit mein Gegenüber mein Gesicht sehen kann. Natürlich nutzen wir all die modernen Medien, die wir haben. Heute ist jeder von uns darin geübt, vier, fünf verschiedene Videochat-Programme zu bedienen. Und wenn der Wunsch groß ist, dass wir zu einer Familie nach Hause in die vertrauten Räume kommen, dann machen wir das auch. Aber wir sind natürlich vorsichtig.

Wenn die Angehörigen nach dem Vorgespräch ihren Toten noch einmal sehen wollen – ist das möglich, auch wenn er an Corona verstorben ist?

Das ist absolut kein Problem. Er muss vorher hygienisch versorgt werden, was ausdrücklich bei uns kein Nähen oder keine Einbalsamierung vorsieht. Aber wir waschen, wir pflegen die Haut, wir desinfizieren alles; außerhalb des Sarges ist alles rein, sodass der Sarg offen sein kann. Dann sagt auch das RKI, dass zumindest eine kontaktlose Abschiednahme möglich ist.

Wie ist es mit Trauerfeiern? Wie organisiert ihr das?

Wir schauen immer erst einmal, welche Bedürfnisse da sind. Am Anfang hieß es ja: engster Familienkreis. Das hat sich geändert. Bei einer Beerdigung auf dem Friedhof darf eine unbegrenzte Anzahl an Teilnehmern kommen. Dann können zwar nicht alle in die Kapelle, aber durch Beschallung des Vorplatzes der Trauerfeier folgen. Für manche Menschen ist es vielleicht sogar entlastend, dass sie nicht groß auf Gäste achten müssen, sondern diese Momente für sich alleine haben. Bei vielen ist natürlich weiterhin das Bedürfnis da, dass enge Freunde kommen, und dann muss man die Einschränkungen berücksichtigen. Aber das kann man alles organisieren und dank der modernen Technik gibt es viele Wege und Möglichkeiten, das aufzuzeichnen für diejenigen, die vielleicht ungern in dieser Situation unter Menschen gehen. Das kann jedes Handy. Oder ich mache so etwas wie eine Videokonferenz daraus.

Gerade Trauer braucht Gemeinschaft ...

Ja. Und wir merken alle seit der Corona-Pandemie, wie wichtig uns Gemeinschaft, wie wichtig uns Nähe ist, wie wichtig uns die Unbefangenheit ist. Ich kann nur hoffen, dass wir durch diese Erfahrung auch wirklich wieder wissen, was unsere Lebendigkeit ausmacht. Ähnlich, wie wir das tagtäglich als Bestatter sehen, die wir mit Tod zu tun haben. Wir wissen, wie kostbar Leben ist und was Leben wirklich bedeutet.

WER WILL MEINE LEICHE?

Eine verlockende Idee: Ich spende meinen Körper nach dem Tod der Wissenschaft, tue Gutes und spare Kosten fürs Grab. Falsch gedacht. Viele Unis lehnen Körperspenden mittlerweile ab, weil es zu viele gibt. Und wer genommen wird, spart keineswegs die Kosten für die Einäscherung und das Grab.

David, wenn ich meinem Körper nach meinem Tod der Wissenschaft spenden will, zum Beispiel zur Ausbildung junger Ärzte. Was muss ich tun?

Am besten meldet man sich bei der nächsten Universitätsklinik. Es gibt auch zentrale Portale, wo man das anbieten kann. Und vielleicht nehmen sie deinen Körper.

Was heißt vielleicht? Wenn ich meinen Körper spenden will, kann es auch sein, dass dieser Wunsch abgelehnt wird?

Absolut. Das ist das Problem, wenn ich ein Geschenk machen will, das keiner haben will. Gesucht wird natürlich nach gewissen Kriterien, vielleicht auch nach gewissen Krankheiten, die interessant sind. Es kann also durchaus passieren, dass die deinen Leichnam nicht wollen. Das ist so.

Zu gesund gestorben?

Möglicherweise, zu gesund gestorben, im falschen Alter gestorben oder anderes. Viele Menschen denken darüber deshalb nach, weil sie unter Umständen Kosten sparen möchten, ihrer Familie nicht zur Last fallen wollen. Aber in der Regel muss ich ein bisschen Geld mitbringen, weil es heute zu viele Menschen gibt, die das machen wollen.

Wie läuft das ab? Angenommen, ich sterbe, bin dann hier bei euch und habe vorher mit der Uni einen Deal gemacht, dass sie meinen Körper bekommen. Holen sie mich dann ab oder bringt ihr ihn dahin?

Ich sterbe heutzutage wahrscheinlich im Krankenhaus. Die Frage ist dann, wie schnell die Uni oder deren Vertragsunternehmen dafür Zeit haben, ihn abzuholen. Meistens bittet das Krankenhaus darum, auch wegen begrenzter Kapazitäten, dass der Verstorbene erst einmal zu einem Bestatter oder auf einen Friedhof gebracht wird, bis das Unternehmen, das für die Uni arbeitet, den Toten holen kann. Dann wird er abgeholt, in die Klinik gebracht, gegebenenfalls auch präpariert, so dass er etwas länger haltbar ist. Die nächste Frage ist: Wie groß ist gerade die Kapazität der Uni? Das heißt, was brauchen sie an Körpern überhaupt, was können sie lagern?

Kann ich darauf Einfluss nehmen, was mit meinem Körper dann geschieht? Wenn ich zum Beispiel sage, solange ihr an meinem Herz oder an meinem Oberkörper herumschneidet, ist das für mich o.k., aber bitte nicht mein Gehirn? Oder ist es so, dass ich bei einer Spende einverstanden sein muss, dass sie mit dem Körper machen, was sie wollen?

Bei Organspenden kann man das vorab sagen. Aber ich glaube, das ist ansonsten, wie gesagt, eine Frage des Überangebots. Wenn ich anfange, Einschränkungen zu äußern, können sie mich wahrscheinlich nicht brauchen. Ich gehe davon aus, dass sie einen mit Haut und Haaren wollen.

Was kostet das?

Ich muss, wenn es zu einer Vereinbarung kommt, meistens etwa 1.500 bis 2.000 Euro mitbringen für die spätere Einäscherung. Oft ist es so, dass ein halbes Jahr lang mit dem Körper bestimmte Sachen gemacht werden, danach wird er eingeäschert und meine Familie bekommt wahrscheinlich die Urne.

Aber eigentlich bin ich davon ausgegangen, ich tue etwas Gutes und bin noch im Tod für etwas nützlich, so dass diese Kosten übernommen werden? Wieso muss ich dafür bezahlen?

Das ist nochmals eine Frage des Überangebotes.

Wenn ich auf eine andere Idee kommen würde, zum Beispiel meinen Körper doch lieber plastinieren zu lassen. Ist das noch teurer?

Nein. Plastinieren ist meines Wissens sogar kostenfrei. Soweit ich weiß, ist Gunther von Hagens der einzige Anbieter, da er das Verfahren hat patentieren lassen. Mein Körper wird dann Teil einer Ausstellung. Das ist vielleicht auch nicht für jeden etwas. Ich rate, sich eine solche Ausstellung vielleicht wirklich aus Interesse einmal anschauen. Es wäre jetzt nicht so mein Ding ...

Du sagst, das ist eine Entscheidung, die man selbst fällen muss. Heißt das, meine Verwandten können nicht auf die Idee kommen, meinen Leichnam nach meinem Tod zu spenden?

Nein. Das habe ich noch nie erlebt, dass Kinder jemanden bewusst weggegeben haben. Es ist immer die Frage, wenn sich das jemand gewünscht hat, ob die Nachkommen das akzeptieren, weil es der Wunsch des Verstorbenen war. Aber ich habe hier noch nie im Gespräch mit einer Familie gehört, den Körper könnten wir spenden. Dafür gibt es die unterschiedlichsten Gründe, bis hin dazu, dass mir als Hinterbliebener gar nicht bewusst ist, was das für mich bedeutet.

Es bedeutet auf jeden Fall, dass der Leichnam, der Körper dann weg ist?

Ja. Der ist erst einmal weg und dann quasi Eigentum der Universität.

Und die Angehörigen bekommen ihn auch nicht mehr zurück? Anders als bei einer Obduktion, wo der Leichnam wieder verschlossen, wieder hergerichtet wird, bekommen ihn die Hinterbliebenen nach einem halben Jahr in einer Urne zurück.

Genau. Das ist eine recht abstrakte Geschichte. Ich bekomme dann diese Urne und muss mir vorstellen: Das ist auch wirklich der Verstorbene.

Aber ist das nicht auch bei jeder Verbrennung so, dass letztendlich die Urne kommt und man sich vorstellen, glauben muss: Das war der Tote?

Allerdings gehe ich schon davon aus, dass für den Fall, dass ich den Verstorbenen noch einmal sehen möchte, zumindest kurz die Gelegenheit im Krankenhaus besteht, oder an dem Ort, wo der Leichnam hingebracht wird.

Was macht es denn mit den Menschen, wenn jemand einen anderen Weg wie z.B. die Körperspende wählt?

Ich denke, das macht die Unvorstellbarkeit und Unbegreiflichkeit des Todes nicht einfacher. Das wird sehr abstrakt, bis hin, dass ich mir als naher Angehöriger natürlich vorstelle: Was stellen die jetzt mit meinem Verstorbenen an? Und dann kommen Bilder, die ich vielleicht aus dem Fernsehen kenne, aus der Gerichtsmedizin-Sendung.

Ich werde mich vielleicht nur noch mit einigem Schriftverkehr befassen müssen, ansonsten habe ich mit dem ganzen Vorgang nichts zu tun. Dann kommen wie aus dem Nichts nach einer gewissen Zeit die Urne und die Aufforderung, mich zu kümmern. Oder die Nachricht: »... wurde anonym beigesetzt«. Das Thema kommt eines Tages noch einmal auf mich zu.

Was heißt das?

Ich dachte, alles ist gut, und nach einem halben Jahr bekomme ich die Nachricht: Sie können bzw. müssen doch noch Dinge regeln. Dann kommt das alles vielleicht wieder ganz frisch, ganz neu auf mich zu.

Was ist mit der Trauer in so einem Fall, wenn man sich so verhält und das Thema so weit von sich wegschiebt? Wird man auch die Trauer auf diesem Weg der Verarbeitung bzw. Verdrängung schneller los?

Höchstwahrscheinlich nicht. Denn da ist einfach die Erinnerung. Es gibt widersprüchliche Ansichten darüber, ob es gut wäre, wenn ich mich gar nicht damit befasse oder ob es wichtig ist, mich mit dem Tod zu befassen. Wenn ich nichts habe, was ich betrauern kann, wenn es nicht begreifbar und greifbar ist, dann ist das für Trauerarbeit meist sehr hinderlich.

DEN TOD SEHEN.
NUR NOCH IM FILM?

HAST DU ANGST VOR DEM TOD?

Wer täglich mit dem Tod zu tun hat, wird diese Frage anders beantworten als die meisten Menschen. Für uns Bestatter ist der Tod auch irgendwie Alltag. Also normal.

David, hast du Angst vor dem Tod?

Nein, nicht wirklich.

Kommt das daher, dass du dem Tod so nahe bist? Dass du weißt, was da passiert?

Ich habe ein großes Zutrauen in die Situation. Worüber soll ich mich grämen, wenn ich es nicht beeinflussen kann? Keiner von uns kann bestimmen, wann der Zeitpunkt kommt, oder wie die Umstände sein werden, ganz egal, wie gesund, aufmerksam, bewusst, gut versichert wir sind. Es passiert, wenn es passiert. Und es kann allem, was lebt, zu jedem Zeitpunkt geschehen. Der Tod betrifft nicht nur alte Menschen. Er ist vom ersten Moment an da, in dem dein Leben im Werden ist, also in der Schwangerschaft. Es gibt dabei auch keine Gerechtigkeit. Es passiert einfach, und es ist, wie es ist. Ich habe einfach ein großes Zutrauen, dass ich, wenn es dann soweit ist, damit umgehen kann. Und dass auch die anderen Menschen, die um mich herum sind und die das dann angeht, dass auch sie damit werden umgehen können.

Du sagst, dass du darauf vertraust, damit umgehen zu können. Wie würdest du damit umgehen, unheilbar krank zu sein und zu wissen, dass der Tod nur noch eine Frage von Tagen oder Wochen ist?

Ich habe großen Respekt vor all den Entscheidungen, die man treffen muss, und es sollte erlaubt sein zu entscheiden: Jetzt ist Schluss. Wir erleben ja auch, dass Menschen sich durchaus den Zeitpunkt ihres Todes aussuchen möchten und dann Hilfe wünschen, um sich diesen Weg aus Angst vor Schmerzen oder schlechter Betreuung oder Einsamkeit dann auch vielleicht einfacher zu gestalten.

Sterbehilfe ist für einen Bestatter, wie ich finde, ein schwieriges Thema, das klingt am Ende noch nach Arbeitsbeschaffungsmaßnahme ...

Das ist ja nicht meine Entscheidung. Die Entscheidung liegt bei jedem selbst. Für uns wird keiner sterben, wir sind einfach nur da, wenn Menschen uns brauchen.

Trotzdem die Frage zum Thema Sterbehilfe: Du hast dazu eine Haltung und engagierst dich dafür, dass sich da gesetzlich etwas ändert. Warum tust du das?

Meine Haltung ist, dass jeder das für sich entscheiden muss. Aber dass es wichtig ist, ähnlich wie bei Schwangerschaftsabbrüchen, dass man überhaupt darüber spricht und auch mit seinem Umfeld darüber spricht. Ich glaube, dass ein selbstbestimmter Tod in den meisten Fällen nicht nötig ist. Einfach deshalb, weil es ganz, ganz viele Wege heute gibt, anständig, sage ich jetzt mal, sterben zu können. Ich mag nicht dieser Mär folgen, dass man nur in der Palliativ- oder Hospiz-Medizin heute noch würdevoll sterben könne. Das ist Quatsch. Dafür gibt es ganz viele Gegenbeispiele. Ich glaube, dass diese Diskussion von Angst geprägt ist. Wenn ich mich dann damit befasse, miteinander spreche, wenn ich sehe, dass es heute Wege gibt, um mit Schmerzen klarzukommen, und auch nicht mehr diese Ängste da sind wie in der Vergangenheit, jemand könnte auf seine letzten Tage noch opiumabhängig werden. Es gibt heute viele Möglichkeiten, es gibt Netzwerke, um eine Familie zu Hause zu entlasten und Pflege zu Hause tatsächlich zu ermöglichen. Da erledigen sich viele Themen. Ich glaube auch, dass es ein Geschenk ist, vorbereitet zu sterben. Jeder hat heute diese Hoffnung, plötzlich, schmerzlos, patsch! einfach weg zu sein und nicht mehr diesen letzten Weg zu gehen, den man sich als sehr mühselig ausmalt.

Das hört man übrigens auch, wenn Menschen gefragt werden, ob sie Angst vor dem Tod haben. Eine Standardantwort ist: Ich habe nicht Angst vor den Tod, ich habe Angst vor dem Sterben und ich möchte keinen langen Leidensweg gehen ...

Wie es Woody Allen einmal gesagt hat: Ich habe keine Angst vor dem Tod, aber ich möchte nicht dabei sein.

Viele Leute sagen das ja, am besten im Schlaf einen Herzinfarkt und dann Ende.

Das ist das, was heute als perfekter Tod betrachtet wird.

Und das ist Blödsinn?

Nein. Ich glaube nicht, dass ich das werten kann. Ich glaube für die Person, die den Tod stirbt, ist das sicher ganz gut. Aber es ist heftig für diejenigen, die zurückbleiben, wenn der Tod unvermittelt aus heiterem Himmel geschieht.

Hast du mal darüber nachgedacht, wie du sterben willst?

Nein. Vielleicht habe ich auch diese Illusion, wie vielleicht die meisten sie haben: Dass das ein Thema ist, um das ich mich kümmere, wenn es mal so weit ist. Ich bin jetzt 43 Jahre alt, habe kleine Kinder, und das steht so nicht an. Aber es kann natürlich passieren, jederzeit. Darum mache ich mir mehr Gedanken darüber, wie ich so damit umgehe, dass es nicht für den, der seinen eigenen Tod – nach Mascha Kaléko –, stirbt, am besten ist, sondern wie andere mit dem Tod eines Menschen leben können. Ich will, dass es ihnen dann auch gut geht, sie lernen können zu begreifen, was in diesem besonderen, sehr elementaren Moment geschieht.

Auf der anderen Seite tust du etwas, von dem viele denken: Da legt man schon das Streichholz an die Lunte – du rauchst sehr viel.

Ja, das ist sicher nicht vernünftig.

Hast du keine Angst, irgendwann Lungenkrebs zu bekommen?

Darüber sollte ich mal nachdenken. Ich hoffe, meine Kinder werden nie rauchen, und ich wünschte, ich hätte nie damit angefangen. Aber dazwischen genieße ich das auch sehr, und das ist ja immer ein gewisses Spannungsfeld. Rauchen ist heute glücklicherweise deutlich unattraktiver geworden. Trotzdem erlebe ich auch, dass Menschen, die sehr gesund leben, trotzdem sterben, trotzdem schwere Krankheiten kriegen. Oder wenn ich Herrn Lauterbach von der SPD zuhöre: Ab einem gewissen Alter ist Krebs ein rein mathematisches Thema durch Fehler bei der Zellteilung, die immer wieder geschehen. Und was vielleicht viel wichtiger bis dahin ist: dass ich nicht einfach gedankenlos rauche, sondern im Angesicht des Todes, dieser Möglichkeit zu sterben, immer wieder Momente habe, wo ich innehalte, genieße und weiß: Das ist ein einmaliger Moment. **83**

Genießen, das ist ein Begriff, den du oft verwendest. Aber für den einen oder anderen wird es sich schon krass anhören. Da liegt jemand auf dem Sterbebett, wie soll der genießen?

Ach, da gibt es so viele Wege. Das sind diese ganz kleinen Sachen. Vielleicht kann ich auch auf dem Sterbebett noch irgendetwas schmecken, was mir große Freude bereitet, vielleicht noch einen Schluck Kölsch in so einem Vaporisator und damit den Mundraum befeuchte und diesen Geschmack noch habe. Es ist übrigens eines der Anzeichen eines nahenden Todes, wenn der Geschmacksinn und der Geruchssinn schwinden. Das heißt, dass ich im Alter gewisse Einschränkungen erlebe, die dann immer massiver werden und darauf hindeuten, dass ich mir langsam vielleicht mal Gedanken machen sollte, wenn mir manches vielleicht dann nicht mehr so viel Spaß macht.

Kannst du das den Menschen vermitteln, die hierherkommen, die gerade einen Angehörigen verloren haben, dass sie keine Angst haben müssen?

Die Frage ist, wovor sie in diesem Moment Angst haben. Ich glaube, das ist nicht der Tod selbst, sondern die Folgen. Ich merke, wenn jemand in meinem Umfeld stirbt, kommt mir das Thema auch sehr nahe. Das ist zugleich immer eine Chance, sich wirklich zu überlegen, mit dem Rauchen aufzuhören oder mit anderen Verhaltensweisen. Übrigens heißt es heut, dass Sitzen das neue Rauchen sei, die Bewegungsarmut. Wir sind immer weiter am Optimieren, um noch ein paar Tage, Jahre an Lebenszeit herauszuholen. Darüber hinaus haben wir natürlich auch eine gewisse Zukunftsangst, wenn der Verstorbene vielleicht der Versorger der Familie war, ich keinen Überblick habe über die finanzielle Situation, keine Vorstellung, wie mein Leben dann weitergeht. Viele machen sich Sorgen, ob sie das Richtige in der Situation tun. Und da kann ich ganz viele Ängste nehmen und eine Zuversicht schaffen. Ich kann die Möglichkeit geben, die Perspektive zu wechseln, sich genauer anzusehen, was wirklich wichtig ist in dem Moment.

Beschäftigen sich die Leute zu wenig oder zu viel mit dem Tod?

Definitiv viel zu wenig. Der Tod hat heute gar keinen Platz mehr und wird als Sonderfall gesehen. Ich habe gerade etwas Interessantes erfahren: Früher gab es nicht nur dieses letzte Hemd, das Teil der Aussteuer war, sondern es gab auch noch kleine Talare für Kinder, wodurch das Thema der Kindersterblichkeit präsent war. In der heutigen Vorstellungswelt ist es so, dass, wenn ein Baby stirbt oder wenn eine Schwangerschaft in einer Fehlgeburt endet, man sagt: Das darf doch nicht passieren! Das kann doch nicht gerecht sein! Das darf doch gar nicht sein! Früher war es durch die hohe Kindersterblichkeit etwas, mit dem die Leute vertraut waren. Und wenn ich Menschen mit solchen Themen vertraut mache, wird die Angst, die sie damit haben, bestimmt nicht größer, sondern Sterben und Tod bekommen wieder eher eine Normalität, die der Tod nun einmal im Leben hat. Jeder wird sterben. Es kann immer geschehen, auch wenn die Statistiken uns was anderes vorgaukeln.

Also sagst du, wir beschäftigen uns zu wenig mit dem Thema Tod. Nun könnte man dem entgegenhalten, schauen wir doch einmal ins Tierreich: Den Tieren ist nicht bewusst, dass sie sterben, und sie führen ein freies, fröhliches, glückliches Leben, könnte man sagen …

Die Tiere erleben es einfach, wie es ist. Essen, wenn es Essen gibt, und nicht zu wissen, ob sie morgen etwas finden werden. Sie leben sozusagen von der Hand in den Mund. Sie machen das, was ihnen wichtig ist, einfach direkt, weil sie nicht planen, dass sie im Kreis ihrer wundervollen Familie, in ihrem Fuchsbau am Ende der Straße ganz ruhig ihren Lebensabend verbringen werden und mit einem Lächeln auf dem Gesicht übergehen. Sie befassen sich eher damit, dass sie nicht vom Jäger getroffen werden.

Um das Thema wieder zurück zu uns Menschen zu holen: Die Vorstellung, die wir vom Tod haben, ist etwas, was geprägt ist durch die Medien. Viele sehen keine echten Toten mehr. Die Leute werden 40, 50 Jahre alt und haben noch nie einen Toten gesehen. Erst, wenn die eigene Mutter stirbt oder der Vater, dann denkt man vielleicht darüber nach.

Und selbst dann sehe ich in vielen Fällen denjenigen nicht, weil ich immer höre: Behalte jemanden so Erinnerung, wie er gewesen ist.

Wo kann ich etwas erfahren über den Tod?

Ich denke, wenn ich aufmerksam bin, kann ich das überall um mich herum. Wenn ich mich für wirkliche Lebensthemen und Gemeinschaft interessiere und dabeibleibe. Wenn ich vielleicht einmal ein Altenheim besuche oder ins Krankenhaus gehe. Das sind die Orte, wo heute die meisten Menschen sterben. Und ich kann da auch Möglichkeiten wahrnehmen, wenn ich in Verbindung zu anderen Menschen bin und sie einfach bis zu ihrem Ende begleite. Oder ganz elementar: Wenn ich in die Natur oder aufs Land gehe und da auch andere Tode, etwa von Tieren, sehe, erlebe und finden kann.

Ihr ladet die Leute ein, hierher zu kommen, auch wenn sie keine Trauerfälle haben, nicht gerade jemand in der Familie gestorben ist. Ihr veranstaltet Lesungen, Konzerte. Kommt jemand?

Es kommen viele. Da kommen nicht nur Trauernde, sondern Menschen, die sich entweder für den Künstler interessieren oder sich über ein Thema informieren wollen. Dabei kommen sie auch durchaus in Bereiche, wo sie durch Fenster die Räume sehen und unter Umständen auch einen Verstorbenen erblicken, der dort liegt und um den herum die Familie sitzt und trauert. Das ist hier nicht verborgen.

Die Toten werden hier nicht versteckt?

Nein. Hier werden Tote nicht versteckt. Sie werden aber auch nicht ausgestellt. Es gibt zum Beispiel Gruppen, etwa wenn Schüler hierher kommen, mit denen wir dann zu einem Verstorbenen gehen. Natürlich nur, wenn wir vorher die Erlaubnis bekommen haben. Niemand muss dann mitgehen, sie können, wenn sie wollen, dabei sein und sehen, wie unspektakulär, wie einfach, aber auch wie berührend, wie elementar diese Erfahrung ist.

WARUM IST DER TOD NORMAL?

*Jeder muss sterben. Nur wird das im Alltag leider viel
zu sehr verdrängt. Viele wissen sehr wenig über den Tod.
Wir möchten das ändern und den Umgang mit Tod und
Trauer zurück ins Leben holen.*

David, warum ist der Tod normal?

Weil alles, was lebt, auch stirbt. Das gehört dazu. Auch
wenn es diesen Traum von der Unsterblichkeit gibt, vom
ewigen Leben, wissen wir vielleicht gar nicht so genau, was
wir damit anfangen wollen. Aber Tod ist nun mal da, ist
normal und geschieht häufig.

Wie häufig?

In einer Gesellschaft wie Deutschland gibt es ein gewisses Alter, das wir durchschnittlich erreichen können. Das
erreicht nicht jeder. Es gibt ungefähr 900.000 Sterbefälle
im Jahr.

Ein Prozent der Bevölkerung stirbt jedes Jahr?

Ja, 1,04 Prozent genau. Das ist die Mortalität.

Warum tun sich die Leute so schwer mit dem Tod, wenn er,
wie du sagst, ganz normal ist? Eigentlich muss doch jeder
wissen, dass er stirbt? Wir können ihn uns vielleicht nicht
vorstellen, aber es wird trotzdem passieren. Wir können
dem Tod nicht aus dem Weg gehen.

Ja, aber wir sehen das in unserem normalen Erleben nicht
mehr. Anders als in den Medien, wo wir den Tod andauernd

sehen. In jeder Serie geht es um Tod. Gleichzeitig sehen wir heute auch überall, dass Menschen sehr alt werden, sehr fit alt werden. Es wird uns suggeriert, dass wir in einer großen Qualität dieses Alter erreichen und dass es vielleicht darüber hinaus noch die unterschiedlichsten Formen gibt, wie wir heute weiterleben können.

Wo fehlt denn der Tod im alltäglichen Leben?

Überall. Er ist hinter Mauern verborgen. Wenn ich so über die Straße gehe in den Städten, selbst in den Krankenhäusern, wo heute die meisten sterben, sehe ich es einfach nicht.

Man sieht auch immer weniger von diesen schwarzen Bestattungswagen. Bei euch ist das üblich, ihr habt diese Wagen noch. Aber man sieht sie im Stadtbild immer weniger. Oder kommt mir das nur so vor?

Das ist so. Die Bestattungswagen sehen heute oft wie Lieferwagen von Handwerkern aus. Sie sind teilweise nicht gekennzeichnet, vielleicht auch silbern oder dunkelrot. Es ist zudem so, dass der Ort, wo die Verstorbenen im Krankenhaus sind, der unterste, hinterste Ort ist, der vielleicht auch nur über einen Lieferantenzugang erreichbar ist und nicht für den Publikumsverkehr offensteht. Die Toten werden dann hinterm Haus mitgenommen und weggeholt.

Früher gab es Rituale, die den Tod sichtbar gemacht haben. Ein Ritual, das man noch kennt und ich zuletzt bei Helmut Kohl erlebt habe, ist der Leichenzug. Er wurde per Schiff den Rhein hinunter bis nach Speyer gebracht. Aber das ist heute wirklich die Ausnahme, dass ein Toter in einer Prozession zum Friedhof gebracht wird, das sieht man heute kaum noch.

Das ist selten geworden, ja. Die Erdbestattung, die Endpunkt dieser Prozession war, macht einen Überführungswagen notwendig. Eine Urne kann ich bequem selbst tragen, sie wiegt nur drei oder vier Kilo. Dann ist es heute so, dass ganz viele Trauerfeiern nicht mehr stattfinden oder Menschen anonym begraben werden, so dass niemand dabei ist. Ich bekomme das oft auch gar nicht mehr mit, dass in der Nachbarschaft jemand gestorben ist.

Aber man sieht noch die Todesanzeigen in der Zeitung. Das gibt es noch.

Allerdings mit fallender Tendenz.

Das werden weniger?

Das werden immer weniger. Viele sagen sich: Ich brauche gar nicht so einen Abschied für mich und für andere mache ich es vielleicht nicht mehr. Das heißt, ich lade nicht mehr die Nachbarn oder Freunde ein. Verstorbene verschwinden einfach sang und klanglos.

Früher wurden Tote gelegentlich zu Hause aufgebahrt. Das ist auch ein Ritual, das es kaum noch gibt?

Das ist heute ganz selten geworden. Zum einen, weil kaum noch Menschen zu Hause versterben. Auf der anderen Seite hat sich die Kultur auch so verändert, dass wir nicht mehr auf Menschen zugehen, wenn jemand gestorben ist. Das war früher ganz anders. Der Verstorbene wurde zunächst zu Hause aufgebahrt und die Wohnung war auf einmal voll mit Freunden, Nachbarn und Verwandten, die dann da gemeinsam getrauert haben.

Die Menschen haben die Einstellung, sie wollen nicht stören, bei was auch immer …

Genau. Und sie haben Angst, etwas falsch zu machen.

Wir haben vorhin Leichenwagen erwähnt. Mal eine ganz blöde Frage: Dürfte ich den Toten selbst in meinem Auto transportieren?

In Nordrhein-Westfalen ist das erlaubt.

Das heißt, ich könnte meine verstorbene Oma auch auf dem Beifahrersitz transportieren, vom Pflegeheim nach Hause?

Da ist es nur hilfreich, wenn ich so etwas wie einen Totenschein von einer offiziellen Stelle dabeihabe, also vom Arzt, der einfach bestätigt, dass ich da nichts falsch mache. Bei jedem Verstorbenen, der bewegt wird, brauche ich diesen Totenschein, der besagt, dass jemand verstorben ist, und dass da halt kein ruchbarer Grund dahinter steht. Zum Beispiel bei Kindern ist es so, dass wir teilweise einfach die Verantwortung dafür übernehmen, dass Eltern ihr verstorbenes Kind aus dem Krankenhaus mit nach Hause nehmen können.

Also ich dürfte den Toten selbst transportieren, zumindest in Nordrhein-Westfalen. Wie sieht es in anderen Bundesländern aus?

Das regelt immer die Landesgesetzgebung.

Und die Urne darf ich dann natürlich auch transportieren?

Auf dem Weg zum Friedhof, ja.

Und wie bekomme ich die?

Über den Bestatter.

Ich kann also den Bestatter fragen: Ich möchte die Urne ausgehändigt bekommen? Er wird es von sich aus nicht anbieten, oder?

Meistens wird die Urne vom Krematorium an den Friedhof per Post versendet, nachdem die Bestätigung da ist, dass dort ein Grab ist. Aber ich könnte sie genauso, entweder ab Krematorium oder vom Bestatter auch selbst mit zum Bestattungsort nehmen. Das ist erlaubt.

Das heißt UPS oder DHL transportieren auch Urnen?

Nur DHL.

Ist das besonders gekennzeichnet? Weiß der Postbote oder der DHL-Fahrer, was da drin ist?

Gute Frage. Ich glaube, auf den normalen Formularen gibt es dafür kein Kästchen, um zu markieren: Das ist eine Urne. Nein, die merken das nicht. Vielleicht können sie vom Gewicht oder der Größe oder auch vom Absender sehen. Aber es steht nicht speziell drauf: »Vorsicht Urne!« Oder: toter Mensch.

Du machst diesen Beruf schon viele Jahre. Deine Eltern haben eure Firma gegründet, hast du erzählt, da warst du fünf Jahre alt. Das heißt, du hast einen guten Überblick, wie sich das alles in den letzten Jahren verändert hat. Kannst du sagen, wann die Leute aufgehört haben, tatsächlich hinzuschauen? Kann man das zeitlich einordnen?

Das war damals zu dieser Zeit, als meine Eltern das Bestattungshaus übernommen haben schon geschehen. Die ersten Ausläufer wurden spürbar, als immer mehr Menschen aus den Kirchen ausgetreten sind, die Dorfgefüge sich aufgelöst haben und die Mobilität in unserer Gesellschaft zunahm. Die Kinder sind weggezogen von ihrem Geburtsort. Es fing sicherlich schon in den 50er-, 60er-Jahren an, dass die Leute immer seltener zu Hause starben und man alles, was dann geschehen musste, einfach wegdelegierte.

Du hast die Kirchen angesprochen. Früher war es so, dass die eine oder andere Trauerfeier mitten in der Dorfkirche oder in der Stadtkirche abgehalten wurde.

Der Friedhof war oft mitten im Ort um die Kirche herum angelegt und sehr sichtbar. So konnte man Erfahrungen sammeln.

Heute ist es nicht mehr so. Man wird in der Kirche getauft, geht zur Kommunion oder Konfirmation, es gibt Hochzeiten, die noch in der Kirche gefeiert werden und gar nicht so wenige. Und dann stirbt man und darf nicht in die Kirche, weil man vorher ausgetreten ist?

Genau. Aufbahrungen in den Gotteshäusern sind sehr selten geworden. Heute hat man vielleicht auch Probleme, einen Pfarrer zu finden, der in dieser Zeit bei einem ist.

Was braucht es, damit der Tod als eine natürliche Station allen Lebens, auch des menschlichen gesehen werden kann?

Man muss anerkennen, dass es ihn gibt, sich damit befassen und den Tod als Normalität empfinden. Wenn man sich damit befasst, wird man feststellen, dass wir trotz aller Ängste mit dem Tod umgehen können.

WERDEN UNS DIE TOTEN GESTOHLEN?

Im Trauerfall übernehmen Bestatter und Behörden oft ganz schnell das ›Kommando‹. Damit schaden sie den Trauernden aber manchmal mehr, als sie ihnen helfen. Es geht auch anders und es gibt mehr Möglichkeiten, als die meisten glauben.

Der Satz »*Der Trauer einer Heimat geben*« stammt von deinem Vater, Fritz Roth. Was bedeutet dieser Satz für dich?

Wir stellen uns dem Thema hier im Haus und möchten, dass Menschen sich damit befassen und auf eine gute Art Abschied nehmen können.
Die Idee meines Vaters war, dass wir wieder begreifen, was da geschieht, und dass das, was man da tut, eigentlich die Liebesdienste sind, die früher als Gemeinschaft füreinander vollzogen wurden. Es gab so etwas wie eine Normalität: Wenn jemand starb, der einem nahe war, konnte man ganz viel tun, was wirklich wichtig war. Es war früher nicht so, dass der Sarg und all das, was ich bei einem Bestatter kaufen kann, wichtig war – sondern die Dinge, die ich nicht kaufen kann, die eine Bedeutung haben und mir helfen zu verstehen, was ich da tue.

»Wir lassen uns unsere Toten stehlen.« Auch ein Satz von Fritz. Wie hat er das gemeint?

Er meinte, dass uns ab dem Moment, in dem jemand stirbt, das meiste aus der Hand genommen wird. Andere bestimmen, wann der Verstorbene den Ort verlässt. Es ist häufig auch bei normaler Todesursache so, dass der Arzt den Totenschein ausstellt, ich dann bei einem Bestatter anrufe, der mir sagt: Ich komme sofort. Das wird gar nicht in Frage gestellt,

weil wir das Gefühl haben, dass der Tote jetzt vielleicht ansteckend wäre, so wie Sondermüll, vor dem wir zurückweichen.
Mein Vater wollte den Menschen Mut machen, wirklich mit
allen Sinnen zu begreifen, zu spüren, dass da etwas anders
ist und darüber hinaus wieder ins Handeln zu kommen. Das
heißt, sich zu überlegen: Was möchte ich denn jetzt, dass es
geschieht? Zum Beispiel, dass mein Verstorbener bequem
liegt, ordentlich aussieht, bevor er das Haus verlässt. Aber
auch: Wie mag ich mich dann verabschieden?

Im Grunde leben diese Ideen von Fritz durch euch weiter?

Ja klar, für ihn waren Fragen wichtig: Wie geht es mir mit
diesem Moment? Er hat dafür plädiert, dass wir weniger
anderen genügen, sondern die eigenen Bedürfnisse äußern
in so einer Situation.

Hast du ein Beispiel?

Es kommt vor, dass eine Mutter bei uns in einem der Ab-
schiedsräume sitzt und ihr verstorbenes Kind auf dem Arm
hat, es nochmal im Arm wiegt, anstatt es in einem Sarg oder
hinter einer Glasscheibe zu sehen. Es kann sein, dass sie es
noch einmal einkleidet oder wickelt.
Menschen treffen sich hier als Familie um den Sarg herum
und fangen an zu erzählen, was sie mit dem Verstorbenen
erlebt haben, wie es ihnen gerade geht. Oder sie planen,
wie sie sich verabschieden möchten. Sei es, dass sie Bretter
aus dem Baumarkt mitgebracht haben, um hier gemeinsam
den Sarg zu basteln oder eine Urne mit den Kindern bema-
len oder tausend Sachen machen. Sie tun das, was für sie
wichtig ist. Zum Beispiel, dass sie dem Verstorbenen noch
mal das kochen, was er gerne mit auf Reisen nahm, oder
einfach gerne mochte.

Und das legen sie dann in den Sarg?

Ja, wenn sie das möchten. Oder sie essen zusammen, was auch immer sich für sie stimmig anfühlt oder aus der Beziehung heraus als stimmig erscheint.

Wird auch gelacht?

Ja. Es sind, gerade weil es berührend ist, einige sehr lebendige, sehr helle Momente möglich. Von Herzen lachen und von Herzen weinen, das ist ein Gedanke, der hier im Bergischen, im Rheinischen einfach sehr vertraut ist.

Wir planen unser ganzes Leben durch, auch schon für die Kinder, wir sind ständig mit Selbstoptimierung beschäftigt, aber mit dem Tod will sich keiner mehr beschäftigen? Und auch die Friedhöfe werden immer trister. Dabei werden ja nicht weniger Leute bestattet, die Sterbezahlen sind in etwa gleich geblieben. Liegt das daran, dass immer mehr Menschen ihren Körper in einer Urne bestatten lassen? Mittlerweile sind mehr als die Hälfte der Bestattungen in Deutschland Feuerbestattungen. Und die brauchen einfach nicht so viel Platz?

Ja. Es liegt aber auch daran, dass es gar keine Grabstelle mehr gibt. Denn es geht dabei immer um die Grabpflege. Pflegefreie Gräber sind ein relativ neuer Trend. Es hat einen Moment gedauert, bis man sich darauf eingestellt hat, um das überhaupt anzubieten. Früher gab es das Wahlgrab für Erdbestattungen, das Reihengrab; beides auch für Urnen, und die Möglichkeit der anonymen Beisetzung. Im Lauf der Zeit wurde Letzteres immer beliebter: Man sieht einfach nichts mehr. Entsprechend gibt es immer mehr Menschen, die dadurch überhaupt keinen Ort haben, wo sie hingehen können. Bei meinen Vorträgen erlebe ich es immer wieder, dass Menschen dieses Bedürfnis bei sich feststellen und sich plötzlich doch mehr über den Verstorbenen und den Bestattungsort wissen wollen. Sie würden gerne an einen Ort gehen, um in Verbindung zu sein, zu erzählen, wie der Tag war, was seitdem geschehen ist, oder sich vorzustellen, was der andere gesagt hätte.

Gehen die Leute heute generell weniger auf den Friedhof als früher?

Nein. Ich glaube, das ist gleich geblieben. Auch die Bedürfnisse sind gleich geblieben. Nur, wenn ich kein Grab habe, dann macht das auch wenig Sinn. Das ist anders geworden. Und es ist schwieriger, zu einer Grabstelle zu gehen, wenn ich zwei-, drei-, fünfhundert Kilometer entfernt davon wohne. Dann kann ich das vielleicht einmal im Urlaub machen. Das beobachten wir auch bei Menschen, die nach Deutschland zugewandert sind. Früher war es ganz klar: Wenn jemand starb, dann musste er in die Heimat. Heute ist die Bindung zu dieser Heimat besonders bei der jüngeren Generation schwächer geworden. Sie fangen an, dass sie auch hier bestatten möchten. Das ist genau der umgekehrte Trend. Und nur einer von vielen. Unser Leben ist heute viel, wie ich es sagen würde, effektiver, nutzbringender ausgerichtet, arbeiten ist ein viel größeres Thema im Leben. Ich glaube, das trägt dazu bei, dass wir nicht mehr viel über das wissen, was uns lebendig macht, was wirklich wichtig im Leben ist. Und vor allem dann auch nicht mehr wissen, was Tod ist.

MÜSSEN WIR DEN TOD ZURÜCK INS LEBEN HOLEN?

Natürlich nicht den Tod aus dem Kino. Es geht hier nicht um Zombies. Gemeint ist, den Tod im Alltag sichtbarer zu machen, anstatt ihn aus den Augen und Sinnen zu verbannen. David Roth hat spannende Ideen, wie das gelingen könnte.

David, du forderst, den Tod zurück ins Leben zu holen. Wenn ich diesen Satz höre, springt bei mir immer die Fantasie an, dass hier Zombies durch die Straßen wandern ...

Wie im westfälischen Münster in den Zwingern, wo die Verstorbenen in einem Käfig jahrhundertelang mit ihren Knochen öffentlich ausgestellt wurden? Nein, darum geht es nicht. Es geht darum, den Tod wieder wahrzunehmen und dadurch ganz viele Ängste abzubauen. Damit befassen wir uns hier im Haus schon seit Jahrzehnten. Mein Vater forderte zum Beispiel, dass der beste Ort im Krankenhaus, um die Verstorbenen zu zeigen, die Eingangshalle wäre – sodass ich sehe, dass an so einem Ort auch gestorben wird und ich dann ernsthaft und offen mit meinen Ängsten umgehen kann.

Nun hat sich in der Bestattungskultur doch einiges verändert in den letzten Jahren. Denken wir nur daran, dass es viel mehr Urnenbeisetzungen gibt, dass es seit ein paar Jahren mehr und mehr Friedwälder gibt, wo die Asche von Menschen unter Bäumen verschwindet. Die Urnen werden dort beigesetzt und nirgendwo steht ein Name, nur am Eingang dieses Friedwaldes ist eine Tafel.

Der Name kann teilweise auch am Baum befestigt werden wie ein Klingelschild. Das wird aber selten wahrgenommen. **99**

Und du findest das nicht gut?

Ich finde, dass ein Klingelschild wenig über eine Person aussagt. Das macht das Ganze sehr abstrakt. Es ist auch schon sehr abstrakt, eine Urne in den Händen zu halten und sich vorzustellen, das wäre der Mensch gewesen, der vorher da war, weil die ganze Körperlichkeit weg ist und ich nur dieses kleine Behältnis vor mir habe. Dann komme ich zu einem Baum, wo nichts mehr an einen Verstorbenen erinnert. Begräbniswälder sollen keine friedhofstypischen Merkmale haben. Das heißt, keine Gedenkstellen, keine religiösen Symbole, keine Grabbeigaben.

Hier in den »Gärten der Bestattung« ist es nicht so. Es gibt Namen auf den Gräbern, auch wenn die Gräber jetzt nicht so genormte Grabsteine haben, wie das auf normalen Friedhöfen der Fall ist? Die Leute können die Gräber tatsächlich so gestalten, wie sie wollen?

Genau. Sie müssen auch nicht vorher wissen, wie das Grab aussehen soll, sondern das entwickelt sich über die Zeit. Am Anfang geht es in der Regel darum, keine Grabpflege und keine Verpflichtungen zu haben. Ähnlich wie es bei Baumbestattungen oder bei anonymen Bestattungen ist. Aber wir merken, dass manche eben irgendwann doch den Wunsch haben mitzugestalten. Dann wird ein Gegenstand abgelegt oder ein bisschen gezeigt, wer da eigentlich liegt. Ähnlich wie ich das bei alten Friedhöfen sehe, wo erkennbar ist, ob jemand Metzger, General, Maler oder was auch immer war.

Auf dem Zentralfriedhof in Wien habe ich einmal auf einem Grab gelesen: Hausbesitzerin Dorothee Sowieso. Das war den Menschen damals wichtig und man hat es auch auf ihre Gräber geschrieben.

Ja.

Das ist aber nur ein Aspekt, der sich verändert hat in der Art, wie wir bestatten. Denn wenn zum Beispiel Prominente sterben oder wenn ein Mord stattgefunden hat, dann wird an der Stelle, an der das passiert ist, etwas abgelegt. Die Menschen legen Blumen, Stofftiere, kleine Geschenke, Briefe dorthin und es findet so eine Art von öffentlicher Trauer statt. Das gibt es erst seit ein paar Jahren. Was es schon länger gibt, das sind eine Art Gedenkstellen, wo tödliche Verkehrsunfälle geschehen sind und Menschen an der Stelle ein Kreuz aufstellen.

Ja, da nehmen sich Menschen dann den Raum und schaffen eine Gedenkstelle, die auch ganz wichtig ist. Das geschieht oft, dass Eltern für ihr Kind das tun, das bei einem Autounfall umgekommen ist, und diese Stelle liebevoll pflegen.

Nun sind die Friedwälder oder Bestattungswälder draußen in der Pampa, irgendwo in der Natur. Das heißt, ich muss lange suchen, bis ich sie finde. Du hast dazu eine interessante Idee: Wenn man sagt, o.k., wir betten die Urnen unter Bäume. Aber dann sollten wir das nicht irgendwo abseits machen, sondern wo?

Ich fände das mitten in der Stadt gut. Wo Bäume stehen, wo eine Verbindung da ist. Friedhöfe verändern sich, Friedwälder werden immer beliebter. Viele Städte merken heute, dass Friedhöfe schöne Parks sind, die den grünen Charakter in der Stadt erhalten. Ich könnte sie also auch in einem überschaubaren Maß so gestalten, dass sie nicht überall strukturiert sein müssen, und genauso auch im städtischen Park Gedenkstellen an Bäumen zulassen, so dass Menschen eine Verbindung oder Verwurzelung mit dieser Stadt, mit diesem Ort entwickeln.

Der Reihe nach: Auf einer Allee mitten in der Stadt, die im Moment gar kein Friedhof ist und auch nichts mit dem Friedhof zu tun hat, stehen schöne alte Bäume – dort würdest du Urnen in die Erde graben lassen?

Urnen, Gedenkstellen, wie man mag. Und zwar so, dass es für beide Seiten Vorteile hat. Das bedeutet, dass jemand für diesen Ort Verantwortung übernimmt.

Wir haben sehr trockene Sommer hinter uns. Es wäre doch auch an so einer Stelle ganz interessant, denn die Leute fühlten sich nicht nur für ihr Grab und die Urne verantwortlich, sondern für den ganzen Baum und würden in gießen?

Das erleben wir hier jeden Tag. Es entsteht ein Gefühl dafür, eine Verbindung zu diesem Baum, den Leute dann umarmen, anfassen, sich anlehnen und sich auch Gedanken um das Wohlergehen dieses Baumes machen. Mal ein bisschen harken, pflegen, saubermachen, düngen.

Das würde den Tod auf eine Art sichtbarer machen. Oft ist es heute so, dass die Friedhöfe Orte am Rande der Städte sind mit einer hohen Mauer, hinter der der Tod verschwindet. Und jetzt zu sagen: Wir brauchen eigentlich gar keine Friedhöfe mehr, weil die Verstorbenen in Urnen bestattet werden, die wir auch unter jedem beliebigen Baum vergraben können. Aus biologischer oder hygienischer Sicht wäre nichts dagegen zu sagen, oder?

Ich denke nicht. Es gibt eine Debatte um Brom 6. Das ist ein Verbrennungsprodukt, das bei einer Einäscherung anfällt. Es wird darüber nachgedacht, ob das schädlich für die Natur ist oder nicht. Das kann ich nicht beurteilen. Aus meinem persönlichen Erleben hier würde ich sagen, eher nicht.

Bei euch liegen wie viele Urnen begraben?

Ungefähr dreitausend, vielleicht auch etwas mehr.

Und der Wald ist nicht kontaminiert oder wächst nicht nicht mehr?

Nein. Dieser Wald floriert und hat genau die gleichen Probleme, wie jeder andere Wald auch. Ab und zu wird eine bestimmte Gattung von Bäumen von einem Schädling befallen.

Ich halte das für einen revolutionären Gedanken, zu sagen: Wir holen den Tod dadurch zurück ins Leben, dass wir Urnen unter Bäumen in der Stadt begraben. Das sollten jetzt vielleicht Bäume sein, die nicht direkt aus dem Asphalt herauswachsen …

Es sollte schon Platz darum sein, so dass dieser Baum tatsächlich leben kann, man da auch wirklich Erde sieht und die Möglichkeit hat, so eine Wurzel zu umgraben, wenn eine Urne beigesetzt wird.

Das hätte den Vorteil: Erstens wird sichtbarer, dass Menschen sterben, zweitens sind die Gräber nah bei den Menschen.

Genau. Denn wann mach ich mich wirklich auf den Weg, fahre eine Stunde aus der Stadt, wandere dann noch einmal eine halbe Stunde zum Grab, und darf dort dann nichts machen? Auch in einem Friedwald darf ich nichts ablegen, das ist in diesem Konzept nicht vorgesehen. Wie schön wären Gräber in unseren Parks, wo wir gerne hingehen, wo wir nachmittags einen Kaffee oder Espresso trinken, wo wir in der Nähe eines Spielplatzes sind, wo eine starke Verbindung zum Leben vorhanden ist.

Es hätte auf jeden Fall den Vorteil, wenn der Baum zum Beispiel vor dem Haus in meiner Straße steht, dass ich jeden Tag bei meinen Ahnen vorbeikomme.

Zum Beispiel. Ich habe diese Nähe und auch diese Erinnerung, wie wir sie früher einmal hatten.

Es gibt in München einen Friedhof, der mittlerweile eine beliebte Joggingstrecke ist. Es ist ruhig, es ist kein Verkehr, perfekt zum Laufen. Da wäre es doch nur fair zu sagen: O.k., wenn jetzt Friedhöfe in Parks umgewandelt werden, was eine gute Entwicklung ist, könnten normale Parks dann nicht auch zu Friedhöfen werden?

Für mich ist das kein Gerechtigkeitsthema, sondern es wäre ein Weg, um das Thema wieder lebendig, erlebbar werden zu lassen.

Glaubst du, dass es ein Bedürfnis danach gibt? Dass Menschen vielleicht gar nicht wissen, dass sie das wollen, dass sie mehr bei ihren Toten sein, sich dem zuwenden wollen?

Ja, und auch mitmachen, mitempfinden möchten. Es ist auch immer die Frage einer möglichen Erinnerungskultur, die daraus entsteht. Eine Verbindung zu schaffen zu dem, was vor mir war, zu den Menschen, die vor mir waren.

Wir fordern also: An jeder Hauptstraße, an der Bäume stehen, sollen in Zukunft Urnen bestattet werden.

Ja, und in jedem kleinen Park.

STÖRT DER TOD BEI DER ARBEIT?

Ein Aushang, eine Kondolenzkarte, eine Schale fürs Grab: Mehr ist in vielen Firmen nicht drin, wenn eine Mitarbeiterin oder ein ehemaliger Mitarbeiter stirbt. Der Tod stört die Arbeitsabläufe, so sieht's aus – leider. Aber: Wer Trauer zulässt, stärkt die Menschen im Betrieb.

Gibt es in Firmen Platz für Trauer? Stephanie Gotthardt ist Trauerbegleiterin und war früher in einer großen Firma tätig. Stephanie, wie ist deine Firma damit umgegangen, wenn jemand gestorben ist?

Bei uns war es damals noch ganz klassisch so: Es wurde ein Kondolenzbuch ausgelegt, in das wir uns alle eintragen konnten. Ansonsten wurde nicht viel gemacht, wenn ein Kollege oder Mitarbeiter verstorben war.

Nun gibt es den häufigsten Fall, dass jemand erst verrentet wird, und man dann erfährt, dass ein ehemaliger Mitarbeiter nicht mehr am Leben ist. Üblich ist, dass es einen Aushang gibt mit einem Foto des Verstorbenen und seinem Lebenslauf. Das hängt dann eine gewisse Zeitlang, und das war's auch schon. Oder hast du andere Erfahrungen, David?

Das Thema ist in manchen Firmen gar nicht bekannt. Wir haben heute eine sehr spezielle Ansicht zu den Problemen anderer Menschen und ihrer Privatsphäre. Deshalb ist es oft so, dass schon die Vorboten selten bekannt sind, also das, was in der Familie geschieht, wenn jemand krank war oder gepflegt wurde. Wir sprechen am Arbeitsplatz heute selten über persönliche Probleme. Die Unsicherheit ist groß: Was geht das uns eigentlich an als Firma, als Kollegen? Sprechen wir das an? Gehört sich das? Das passiert nicht nur, wenn jemand verstirbt, der in der Firma gearbeitet hat, sondern auch dann, wenn Kollegen jemanden verlieren. Früher gab es in den großen Firmen feste Rituale und Regelungen, beispielsweise so etwas wie eine Beistandskasse oder die Firma schaltete eine Todesanzeige. Man konnte ankreuzen, ob man einen Kranz oder eine Schale haben will, oft ist dann jemand aus der Abteilung zur Beerdigung gegangen. Es war ein anderer Umgang. Das geht heute in den Firmen zum Teil verloren. Auf der anderen Seite merkt man, dass schon ein Bedürfnis da ist.

Wir sprechen von zwei Situationen: Im einen Fall stirbt jemand, der aktuell in der Firma gearbeitet hat; im anderen Fall ist ein Kollege nach dem Tod eines ihm nahen Menschen »in Trauer«. In der ersten Situation gibt es das Kondolenzbuch, die Traueranzeige, den Aushang, eine Veröffentlichung im Intranet. Was könntest du dir noch vorstellen, wie man mit der Situation umgehen sollte?

Was wir gerade beschreiben, trifft auf die alten, großen, etablierten Firmen zu, die diese Regeln hatten und bis heute oft noch haben. Aber nur ein Teil der Menschen sind in solchen großen Firmen beschäftigt. Gerade in jüngeren Firmen ist davon vieles schon verloren gegangen. Ähnlich wie zum Beispiel auch das Sterbegeld der Krankenkassen, das vor vielen Jahren gekürzt wurde. Auch die Beistandskassen werden aufgelöst, das ist kürzlich hier bei einer großen Firma in Gladbach geschehen. Diese Strukturen sind nicht mehr da. Die Menschen, die sich mit solchen Sachen befasst haben, sind vielleicht schon outgesourct. Wir sprechen gerade von den technischen, den rationalen Aspekte der Situation. Eine ganz wichtige Rolle spielt bei diesem Thema aber tatsächlich der tägliche Kontakt, das Miteinander. Viele Menschen sind heute dezentral eingesetzt oder arbeiten im Home Office, treffen sich über Telefon, Videokonferenzen oder soziale Medien. Es fehlt schlicht das Miteinander, in dem ich so etwas mitbekomme, die Gespräche außerhalb eines Meetings, in denen es nicht nur um die Arbeit geht. Ich kann mir auch in der heutigen Zeit vorstellen, dass es in einer Firma Gemeinschaft und Verständnis gibt, Menschen miteinander in Kontakt kommen und in solchen Situationen dann auch Anteil nehmen und damit umgehen können.

Stephanie, siehst du das auch so, dass sich in unserer Arbeitswelt etwas verändert hat – und zwar in die falsche Richtung?

Es ist bei Firmen wie bei Menschen sehr unterschiedlich. Ich denke, es ist hilfreich, wenn Firmen aus einem ganz anderen Blickwinkel auf dieses Thema schauen. Zusammen mit David biete ich seit einiger Zeit für Firmen das Thema Trauer an. Ich bin auch mit der KOR-Akademie im Unternehmensbereich unterwegs, wo wir versuchen, Themen wie Transformation, Change Management, Agilität mit Trauerprozessen zu erklären, um sie menschlicher, nahbarer zu machen: Stellt euch vor, jemand stirbt, und das Gleiche ist es, wenn eine Firma sich in einen Transformationsprozess begibt. Dann sind Mitarbeiter erst einmal dagegen und wollen manches einfach nicht, genauso wie die Trauernden hier im Haus. Sie wollen nicht akzeptieren, dass einer stirbt oder gestorben ist. Das lässt sich fast eins zu eins auch in Konzernen beobachten. Im vergangenen Jahr habe ich für eine Firma verschiedene Workshops gestaltet, als ein Mitarbeiter gestorben ist. Am nächsten Morgen war ein großes Meeting, und die Führungskräfte informierten die Belegschaft darüber, dass dieser Kollege gestorben war. Das ist ihnen sehr gut gelungen, weil sie dafür sensibilisiert waren über das Trauer- und Transformationsthema. Sie wussten, was sie tun konnten: Kontakt anbieten, mit-halten und nicht aus-halten. Es geht nicht darum, mich in der Situation irgendwie zusammenzureißen, sondern zu begleiten, zu hören, wer etwas braucht, Angebote zu machen. Wir müssen nicht pünktlich um neun Uhr die Agenda starten. Ihr dürft in so einem Moment, wenn ein Mensch verstorben ist, erst einmal für eure Bedürfnisse sorgen. Wer das Gefühl hat, er braucht jetzt erstmal eine Zigarette oder einen Kaffee, dem sollte Zeit und Freiheit gegeben werden.

Was du schilderst, ist eine besondere Situation gewesen, in der alle zusammen waren und man es persönlich hat verkünden können. Meistens ist es sicher nicht so, dass eine Betriebsversammlung einberufen werden kann, um mitzuteilen, dass jemand gestorben ist. Gibt es heute neue Rituale in Firmen, was den Umgang mit Trauer angeht? Oder wird das Thema im Grunde verdrängt und man will sich dem gar nicht zuwenden? Kennst du positive Beispiele oder Wege?

Ja. Es gibt viele Möglichkeiten zu gedenken und es gibt auch Firmen, die das aktiv aufgreifen und anbieten. Sie schaffen Raum zum Gedenken oder bieten einen Rückzugsort. Es geht nicht immer darum, irgendwo einen Altar aufzubauen, aber dass man ein Bild hat, sich einen Moment zurückziehen kann, für sich vielleicht ein kleines Ritual hat. Das habe ich vor zwei, drei Jahren erlebt. Als der Leiter der Firma verstorben ist, hat die Firma jedem Mitarbeiter die Möglichkeit geboten, wann immer einem danach war, eine Kerze anzuzünden und in eine große Sandschale zu stellen. Das ging über einen sehr, sehr langen Zeitraum, das komplette erste Trauerjahr. Das fand ich sehr schön. Eben nicht zu sagen: Ach, mit der Beerdigung haben wir alles erledigt. Trauer beginnt oft erst drei, vier, fünf Monate später. Und dort hat jeder Mitarbeiter eine individuelle Möglichkeit bekommen, für sich zu gedenken, auch im Betrieb.

Interessant finde ich die Idee, dass Trauer bei vielen Verlusten auftritt. Ich kann nicht nur um einen Menschen trauern, sondern um Verluste in Veränderungsprozessen. Früher wurde vielleicht alle zehn Jahre ein neues Produkt eingeführt, mittlerweile finden in Firmen Veränderungen in immer kürzeren Abständen statt. Brauchen die Menschen in Firmen dann auch eine Art von Trauerbegleitung, die diese ständigen Veränderungen berücksichtigt?

Das wäre wünschenswert, dass wir als Transformationsbegleitung etwas in dieser Richtung für Firmen zur Verfügung stellen oder Personalleiter in diese Richtung weiterbilden. Das versuchen wir gerade auch im Ausbildungsbereich aufzugreifen, damit Personalleiter die Chance haben, Situationen wie Todesfälle in der Firma, aber auch andere Verlust-, Veränderungsprozesse aus einer humanistischen Grundhaltung zu begleiten und auch verschiedene Instrumente zu haben, um akut Unterstützung anbieten zu können.

David, wie ist das für dich, wenn du als Bestatter auf einmal auch als Unternehmensberater auftrittst und mit deinem Wissen den Leuten hilfst?

Für uns ist das natürlich spannend und schön. Wir versuchen, auch hier bei uns deutlich mehr als Bestatter zu sein. Das heißt, wir wollen immer wieder Impulse und Anregungen geben und Menschen Mut machen, sich mit dem Thema zu befassen. Da ist gerade die Arbeitswelt eine große Herausforderung, weil dort Gefühle noch viel weniger erwünscht sind als in der Gesellschaft. Sie sind aber genauso vorhanden, weil Menschen dort zusammenarbeiten und viel Zeit verbringen. Wir sehen eine Firma wie einen Organismus, da menschelt es überall.

WARUM IST DER TOD IN DEN MEDIEN EIN STAR?

Gestorben wird immer. Jeden Tag. Rund um die Uhr.
Die Medien kommen ohne den Tod nicht aus, denn Tote
verführen zum Hinschauen. Mit der Realität hat das aber
rein gar nichts zu tun. Was unterscheidet den echten Tod
von der medialen Inszenierung?

David, warum ist der Tod in den Medien ein Star?

Ich denke, weil die meisten Menschen mit dem Tod nicht vertraut sind. Es ist eine besondere Situation, die man im Alltag nicht erlebt. Aber – was sagst du, Klaus, als Medienexperte?

Zuerst einmal bestätige ich das. Man muss sich einmal vor Augen führen, dass über zwei-, dreihunderttausend Tote jedes Jahr im Fernsehen ›versendet‹ werden, da wird im Grunde stündlich gestorben. Es gibt den fiktionalen Tod, das heißt die Toten, die in »Game of Thrones« auftauchen und in »Living Dead«, wo es nur noch um Tote geht, und es scheint vom Tod für die Zuschauer eine große Faszination auszugehen …

So ein kleiner Grusel, wie in einem Panoptikum …

Genau, das ist ein voyeuristischer Effekt. Als Zuschauer freu ich mich, nicht betroffen zu sein, nicht eingesperrt und von Zombies umgeben. Das ist das eine. Die andere Geschichte ist, dass ich etwas erleben und sehen kann, was ich weit von mir weggeschoben habe, so dass es mit mir persönlich gar nichts mehr zu tun hat. Und dabei bin ich mir der Konsequenzen nicht bewusst: dass ich einfach nur Zuschauer bleibe, auch bei den realen Toten, die dann aus dem realen Leben ins Fernsehen eindringen.

Man kann jeder Zeit ausschalten. Mein Vater hat das früher in seinen Vorträgen so gemacht: Er hat irgendeine aktuelle Katastrophe herausgesucht, die besonders erschütternd war. Zum Beispiel das Bild von Alan Kurdi, dem toten Kind am Strand, das von einem Polizisten getragen wird. Dann hat er die Zuhörer gefragt: Macht euch das traurig? Denn diese Differenzierung zwischen traurig und betroffen findet oft gar nicht statt. Natürlich kennt keiner das Kind oder eine ähnliche Situation, stellt sich aber vor, wie schrecklich das ist. Das macht uns betroffen. Trauer setzt dagegen die Fähigkeit zu Mitgefühl voraus.

Ich glaube, es ist eher wie bei einem Kinobesuch, wenn ich mir einen schönen Film anschaue. Es gibt diesen Ausdruck »Feelgood-Movie«: Ich gehe ins Kino und komme beschwingt heraus, freue mich für ein paar Minuten, bin vielleicht sogar ein paar Stunden gut gelaunt. Das Gegenteil davon ist der »Feelsad-Movie«, aus dem ich betroffen herauskomme. Aber auch das geht relativ schnell wieder vorbei, sobald der nächste Reiz da ist: »Oh, ich spür meinen Magen, lass uns noch was essen gehen.« Dann wird vielleicht noch zehn Minuten beim Essen über den Film geredet, und die Stimmung dreht sich wieder, weil man ein neues Thema findet. Es wirkt nicht nach, es war nur dieser Moment, in dem ich betroffen und emotional aufgewühlt war. Aber das ist nicht vergleichbar mit Trauer, die nicht weggeht, weil ich mich etwas anderem zuwende?

Das ist ganz natürlich. Die nächste Katastrophe kommt, die nächste Szene, die nächste Serie. Und wenn man öfter Serien schaut, sieht man auch, wie da aufgerüstet wird: ein noch größeres Dilemma, eine noch vertracktere Situation, damit man Menschen überhaupt noch berühren kann. In der Realität ist das auf einmal alles aber ganz anders, ganz nah, nicht mehr abschaltbar.

Wie ist das für dich als Bestatter? Wird das Bild vom Tod durch die Medien, durch das Fernsehen, durch Filme verzerrt?

Absolut. Wenn ich in einem Gespräch bin und dann höre, was Menschen sich wünschen, was eindeutig auf Bilder aus den Medien zurückgeht. Ein Klassiker ist zum Beispiel: Im Film sehe ich sechs gleich große Männer, die den Sarg auf der Schulter tragen. Das gibt es in der Realität hier nicht, abgesehen von Staatsbegräbnissen.

Wer trägt sonst den Sarg?

Sargträger, die von den Städten engagiert sind. Es wird heute überall versucht, mit weniger Menschen zu arbeiten, weil Menschen, ja, teuer sind. Das geht dann bis hin zu diesen Senkautomaten, auf die der Sarg gesetzt wird, um langsam heruntergelassen zu werden, anstatt dass sich das jemand persönlich zutraut.

Teuer? Was meinst du damit?

Das heißt, dass die Sargträger ja bezahlt werden wollen. Sechs Sargträger, die gleich groß sind und im Smoking den Sarg tragen, kosten richtig Geld.

Die Sargträger, wie wir sie aus dem Film kennen, sind also eher die große Ausnahme?

Die Alternative ist, dass wir das mit Freunden oder Nachbarn machen, wenn sie sich heute noch die Zeit nehmen können.

Aber ich dürfte das machen?

Ja, da kann man nichts falsch machen. Je nach Stadt ist es dann noch gut, wenn sie mir unterschreiben, dass sie keine Ansprüche erheben, eine Versicherung oder Berufsgenossenschaft haben. Ich erlebe es auch, wenn ich mit Menschen hier zu ihrem Toten gehe. Dann habe ich oft den Eindruck: Sie wissen schon, wie die Szene weitergeht, bevor sie richtig im Raum sind. Auf dem Weg müssen sie weinen, sie werden irgendetwas Schreckliches sehen, die ganze Tragweite der Situation wird bekannt. Mich erinnert das ein bisschen an die Auto-Vervollständigungsfunktion: Menschen meinen, schon alles gesehen zu haben. Sie meinen, sich erst einmal wieder abwenden zu müssen, weil sie gar nicht fassen können, dass der Verstorbene ganz friedlich und ruhig liegt.

Die Menschen kommen mit einer Vorstellung davon, was jetzt zu passieren hat oder was sie in den Medien schon einmal gesehen haben, das passiert. Und dann sehen sie den Toten daliegen und was passiert dann? Sind sie noch schockierter vom realen Tod?

Ich glaube, erst einmal schon. Es ist sehr ernüchternd, dass der Tote einfach friedlich daliegt. Die Frage ist auch, welche Filme man im Kopf hat, wie tief ich mich mit dem Thema befasst habe oder mir dazu eine Meinung gebildet habe.

Es gab einmal die amerikanische Serie »Six Feet Under«, die von einer Bestatter-Familie handelte und viele Preise gewonnen hat. Wie nah war das an der Realität? Abgesehen vom Leichen-Schminken und -Herrichten?

Das gibt es real in den Vereinigten Staaten. Zu sehen war natürlich auch eine Idealversion von einer Familie, die sich sehr schön kümmert. Ich habe die erste Staffel gesehen und fand sie auch sehr schön. Es wird ein bisschen was aus dem Handwerk gezeigt und es ist nicht das übliche Schema: Es ist was passiert, wir sind alle betroffen, ich sehe keinen Trost, keine Hoffnung, sehe nicht, wie das weitergeht oder was diese Person von den zwei anderen, die an diesem Tag verstorben sind, unterscheidet.

»Six Feet Under« hatte ja den Effekt, dass nicht nur der Tod auf einmal sexy war, der schon immer viele Zuschauer garantierte, wenn man ihn richtig darstellt. Sondern auf einmal waren auch die Bestatter richtig sexy …

Es wurden richtige Menschen auf einmal. Nicht nur die Nebenfiguren, die im »Tatort« kurz durchs Bild laufen mit einem Sarg oder einer Bergungswanne. Sie hatten auf einmal ein Leben. Was ich nachher auch wieder schwierig fand, denn ich hatte das Gefühl, später ging es nur noch um deren Leben und nicht mehr so ganz um das Thema.

Nun ist das, was passiert, wenn jemand stirbt, ja auch schnell auserzählt. Aber du hast recht, irgendwann wurden die Geschichten der drei Kinder und des Vaters, der immer wieder auftauchte und wie ein Geist dazwischenfunkte, der Mittelpunkt. Die Serie hat auch nicht wirklich dazu geführt, dass sich das Bild so stark verändert hat, dass du sagen würdest: Jetzt haben alle Bestatter angefangen, »Six Feet Under« nachzumachen …

Nein. Das ist eine Momentaufnahme wie bei allen Serien, die irgendwann von einer neuen Thematik überdeckt werden.

Die Vorstellung, dass sechs Sargträger im Smoking mit Fliege den Sarg tragen, bringen die Menschen aus dem

Kino mit. *Gibt es noch andere Dinge, die sie sich vorstellen und du ihnen dann sagen musst: Ist entweder zu teuer oder einfach auch nicht möglich?*

Mich hat jedenfalls noch keiner gebeten, dass eine Ehrengarde Salutschüsse abschießt, wie es bei den Polizistenbegräbnisse in amerikanischen Serien der Fall ist. In den amerikanischen Filmen gibt es zum Beispiel auch noch diese »Wake-Ceremony«, das heißt, die Leute treffen sich zu Hause. Ich fände es sehr schön, wenn man das auch hier mehr machen würde.

Du meinst, die Trauerfeier oder eine Vorstufe zur Trauerfeier findet zu Hause statt?

Ja, wobei der Verstorbene anwesend ist. In der nächsten Szene ist dann eine schnelle Trauerfeier zu sehen, ein Pfarrer direkt am Grab. Es geht alles unglaublich schnell. Man hat dann das Gefühl: Nach zwei Folgen ist alles wieder gut.

Aber interessant ist doch: Die Leute fragen nach den Sargträgern, aber wie oft fragen sie dich: Im Fernsehen habe ich gesehen, dass man den Toten nach Hause holen kann. Bringen Sie mir den Verstorbenen nach Hause!

Es ist anders, denn wir fragen die Menschen: Möchten Sie, dass wir kommen, oder könnten Sie sich vorstellen, dass der Verstorbene noch einen Moment bei Ihnen bleibt? Viele sind dann sehr verwundert, weil ihnen gar nicht bewusst ist, dass das durchaus erlaubt und möglich ist, auch, dass keine Gefahr besteht. In den Medien sehe ich natürlich, dass der Verstorbene sich sehr schnell verändert. Damit möglichst verständlich ist, dass derjenige tot ist und innerhalb kürzester Zeit weg muss. Das ist ganz lustig, wenn ich hier so meine Vorträge halte, zum Beispiel für Schüler, und sage: Es gibt hier Leute, die drei Wochen lang Abschied nehmen. Was ich dann jedes Mal höre, ist: Das muss doch stinken! Ich finde das kurios, eine abstruse Geschichte, wie das Medium Fernsehen, das diesen Eindruck gar nicht vermitteln kann, Leuten vermittelt, dass ein Toter stinken muss.

Wenn man sich nur auf die Medien verlässt, hat man das Gefühl, dass die meisten Leute ermordet werden. Das ist lächerlich, die meisten Menschen sterben an Herz-Kreis-lauf-Erkrankungen, an Krebs, an Schlaganfällen.

Ich finde das bemerkenswert: Weniger als 280 Menschen werden im Jahr in Deutschland umgebracht. Man glaubt immer, da wäre eine so große Dunkelziffer. Aber wir haben auch nicht jeden Tag in den Nachrichten einen neuen Mord, das ist schon eher eine exotische Sache. In Amerika gab es einmal Untersuchungen, in denen Kinder gefragt wurden: Wie sterbt ihr? Wie sterben eure Eltern? Und sie haben gesagt: Wir werden erschossen. Dort ist das natürlich auch deutlich häufiger, etwa 35.000 Menschen sterben jedes Jahr in den USA durch Schusswaffen. Die Frage wäre: Wenn man hier so eine Untersuchung machen würde, was käme dabei heraus? Es sind natürlich die Eindrücke, die ich aus den Medien habe, von denen diese Vorstellungen geprägt sind. Und ich begegne auch oft der Vorstellung, das wäre ein Thema für alte Menschen, die das vorbereitet erwischt.

Wie meinst du das, ein Thema für alte Menschen?

Abgesehen von dem Fall, dass jemand ermordet wird, glauben recht viele nur alte Menschen sterben, und haben auch den Eindruck, dass so etwas natürlich im November ge-schieht, wenn mehr über Hospize zu lesen ist.

Wobei es da auch einen Unterschied gibt. Der fiktionale Tod findet in den Medien ganzjährig statt. Niemand kommt auf die Idee zu sagen: Wir senden jetzt alle Serien oder Filme, in denen Menschen sterben, nur noch im November.

Nein. Abgesehen davon, dass ich heute on demand und in den Mediatheken alles sehen kann, wann ich will. Ich suche mir aus, ob ich das Thema haben will, ob ich ein bisschen Grusel haben will. Nur ist der Tod da eine beiläufige Sache, und ist fast so normal wie Autofahren oder Kaffeekochen. Oder es ist dieser Overkill, wie bei »Game of Thrones«, wo eine ganze Stadt von einem Drachen ausradiert und der Rest der Menschen von der eindringenden Armee abgeschlachtet wird. Da sehe ich dann so viele Tote, die noch nicht einmal ein Gesicht haben. Da kommt nur noch tot, tot, tot, tot, tot.

Guckst du dir so etwas im Fernsehen an?

Ja, ich guck total gerne Serien.

Auch Serien, in denen es tatsächlich um Kampf und Tod und Krieg geht wie bei »Game of Thrones«?

Ja, die Serie habe ich durchgeschaut. Ich guck mir das nicht an, weil ich Tote sehen möchte, sondern die Thematik, die da eine Rolle spielt: wie Archäologie bei »Bones«. Richtig toll fand ich die Serie »The Leftovers«, in der Tote gar nicht zu sehen sind. Da verschwinden die Leute einfach, aber es bleibt so unerklärlich wie im realen Leben: Was ist da eigentlich gerade geschehen?

Das ist interessant, weil es im realen Leben doch auch so ist. Viele sehen den Tod, den Toten gar nicht mehr, sondern er verschwindet aus ihrem Leben.

Er ist einfach weg. Er kommt nicht mehr zum Frühstück, ich bekomme keine Anrufe mehr von ihm, und ich erfahre im Endeffekt auch nicht, warum das jetzt sein musste. Bei »Leftovers« sind es auf einmal drei Prozent der Bevölkerung, die einfach weg sind. Leute, die gerade am Steuer eines Autos saßen, jemand, der gerade einen Einkaufswagen geschoben hat. Es gibt darin keine Gerechtigkeit.

Und in dieser Serie wird gezeigt, wie Menschen mit diesem Verlust umgehen?

Genau. Und wie das Leben dieser Menschen danach weitergeht. Sie fangen an, sich der Esoterik zuzuwenden, um das zu erklären. Sie versuchen, rational das Leben weiterzuführen, und das finde ich sehr interessant und sehr bedrückend. Die Frage ist, ob ein solcher Trend auch bei uns irgendwann ankommt? Wenn es nichts gibt, was ich betrauern kann. Das ist ein Aspekt, der Trauer kompliziert machen kann, dass ich nicht begreifen kann, dass es so ist. Im Film bestellen sie sich originalgetreue Puppen ihrer Verstorbenen, damit sie etwas haben, das sie begraben können, dass sie betrauern können, dass sie weggeben können. Ich fand das eine sehr aufschlussreiche Serie.

Sitzt du manchmal vorm Fernseher und denkst: Oh, der Tote, der da gezeigt wird, der sieht richtig echt aus?

Nein. Aber das ist unterschiedlich. Mit Kunstblut ist es so eine Sache, wenn das wie im Tarantino-Film dann mindestens eine drei Meter hohe Blutfontäne gibt.Wenn ich hier im Haus in den Räumen bin, wo Verstorbene versorgt werden – so nah dran zu sein und auch ein bisschen die Kälte zu spüren oder die Haut zu sehen: Das ist völlig anders als im Fernsehen.

HAST DU SCHON MAL JEMANDEM DEN TOD GEWÜNSCHT?

Es gibt Ausnahmesituationen, in denen der Tod als das kleinere Übel erscheinen kann. Zum Beispiel wenn Menschen sehr krank sind und leiden, ohne Aussicht auf Besserung.

David, du als Bestatter: Hast du schon mal jemandem den Tod gewünscht?

Nicht ernsthaft.

Die meisten Leute würden das natürlich weit von sich wegschieben. Aber dass man einmal so wütend auf jemanden war, das zu denken ...

Gute Beziehungen sind wunderbare Dinge. Und in der Regel ist es so, dass uns die Menschen, die wir lieben, auch am meisten verletzen können.

Das kommt gelegentlich vor. Aber es gibt auch die Situation, dass jemand sehr krank ist und klar spürt, er wird sterben, er leidet unglaublich, auch wenn wir mit der Palliativmedizin heute in der Lage sind, Schmerzen zu nehmen. Wenn dann ein Angehöriger sagt: Es wäre besser, wenn's vorbei wäre ... Ist das o.k.?

Die Linderung von Leid ist ein relevantes Thema. In diesem Zusammenhang hört man viel, dass es vielleicht besser war, dass jemand sterben konnte und nicht länger leiden musste. Dahinter steht aber auch die Frage: Was ist ein guter Tod? Und langes Leiden gehört sicherlich nicht dazu.

Was ist denn ein guter Tod?

Wenn es plötzlich, schnell, im Schlaf geschieht. Ohne dass ich vorher eine solche Ochsentour durch die Medizin machen musste.

Das ist die Wunschvorstellung von vielen Menschen, so zu sterben?

Für sich selbst zu sterben. Für diejenigen, die zurückbleiben, ist das dagegen schwierig, weil sie nicht vorbereitet sind. Das hat also immer eine gewisse Ambivalenz.

Wenn du mit Trauernden redest, fällt dieser Satz dann oft? Verspüren die Menschen auch etwas wie Erleichterung, dass jemand tatsächlich dann gegangen ist, wenn er sehr krank war?

Ja, das ist sehr häufig so. Es ist der Gedanke, dass einem Leid erspart geblieben ist oder man vom Leiden erlöst wurde. Das wird viel geäußert.

Du sprichst von Erlösung: Das heißt, der Tod kann nicht nur für denjenigen, der stirbt, eine Erlösung sein, weil er zuvor viel Schmerz erlitten hat, sondern auch für die Menschen um ihn herum. Wir haben ja die Vorstellung, das Schlimmste, was passieren kann, ist, dass ein anderer Mensch stirbt. Jetzt dreht sich dieser Gedanke in gewisser Weise um ...

Genau. Es gab auch einmal diesen Gedanken, dass der Tod und was danach geschieht, kein schrecklicher, dunkler Ort ist. Sondern jemand dann an einem Ort ist, wo es ihm besser geht. Dass der Tod, wenn man ihn personifiziert, **123** vielleicht ein ganz netter Typ ist, der einen empfängt und aufnimmt, sich gut um einen kümmert.

Das ist ein interessanter Gedanke. In unserer Phantasie ist der Tod etwas ganz anderes. Man hat den Sensenmann im Hinterkopf, der mit der Kapuze kommt ...

So stellen wir uns das manchmal vor, wie wir es aus Horrorfilmen und der christlichen Ikonographie kennen.

Es gibt einen Film, in dem Brad Pitt den Tod spielt, »Joe Black«. Da ist der Tod ein sympathischer Typ, der vorbeikommt, um einen Industriellen abzuholen.

Ich denke auch an die Bücher von Terry Pratchett. Da ist der Tod auch ein Charakter, der immer in Großbuchstaben schreibt und spricht, ein netter Typ mit einer gewissen Lakonie, der nicht bewertet, nichts aus Böswilligkeit tut, sondern zu jedem kommt und ihn abholt.

So ähnlich ist es bei Joe Black auch. Der Tod kommt vorbei und begleitet tatsächlich denjenigen, der sterben muss, eine Zeitlang. Der Tod hat nicht dieses Bedrohliche, Düstere, sondern es ist so, dass der Sterbende sich damit abzufinden lernt. Über dieses Abfinden schafft er es dann, sich noch mit Menschen, die ihn lieben und die ihm wichtig sind, auszusöhnen. Oder zu zeigen, wie wichtig und wie bedeutend derjenige im Leben war. Allzu viele haben diese andere Vorstellung, dass der Tod, der Sensenmann kommt und dass alles ganz schlimm ist. Warum ist eine positivere Vorstellung vom Tod eher die Ausnahme?

Ich glaube, weil wir uns nicht mit den verschiedenen Bildern, auch der verschiedenen Kulturen befassen. Wir sehen Tod als Versagen. Dann ist dabei auch der Gedanke vom Jüngsten Gericht, vom Fegefeuer, ich komme entweder in die Hölle oder in den Himmel. In der griechischen Mythologie gibt es den Hades, die Nachwelt, als Ort des Leidens. Wir kennen Dantes Inferno und die neun Kreise der Hölle. Und wir wagen vielleicht einfach nicht, mehr zu träumen oder zu hoffen, dass das ein guter Ort sein könnte. In ganz vielen Kulturen geht es darum, dass es dem Verstorbenen gut gehen könnte, wo auch immer er hingehen wird. Damit befassen wir uns zu wenig und unsere Vorstellungen, dass es ein verlorener Ort der Qual ist, werden zudem genährt von den Darstellungen aus den Medien und von Geistergeschichten.

Ich bin erstaunt, dass du als Bestatter, der jeden Tag Tote sieht, in der Lage ist, dieses positive Bild zu malen? Liegt das vielleicht daran, was du siehst? Ich hatte bei meinem Vater zum Beispiel das Gefühl, dass er entspannt und zufrieden in seinem Sarg lag und mir dadurch gezeigt hat: alles o.k.. Ich hatte das Gefühl, dass er mir damit auch ein Signal gab.

Das vielleicht Überraschende ist, dass sich bei einem Verstorbenen alle Muskeln entspannen. Das gibt einem das Gefühl, dass Schmerzen, Mühsal, all die Klagen und Plackereien von jemandem abgefallen sind. Ja, vielleicht hat man beim Anblick dieses Gesichts, das so entspannt ist, auch den Gedanken, dass er etwas gesehen hat, dass wir eigentlich gar nicht zu glauben wagen. Wenn Menschen, die in Trauer sind, zu ihrem Verstorbenen gehen, nehmen sie dieses Bild auch mit. Er liegt ganz friedlich da, ohne Sorgen, Schmerzen, Ängste. Es ist ein ganz anderes Bild als dieses dunkle Bild, das wir von Tod haben und das einem oft gezeigt wird.

Siehst du das als Teil deiner Aufgabe als Bestatter? Die meisten Bestatter nehme ich anders wahr, eher als Profis, die dafür zu sorgen haben, dass der Tote schnell unter die Erde kommt, und die vor allem Geld verdienen wollen.

Man muss davon leben können ...

Daran ist nichts verwerflich, aber du machst es anders. Du sagst: Wir laden die Menschen ein, hierherzukommen und über ihre Gefühle zu sprechen.

Diese Nähe zu den Angehörigen, die offen darüber sprechen, was sie bekümmert, empfinde ich als Geschenk. Ich erlebe, wie es ihnen gut tut, wenn sie Zeit investieren, wenn sie sich selbst mit einbringen. Kürzlich war eine Dame hier, die in den letzten sieben Jahren viel bei uns im Haus war. Sie erzählte mir, dass in zwei Tagen der siebte Todestag ihres Mannes sei. Und ich merkte dann, dass sie wieder zu Lebensfreude gefunden hat. Das ist ein unglaubliches Geschenk. Und das gibt dem, was ich mache, viel mehr Sinn, als wenn ich jeden Tag zwei, drei Beerdigungen organisieren würde, ohne zu erfahren, wie es weitergeht, oder überhaupt zu merken, was die eine von der anderen Beerdigung unterscheidet.

DARF MAN TOTE ZU HAUSE BEHALTEN?

Früher war es normal, die Toten in den eigenen vier Wänden aufzubahren. Heute ist das selten geworden. Leider. Denn ein Abschied zu Hause am offenen Sarg kann für die Angehörigen eine gute Erfahrung sein.

David, darf man Tote eigentlich zu Hause behalten?

Nicht für immer.

Selbst wenn man wollte: Die meisten Leute sterben gar nicht zu Hause. Die Schwierigkeit wird wahrscheinlich darin bestehen, die Oma aus dem Pflegeheim irgendwie nach Hause bringen zu können?

Ja. Oder auch dort bleiben zu dürfen, sei es im Zimmer oder noch im Krankenhaus. Über 46 Prozent der Menschen sterben heute im Krankenhaus, dazu je nach Region über 30 Prozent in Institutionen wie zum Beispiel im Pflegeheim. Nur ein kleiner Teil stirbt tatsächlich heute noch zu Hause. Dann ist natürlich die Unsicherheit groß: Was muss ich jetzt machen? Zuerst muss ein Arzt kommen, und erst einmal muss eigentlich nichts geschehen. Ich kann auch nichts falsch machen. Und ich habe natürlich auch viele Rechte. Wenn jemand gestorben ist und der Arzt da war, darf der Verstorbene auch noch eine Weile zu Hause bleiben, zumindest 36 Stunden.

Gehen wir einmal von dieser Situation aus: Jemand stirbt zu Hause, dann kommt der Arzt. Kann das der Hausarzt sein? Muss dass irgendein spezieller Arzt sein? Muss ich den Notarzt rufen?

Ich denke, es ist immer am besten, den Hausarzt zu rufen, der die Vorerkrankungen kennt. Es sei denn, es ist ein ganz plötzlicher Todesfall, ein Unfall oder jemand stirbt aus heiterem Himmel. Wir werden heute älter und wissen in der Regel, was wir so haben, was die Gründe sein könnten, wenn jemand verstirbt. Dann kann ich auch einen Moment warten, wenn ich den Hausarzt nicht erreiche. Denn sobald der Notarzt kommt, wird er in vielen Fällen, wie bereits erwähnt, »unbekannte Todesursache« feststellen. Und damit befinde ich mich dann an einem ›Tatort‹.

Das heißt, dann kommt die Polizei?

Genau! Dann kommt die Polizei. Ich muss diesen Ort verlassen und werde vielleicht auch gar nicht nett behandelt. Wir leben in einer etwas bösgläubigen Welt und vor allem: Der Verstorbene wird dann in den meisten Fällen auch beschlagnahmt und mitgenommen.

Und eine Obduktion wird durchgeführt?

Ja, das kennen wir natürlich aus »CSI« oder aus dem »Tatort«. In der Regel erfolgt eine eher oberflächliche Untersuchung, ob Fremdeinwirkung vorliegt. Das ist das einzige Thema.

Wie oft kommt es vor, dass die Polizei gerufen werden muss?

Immer dann, wenn »unbekannte Todesursache« auf dem Totenschein steht. Das nimmt heute etwas zu, weil außerhalb der Arbeitszeiten oder Öffnungszeiten der Hausarzt oft nicht so rasch zu erreichen ist. Es dürften mehrere tausend Fälle pro Jahr sein, bei denen die Polizei nachschaut.

Bleiben wir bei der Situation: Jemand stirbt zu hause, der Arzt kommt und stellt den Totenschein aus. Die Todesursache ist nachvollziehbar. Dann kann ich den Toten 36 Stunden zu Hause behalten? Wo kommt diese Zahl her? Wer bestimmt das?

Diese Zeiten sind willkürlich gewählt. Sie haben weder einen hygienischen, medizinischen noch ethisch-rituell-religiösen Grund.

Wenn jemand zu euch kommt und sagt: Ich möchte den Toten länger zu Hause behalten. Ist das möglich? Macht ihr da mit?

Ich denke, wir wissen, dass von einem Verstorbenen in der Regel keine Gesundheitsgefahr ausgeht. Es ist durchaus üblich gewesen und gelegentlich heute noch üblich, die Verstorbenen länger zu Hause zu behalten. Ich denke zum Beispiel an Helmut Kohl. In seinem Fall hat es auch einige Tage gedauert, und wir kennen die Bilder aus dem Fernsehen, als sein Sohn vor der Tür stand und von der Polizei abgewiesen wurde.

Helmut Kohl ist zu Hause gestorben und war dann auch dort aufgebahrt. Dann kamen Freunde, Menschen, die ihn auf dem Weg begleitet haben. Aber sein Sohn wurde von der Witwe nicht ins Haus gelassen.

So war es. Dazu hatte sie rechtlich die Möglichkeit. Es gibt eine ganz klare Abstufung, wer was entscheiden darf. Normalerweise raten wir Menschen dazu, den Verstorbenen so lange bei sich zu behalten, wie sie sich damit wohl fühlen. Und wir sagen auch, dass es Möglichkeiten gibt, selbst einen Verstorbenen zu versorgen. Als meine Oma starb, **129** haben wir sie acht Tage zu Hause behalten. Wir waren als Familie dabei, als sie starb und haben viel Zeit miteinander verbracht, auch die folgenden Tage. Irgendwann fing ihr Körper langsam an, sich zu verändern. Das war dann auch der Zeitpunkt, wo wir den Sarg schlossen und wir sie hier ins Bestattungshaus brachten.

Der Körper deine Oma hat sich verändert. Das bedeutet aber nicht, dass sie nach zwei, drei Wochen als Skelett dalag?

Nein. Was ich sehe und spüre, wenn ich bei meinem Verstorbenen bin, ist einmal, wie sich die Körpertemperatur verändert. Er wird kälter, in Richtung Raumtemperatur. Dazu verliert der Körper auch beständig Wasser durch Verdunstung. Er wird etwas schmaler und sieht 20, 30 Jahre jünger aus, weil sich die Haut strafft und Falten verschwinden. Auch der Geruch, den ich von dem anderen kenne, verändert sich ein kleines bisschen durch den begonnenen Verwesungsprozess. Das geht aber nicht schon ins Abstoßende, so dass ich das gut aushalten kann.

Viele Menschen haben noch nie einen Toten gesehen. Sie kennen Tote, wie bereits erwähnt, oft nur aus den Medien und stellen sich vor, dass Tote aussehen wie bei »Walking Dead« oder wie im »Tatort«. Sehen Tote aus wie Zombies?

Kein bisschen. Zuerst einmal ist es schwierig, einen Toten von einem Schlafenden zu unterscheiden. Ich muss irgendwann begreifen, dass da keine Atmung, keine Regung mehr ist. Wenn ich mir nachts meine Kinder anschaue, dann braucht es auch so einen kleinen Moment, bis der nächste Atemzug wieder da ist, und ich weiß, dass alles okay ist. Bei einem Toten ist es umgekehrt. Ich warte und muss mich damit abfinden, dass kein Atemzug mehr kommen wird.

Wenn ich jetzt einen Toten tatsächlich zu Hause aufbahre: Gibt es Vorschriften, wie warm, wie kalt das Zimmer sein muss? Wie kann ich es schaffen, dass der Tote nicht zu schnell verwest?

Es wäre vorteilhaft, wenn es etwas kühler im Raum ist.

Wieviel Grad etwa?

Im Bestattungshaus sind es üblicherweise acht Grad. Das lässt sich in einer Wohnung nicht machen, es sei denn im Winter. Es ist sehr vorteilhaft, wenn ein Verstorbener ganz am Anfang erst einmal gekühlt wird, um den Zersetzungsprozess seines Körpers noch etwas länger zu unterbinden.

Wie ist es möglich, den Toten zu kühlen?

Das kann man machen durch Kühlpacks oder Ähnliches. Wenn jemand zu Hause aufgebahrt ist, haben wir auch die Möglichkeit, eine Art Kühlplatte unter den Verstorbenen zu legen.

Muss ich Angst davor haben, einem Toten ins Gesicht zu schauen?

Nein. Im ersten Moment wird es so sein, dass man ihm vielleicht die Augen schließen muss. Nicht alle haben die Augen zu. Das geht relativ einfach. Es ist auch so, dass sich alle Muskeln erst einmal entspannen und der Mund nicht unbedingt geschlossen ist.

Wie lässt sich der Mund schließen?

Durch die Lagerung beispielsweise. Wir legen den Kopf so hin, dass der Mund einfach etwas mehr zu ist. Oder wir legen etwas unter das Kinn. Man könnte den Mund auch zunähen oder kleben. Das finden wir allerdings übergriffig. Ich würde das mit meiner Mutter nicht machen. Dazu besteht auch kein Grund. Viele Leute haben den Mund ja auch ein bisschen offen, wenn sie ein Nickerchen auf dem Sofa machen.

Wie ist es, wenn jemand im Krankenhaus stirbt oder im Pflegeheim? Kann ich den Toten trotzdem zu mir nach Hause bringen lassen?

Ja, das geht. Das ist, soweit ich das sehe, immer machbar.

Das heißt, ihr kommt als Bestatter, nehmt den Toten mit und bringt ihn nach Hause?

Genau. Im Krankenhaus muss man darauf achten, dass ein Bereitschaftsarzt in der Nähe ist. Damit es jemanden gibt, der auch Verantwortung übernimmt und weiß, dass ich nichts falsch mache. Das muss ich mit dem Bestatter absprechen. Dann kann ich den Verstorbenen auch mit nach Hause nehmen und später mit dem Krankenhaus die restlichen Formalitäten klären.

Bei deinem Vater war es so, dass er im Krankenhaus gestorben ist. Danach war er sowohl hier im Bestattungshaus als auch bei euch zu Hause.

Wir haben ihn erst einmal aus dem Krankenhaus mitgenommen, nachdem der Arzt den Totenschein ausgestellt hatte. Am nächsten Tag haben wir ihn dem Amtsarzt gezeigt. Das ist bei einer Feuerbestattung notwendig. Von staatlicher Seite muss ein beauftragter Arzt feststellen, dass keine Fremdeinwirkung zum Tod geführt hat und eine spätere Exhumierung ja nicht mehr möglich ist, wie es bei Erdbestattungen ab und an geschieht.

Noch mal: Erst kommt der Arzt und stellt den Totenschein aus? Wenn entschieden ist, dass der Tote verbrannt werden soll, muss noch einmal ein anderer Arzt kommen?

Ja. Damit wir die Genehmigung zur Einäscherung bekommen. Wir haben ihn dann eingekleidet, so dass er das, was er trug, später auch anbehalten konnte. Dann haben wir ihn mit nach Hause genommen, damit wir die Möglichkeit hatten, zur Ruhe zu kommen, Gäste einzuladen und in einer vertrauten Umgebung zu sein.

Du würdest auch empfehlen, sich nicht nur selbst noch einmal an den offenen Sarg zu setzen, sondern auch Freunden, Bekannten, Verwandten die Möglichkeit zu geben, Abschied zu nehmen?

Wir können dazu nur Mut machen. Ich habe festgestellt, dass es für Menschen gut war zu sehen, dass jemand ganz entspannt ist, keine Angst, keine Schmerzen mehr hat. Oft ist es auch ganz wichtig, dass ich erzählen kann, wie es mir gerade geht, was ich dem Verstorbenen vielleicht gerne noch gesagt hätte. Und dass ich sehe, dass all die Gedanken und Emotionen, die ich habe, genauso wie die der anderen, die mich begleiten, ganz normal sind.

Nun gibt es viele Menschen, die sagen: Ja, das klingt nachvollziehbar und gut. Aber ich möchte den Toten trotzdem nicht zu Hause haben.

Das erleben wir oft. Viele haben Angst davor, nicht stark genug zu sein und vielleicht Bilder zu sehen, die nicht mehr aus dem Kopf gehen. Ich glaube aber, wenn wir uns mit etwas befassen, auch mit unseren Ängsten, dann können wir diese Ängste auflösen. Ich habe bei uns erlebt, dass viele Menschen erleichtert waren, dass das, was sie hier sahen, gerade nicht ihren Ängsten entsprach.

Hier im Bestattungshaus gibt es Räume, die so eingerichtet sind wie Wohnzimmer und da kann man bei den Toten sitzen, ohne Zeitdruck, ohne dass jemand auf die Uhr guckt?

So lange, wie man mag. Es ist immer jemand da. Im Zweifelsfall gehen wir auch mit. Wenn wir dann dort in dem Raum sind, beantworten wir Fragen, machen Mut, hier mit dem Verstorbenen zu sein. Man muss uns nicht fragen, ob man etwas darf. Wir gehen davon aus, dass Angehörige hier alles dürfen. Und wir sind noch nie enttäuscht worden.

Alles dürfen? Ist es schon mal vorgekommen, dass Jugendliche hier im Haus gefeiert haben?

Privat haben wir das schon gemacht.

Deine Schwester hat hier im Bestattungshaus ihre Hochzeit gefeiert. Ich meine aber etwas anderes. Es gab einmal die Geschichte, dass ein Junge gestorben ist, im Schulalter, er war erst 17, 18 alt. Seine Mitschüler haben eine Nacht hier am Sarg gesessen, die »Toten Hosen« gehört und eine Kiste Bier getrunken …

Ja, das war so. Es ist nicht immer nur traurig, wenn Menschen sich hier versammeln. Die Szene erinnert mich an den Film »Besser als nichts«. Da stirbt eine junge Person, und die Freunde machen ganz viel selbst und feiern dann auch so, wie sie vorher gefeiert haben. Das ist nicht ungewöhnlich. Es war doch immer so: Wenn Menschen zusammenkommen, kommen sie von dem, was traurig ist, sehr schnell an den Punkt, sich daran zu erinnern, was einfach schön miteinander war, und miteinander erlebte Geschichten auszutauschen. Als wir bei meinem Vater saßen, gab es auch zu essen und zu trinken. Wir haben viel miteinander gelacht, wir haben miteinander geweint. Es ist nicht nur *ein* Gefühl, das man in so einer Situation hat. Ich glaube, es ist ein ganz großer Schatz, gerade dann Gemeinschaft zu erleben.

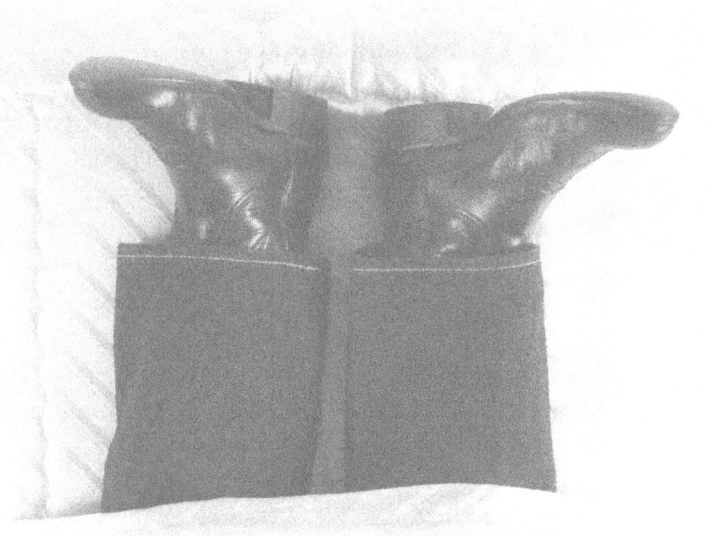

AUF DEM FRIEDHOF. WOZU BRAUCHEN WIR DIESEN ORT?

ERDE DRAUF UND FERTIG?

Viele Menschen glauben, die Beerdigung sei eine Art Endpunkt. Der Tote ist beigesetzt und verabschiedet. Das war es dann. Über und unter der Erde passiert noch eine ganze Menge.

David, was passiert mit den Toten im Sarg unter der Erde?

Eine ganze Menge. Schon ab dem Zeitpunkt, wenn jemand stirbt, verändert sich ganz viel. Ab diesem Zeitpunkt beginnt der Prozess der Verwesung.

Das bedeutet im Einzelnen was? Was passiert dabei im Körper?

Was im Wesentlichen passiert, ist vom ersten Moment an eine Verdunstung, Austrocknung. Die Haut wird glatter, Falten verschwinden etwas, der Körper wird etwas leichter und schmaler, als ob jemand ein bisschen jünger wird.

Du sagst, es ist gut, den Toten zu sehen. Wie ist das gemeint?

Gerade ganz am Anfang entspannen sich alle Muskeln, der Verstorbene liegt ganz entspannt da. Ich halte es für wichtig, dass ich meinen Verstorbenen sehe, ihn berühren kann, spüre, dass er langsam etwas kälter wird. Da wächst nichts mehr, Wunden verheilen nicht mehr. Ich sehe, dass dieser Körper langsam vergeht und dass ich ihn hergeben muss.

Wann und wie wird denn ein Toter eingesargt, so lautet der Fachausdruck für in den Sarg legen?

Das geschieht normalerweise, sobald ich beim Bestatter war, mir einen Sarg ausgesucht habe, der Verstorbene von seinem Sterbeort zum Bestatter oder auch am Sterbeort selbst gewaschen und eingekleidet wurde. Es lösen sich dann alle Muskeln, so dass es ganz gut ist, den Verstorbenen auch ein bisschen einzucremen, damit die Haut nicht so trocken und rissig wird. Es werden dann gegebenenfalls Zugänge, die im Krankenhaus zum Beispiel für eine Infusion gelegt wurden, verbunden, weil sich Wunden auch nicht mehr schließen. Dann ziehe ich dem Verstorbenen das an, was er gerne anhatte und im Prinzip auch im Krematorium anbehalten kann. Der Tote wird dann so gelagert, dass ich das Gefühl habe, er liegt da bequem. Das kann im Bett sein, auf der Couch, aber in den meisten Fällen natürlich im Sarg.

Du hast gesagt, die Muskeln entspannen sich. Man hört doch immer, dass die Leichenstarre eintritt?

Das geschieht erst nach einer Weile. Innerhalb der ersten 48 Stunden verkleben die Muskeln, so dass der Körper nach und nach immer steifer wird. In den darauffolgenden 48 Stunden verschwindet die Starre wieder, sodass wieder eine vollkommene Beweglichkeit des Körpers gegeben ist. Wenn ich jemanden früh einkleide, dann kann er das erst einmal in dieser Zeit auch anbehalten. Ich muss nicht das Gefühl haben, wenn ich dann Blockaden bemerke, dass ich ihm wehtue, sondern ich kann dehnen, wie ich das beim Sport mache, die Muskeln auch etwas massieren. Dabei brauche ich dann eine zweite Person, denn das lässt sich nicht auf Hauruck machen. Es ist ein bisschen so, wie bei pflegebedürftigen Menschen, die man ja auch ein bisschen schick macht, wenn Besuch kommt.

Früher wurde schon einmal das Jackett oder Hemd hinten aufgetrennt, damit man dem Verstorbenen leichter die Kleidung anziehen konnte.

Wie lange bleibt der Sarg bei euch im Haus? Ihr habt Räume, wo die Toten aufgebahrt sind, bis sie dann kremiert oder beerdigt werden.

Er bleibt immer bis zur Beerdigung bei uns. Wir lehnen es ab, unsere Verstorbenen alleine irgendwo an einem fremden Ort in dunkle Räume zu legen. Wir holen den Verstorbenen zu uns ins Haus, sobald es für die Angehörigen in Ordnung ist. Hier kann man den Verstorbenen so oft und so lange sehen, wie man mag. Meistens sind die Verstorbenen drei bis vier Tage in der Leichenhalle auf dem Friedhof, bis der zugewiesene Bestattungstermin feststeht. Wir machen es so, dass wir den zugewiesenen Termin in der Regel nicht akzeptieren, sondern gucken, wann ist der ideale Termin?

Schauen wir mal auf oder besser: in das Grab. Wie groß ist eigentlich ein Grab? Wie breit, wie tief?

Meistens hat man zweimal einen Meter, also zwei Quadratmeter zur Verfügung. Das Grab soll mindestens 1,80 Meter tief sein. Bei Urnen ist es weniger, da sind es 80 Zentimeter. Das ist alles gesetzlich geregelt und dafür gedacht, dass Tiere nicht drankommen können. Es gibt auch noch Unterschiede in den Böden. Wenn ich einen sandigen oder sauren Boden habe, dann ist die Ruhezeit meistens etwas kürzer; wenn ich einen sehr lehmigen Boden habe, muss sie etwas länger sein, es dauert dann länger, bis der Körper und der Sarg darin vergehen.

Das heißt, wenn alles gut läuft, verwest nicht nur der Körper, sondern verrottet auch das Holz, und alles wird wieder eins.

Genau. Auch die Knochen, die drin sind. Wobei sie dann das Letzte sind, was vergeht.

Wie kommt der Sarg ins Grab? Aus Filmen kennt man die Bilder, dass Sargträger an Seilen den Sarg ins Grab hinunterlassen. Wird das heute noch so gemacht?

Das ist hier bei uns auf dem Land die Regel. Es gibt aber auch Regionen, da gibt es auf den Friedhöfen Senkautomaten, wie wir sie aus amerikanischen TV-Serien kennen: Auf Knopfdruck bewegen sich die Seile langsam nach unten, der Sarg schwebt noch ein bisschen in der Luft, bis später, wenn die Gäste gegangen sind, der Gärtner die Automatik auslöst, so dass sich die Seile lösen. Das ist der einfachste Weg, keine Frage. Mit einem Seil, das man am Kopf- und am Fußende des Sarges befestigt. Wenn man sicher sein möchte und die Grabeinfassung nicht entfernen mag, dann ist meistens noch ein Verbau im Grab gesetzt, damit die Wände nicht einstürzen. Die Träger stehen auf Holz- oder Metallplanken, so dass ich den Sarg ganz ruhig hinunterlassen kann, indem ich das Seil langsam durch meine Hände gehen lassen. Das ist übrigens ein weiterer Grund für die Trägerhandschuhe, die weißen Trikot-Handschuhe: Sie sorgen dafür, dass es nicht zu viel Reibung kommt. In anderen Kulturen ist es hier und da so, dass Menschen mit ins Grab steigen, um den Verstorbenen anzunehmen, vor allem in Regionen, wo kein Sarg benutzt wird, sondern der Verstorbene auf einem Brett oder in Tüchern ins Grab gelegt wird.

Bist du schon einmal in ein Grab gefallen?

Ich persönlich nicht. Ich habe es aber schon einmal erlebt und meinem Vater ist es dreimal passiert. Es kann natürlich immer etwas geschehen, zum Beispiel, wenn einer zu früh loslässt und es dann zu einer Gewichtsverteilung kommt. Oder jemand neben diese Hölzer tritt – das sag ich immer sehr deutlich: Nicht die Bretter verlassen! –, weil der Rand eines Grabes möglicherweise instabil ist. Dann kann es geschehen, je nach Untergrund, dass ich da drin lande. Und dann ist es gut, wenn niemand unter dem Sarg landet. Denn das hat alles natürlich ein gewisses Gewicht und eine gewisse Wucht.

Was passiert jetzt unter der Erde? Du hast es schon angedeutet: Der Sarg verrottet irgendwann, der Körper verwest. Wie lange dauert es, bis der Sarg tatsächlich zusammenbricht? Und ist das an der Oberfläche zu spüren, dass die Erde noch einmal ein Stück absackt?

Das sieht man. Wobei sich das Grab mehrfach senkt. Erst einmal dauert es etwa ein halbes Jahr, bis der Boden über dem Sarg sich wieder verfestigt. Deshalb fort man da zunächst einen kleinen Hügel über dem Grab. Friedhofsgärtner bieten so eine Hügelung an, damit das alles auch eine schöne Struktur hat. Es kann sein, dass Hohlräume unter dem Sarg entstehen, die dann nach und nach von nachrutschender Erde aufgefüllt werden.

Machen wir noch mal einen Schritt zurück. Was geschieht mit dem Körper nach dem letzten Atemzug?

Der Körper beginnt auszutrocknen, dann geht es mit der sogenannten Autolyse weiter, bei der die Zellen nicht mehr mit Sauerstoff versorgt werden und sich die Energieversorgung aufzehrt. Wir kennen ja die Geschichten, dass

Verstorbenen angeblich die Haare und Fingernägel noch wachsen würden. Das ist übrigens etwas, was mit diesem Austrocknen zusammenhängt: Die Haut wird straffer, die Haare stehen dadurch stärker hervor, aber sie wachsen nicht mehr. Dann beginnt der Körper, sich biologisch aufzulösen, es beginnen Fäulnisprozesse, die Haut verfärbt sich. Es können Fäulnis-Gase entstehen, Kohlendioxid, Ammoniak und Schwefelwasserstoff, so dass der Körper sich manchmal auch aufbläht. Das sehen wir aufgrund der Kühlung aber eher weniger. Und dann siedeln sich natürlich Bakterien, Insekten, Maden an. Damit komme ich zu dem Punkt, wie es wirklich im Grab weitergeht: Im Grab ist Sauerstoffzufuhr notwendig, weshalb Lehmboden auch so schlecht ist. Wärme beschleunigt die Verwesung, während Kälte sie verlangsamt. Es braucht auch ein bisschen Wasser und natürlich das Erdreich mit all seinen Lebewesen. Innerhalb von zwei Jahren löst sich das Körpergewebe auf, dann kommt es zu einer Skelettierung des Leichnams. Fingernägel, Haare und Sehnen brauchen etwa vier Jahre. Und zuletzt werden sich dann die Knochen zersetzen. Auf dem Friedhof wird es dann 20 bis 40 Jahre dauern, bis der Körper gänzlich verwest ist.

Hast du schon einmal jemanden wieder ausgegraben?

Das kommt ab und zu vor. Wenn eine Familie umzieht oder es eine Familienzusammenführung auf einem neuen Friedhof gibt, dann kommen wir in Situationen, wo wir einen Sarg wieder hochholen. In den letzten Jahren ist das mehrfach geschehen, weil Gruften aufgelöst wurden. Es gibt immer weniger Orte, wo man eine Gruft erwerben kann, weil die Frage ist: Was geschieht mal langfristig mit so einem Bauwerk? Also, bei Auflösung wird ein Grab geöffnet, und zwar sehr sorgfältig, das heißt, mit einem Bagger, so dass der Sarg nicht bricht. Ein Sarg kann 15 bis 20 Jahre halten, je nachdem, wie er lackiert ist oder welche Holzart verwendet wurde. Es ist vorgeschrieben, dass ein Bestatter anwesend ist, gegebenenfalls mit einem Ersatzsarg. Und dann muss man versuchen, den Toten wieder in einen Sarg zu legen, alles wieder zusammenzufügen. Nach vielen Jahren kann es sein, dass man nur noch Knochen findet.

IST ES AM ENDE EGAL, WO MAN UNTER DIE ERDE KOMMT?

Die wenigsten legen fest, wie und wo sie einmal bestattet werden wollen. Das entscheiden dann die nächsten Angehörigen. Man sollte sich Zeit lassen und in Ruhe darüber nachdenken, wo der Gedenkort sein soll.

David, ist es nicht eigentlich egal, wo man bestattet wird? Wenn man tot ist, kann es einem doch schnuppe sein?

Vom Prinzip her ja. Die Frage ist, aus welcher Vorstellungswelt ich komme, ob ich vielleicht religiös bin. Viele Leute glauben, dass man eine Verbindung zu dem Ort hat, zum Beispiel im Judentum ist es so. Ich glaube, viel wichtiger noch ist dieser Ort für die Menschen, die zurückbleiben. Das ist vielen gar nicht so bewusst, dass die Hinterbliebenen vielleicht einen Ort brauchen, wo sie eine Verbindung zu dem Verstorbenen spüren. Ich erlebe oft bei Vorträgen und Begegnungen, dass es zum Beispiel für einige Leute schwierig ist, wenn sie keinen Ort haben, wenn jemand anonym beigesetzt wurde. Sie fragen sich dann: Wo könnte der Verstorbene jetzt sein?

Wo kann man sich eigentlich überall bestatten lassen?

Prinzipiell auf jedem Friedhof, wo man möchte. Die Restriktionen, die es in der Vergangenheit gab, haben sich sehr verändert. Früher war es zum Beispiel so, dass auf einem kirchlichen Friedhof nur beigesetzt werden durfte, wer Teil der Gemeinde war. Das hat sich heute durch den Wandel in der Bestattungskultur und durch die Mobilität der Menschen sehr verändert. Prinzipiell kann ich es mir aussuchen. Wir raten Menschen, die zu uns kommen, auch dazu, sich verschiedene Friedhöfe anzuschauen, und zu überlegen, wo sie sich wohlfühlen können.

Muss es denn ein Friedhof sein? Was ist mit einer Seebestattung? Das ziehen ja einige in Betracht, sich im Meer versenken zu lassen? Ist das möglich? Und was gibt es sonst noch?

Ja, ich kann alle Weltmeere wählen, alle Länder. Es ist nicht verbotenen, einen Verstorbenen mitzunehmen, wo immer er gerne hingereist ist. Da muss ich nicht die Nord- oder Ostsee wählen, sondern es kann auch die Ägäis, das Mittelmeer oder Kap Horn sein. Es gibt auch die Weltraumbestattung, im Elsass die Luftbestattung, die es garantiert auch anderswo gibt, und bei der man über einem Gebiet verstreut wird. Es gibt auch Wege, dass ich einen Verstorbenen zu Hause behalten kann, zum Beispiel in Nordrhein-Westfalen: Wenn ich mich vorher darum kümmere und verschiedene Regelungen beachte, ist es nicht verboten, jemanden zu Hause beizusetzen. Dann gibt es noch so etwas wie Diamanten, oder die Asche in einem Rahmen und viele weitere Möglichkeiten. Mir muss nur klar sein, dass manche Wege etwas schwieriger sind, weil wir hier in Deutschland den Bestattungszwang haben.

Was du alles aufgezählt hast, gilt nur für Urnen? Oder kann ich tatsächlich auch einen Toten um die Welt fliegen lassen, um ihn dann am Kap Horn im Meer beizusetzen?

Vom Prinzip her sollte auch das machbar sein. Wir betreuen auch Familien, die aus fernen Ländern gekommen sind, und Heimat ist für sie die Türkei oder Kambodscha oder Kenia. Es kann aus unterschiedlichen Gründen für sie sehr wichtig sein, den Verstorbenen wieder nach Hause zu bringen in die Heimaterde, zum Beispiel, weil dort ein Grab auf ewig besteht. Wir benutzen ja auch die Metapher, dass jemand »nach Hause geht«. Bei Juden in Amerika ist es üblich, dass ihre Verstorbenen ein Stück Heimaterde von den Hügeln Jerusalems beigelegt bekommen.

Du hast schon die anonyme Bestattung angesprochen. Ich weiß nicht, ob sich wirklich so viele Leute letztendlich anonym bestatten lassen? Warum ist es gut, einen Ort zu haben?

Früher hat man gesagt: Du musst loslassen, ist doch auch mal gut, ist vorbei. Seit einigen Jahrzehnten wissen wir, dass es darum geht, wie ich mit Erinnerung umgehe. Das heißt, es ist eine Illusion zu glauben, dass jemand, nur weil er tot ist, auf einmal weg ist mit allem, was ich von ihm weiß, mit ihm erlebt habe. Die Erinnerung lebt mit mir weiter und ich muss lernen, mit ihr umzugehen. Die Menschen kommen gut damit klar, dass sie zu Hause vielleicht ein Bild stehen haben oder etwas anderes, was sie verbindet. Ich glaube, es macht es einfacher, wenn ich einen Ort habe, wohin ich gehen kann, wenn ich das Bedürfnis habe, nicht die Verpflichtung.

Es geht also um einen Erinnerungsort?

Einen Erinnerungsort, wo ich jemanden im wahrsten Sinne des Wortes verorte und weiß, dass er dort ist. Vielleicht ist es ähnlich, wenn ich das erste Mal von zu Hause wegziehe: Ich weiß, ich kann nach Hause zurückkommen, wenn es ein Problem gibt. Vielleicht brauche ich manchmal diese Zwiesprache, wenn ich in einer neuen, mir unvertrauten Situation bin, sei es am Arbeitsplatz, in der Beziehung, und mir den Rat der Eltern, der Großeltern wünsche. Ich stelle mir vor, was sie dazu gesagt hätten. Nach dem Motto: Kind, du schaffst das schon! Schlaf doch noch mal eine Nacht drüber. Ich stelle mir vor, dass derjenige da ist. Für mich ist es zum Beispiel das Bild meines Vaters bei uns in der Eingangshalle, das ich oft sehe und auf dem noch heute Jahre nach seinem Tod unterschiedliche Emotionen wahrnehmen kann, z.B. wie ich ihn traurig oder knatterig oder fröhlich erlebt habe. Was ich da erlebe, braucht man ab und zu meiner Ansicht nach.

Zurück zu den ganz praktischen Fragen: Wie ist das mit dem Friedhofszwang und den Friedhofsgesetzen? Es gibt die Pflicht, einen Toten auf einem Friedhof zu beerdigen. Bei Leichen ist das so, aber bei Urnen zum Beispiel nicht mehr. Wie ist das genau?

Der Bestattungszwang besteht so oder so, egal ob Leiche oder Urne. Aber ich habe bei einer Urne die Möglichkeit, relativ einfach aus diesem Bestattungszwang herauszukommen. Denn es ist zum Beispiel nicht geregelt, dass jemand nicht im Ausland beigesetzt werden dürfte. Dadurch finde ich ganz einfache Wege, an die Urne zu kommen. Wo kein Kläger, da kein Richter. Bei uns ist es recht einfach, weil Belgien oder Holland nebenan liegen. Denn in keinem anderen Land der Welt ist es so streng geregelt wie bei uns. Auf der anderen Seite gibt es auch Wege, jemanden zu Hause beizusetzen, auch als Erdbestattung. Wenn ich ein eigenes Grundstück habe und die Langfristigkeit sicherstellen kann, dann kann ich einen Teil des Geländes so abgrenzen, dass es keine Probleme gibt, wenn der Grundstückseigentümer wechselt.

Wie lange bleiben Gräber im Schnitt bei uns bestehen?

Mindestens 20 bis 25 Jahre.

In den »Gärten der Bestattung«, die zum Bestattungshaus
Pütz-Roth dazugehören, laufen die ersten Gräber aus. Wie
lange liegen die Urnen da in der Erde?

Das sind 15 Jahre. Das Besondere bei diesen Urnen ist,
dass sie vergänglich sein sollen, das heißt, aus biologisch
abbaubarem Material sind. Das kann Granulat sein, aus
dem industriell Urnen gefertigt werden, aber auch Holz,
Stoff, Papier, alles, was irgendwann verrottet. Wir werden
also keine Urnen finden. Dadurch kommen wir in eine ganz
spannende Situation. Wo ist der Verstorbene? Bei unserer
Allerheiligen-Gedenkfeier, die wir hier jedes Jahr mit Licht-
installationen und Musik veranstalten, bin ich mit Menschen ins Gespräch gekommen, die meinten, jetzt sei die
Trauer vorbei. Wir sagen ganz klar: Jeder ist hier so oft und
so lange willkommen, wie man mag. Gerade wenn man das
Gefühl hat, dass zu einem Baum oder einer Installation eine
Verbindung da ist. Manche habe auch gesagt: Ich nehme
dann den Stein mit und gut ist. Andere sagen: Ich brauche
diesen Ort vielleicht noch ein bisschen länger.

Wer die »Gärten der Bestattung« nicht kennt und noch nicht
da war, kann sich vielleicht nicht so viel darunter vorstellen. Da gibt es eine Bühne und das Haus der Klage. Worum
geht es da?

Die Bühne nutzen wir zum Beispiel für unsere Sommerkon-
zerte, dort treten Bands auf, und es gibt andere Veranstaltungen, wo von Herzen gelacht und von Herzen geweint
werden darf. Um davon eine Vorstellung zu bekommen:
Beim Sommerkonzert sind an die zweieinhalbtausend
Menschen da, die vor dieser Bühne oder auch zwischen den

Gräbern sitzen. Das Haus der Klage ist ein großer Spiegelkubus. Hinter diesen Spiegeln kann ich für eine gewisse Zeit eine Urne einstellen, bis ich weiß, wo ich jemanden letztendlich begraben will. Wenn man darin eine Tür öffnet, kommt man in einen ganz hell gestalteten Raum, in dem ein Tisch steht, der aus über 3000 LEDs besteht, mit einer großen Steinplatte darauf, auf die ich das legen kann, was ich beklage. Und wenn ich die Tür zumache, spüre ich auf einmal jede Bewegung dort als Ton. Es ist eine ganz besondere Akustik. Dabei geht es darum, dass ich lerne, mich zu beklagen, zu trauern, auszudrücken, was ich empfinde, ohne dass Gefühl zu haben, dass andere das bewerten. Wieder zu meiner Stimme zu finden. Das Haus der Klage gibt es seit über fünf Jahren. Es ist gedacht, dass man fünf Jahre lang die Urne dort einstellt. Seit Neuestem kann man dort eine Urne auch ohne Zeitbegrenzung einstellen, so dass ich für immer einen Ort habe, an dem die Person verbleiben kann und nicht weg ist, nicht das Grab irgendwann aufgelöst wird. Diese Möglichkeit besteht.

Es ist in jedem Fall ein ganz besonderer Ort. Nun muss man sich nicht in den »Gärten der Bestattung« bestatten lassen, sondern im Grunde den richtigen Ort für sich finden.

Ja, einen Ort, zu dem ich gerne hingehe. Vor Kurzem war ich in einer Nachbargemeinde auf dem Friedhof. Es wurde dort jemand beigesetzt, der plötzlich und unerwartet, wie man so sagt, verstorben ist. In der Zeit, als wir dort aufgebaut haben, lernten wir viele Leute kennen, die auch jemanden verloren haben. Ein Friedhof ist ein sehr sozialer Ort, früher waren Friedhöfe ja mal mitten im Leben. Wir haben in dieser kurzen Zeit viele Geschichten gehört und diese Menschen kennengelernt. Man grüßt sich, hat so ein gewisses Zutrauen »Ach, ich kenn da schon mal jemanden ...«, ähnlich wie beim Einzug in eine Wohnung. Ich glaube, dass dieser Austausch wichtig ist. Wenn die Friedhöfe früher um die Kirchen herum mitten im Ort lagen, dann wäre die heutige Entsprechung, dass sie vor dem Supermarkt, dem Einkaufszentrum wären, also an Orten, wohin ich sowieso gehe und auch andere Menschen dort treffen kann. Ein Ort, zu dem ich gerne gehe, nicht aus Pflicht, und den ich nicht als traurigen, dunklen Ort empfinde.

WOZU NOCH EIN GRAB?

Bis heute gibt es ein großes Bedürfnis danach, einen Erinnerungsort zu haben. Einen Platz, nicht nur für die Asche und Knochen des geliebten Menschen, sondern für schöne Gedanken, Erinnerungen und Trauer.

David, ein Grab ist zunächst einmal einfach nur ein Loch in der Erde. Egal ob man einen Sarg hinein versenkt oder nur eine Urne, dann ist es eben ein kleineres Loch. Damit könnten wir sagen, der Fall ist erledigt. Aber das ist nicht so. Ein Grab kann zum Beispiel auch ein Erinnerungsort sein.

Die Grabstelle ist ein Ort, wo ich mich ganz bewusst mit der Beziehung zu dem Verstorbenen auseinandersetzen kann, ihm erzählen kann, wie es mir geht, was so passiert ist, mir vielleicht vorstellen kann, dass der andere da ist, mir zuhört.

Wir Menschen sind die einzigen Lebewesen, die ihre Toten bestatten. Oder gibt es noch andere, die das in ähnlicher Form machen?

Nein, davon ist nichts bekannt.

Es gibt die Geschichte vom Elefantenfriedhof ...

Das ist ein bekannter Mythos. Es gibt Orte, wo sehr viele Tier-Skelette gefunden wurden und man deshalb zu der Vorstellung kam, dass die Tiere dort quasi zum Sterben hingegangen sind. Heute weiß man, dass da wahrscheinlich der Mensch die Hand im Spiel hatte und die Überreste seiner Jagdbeute an bestimmten Stellen abgelegt hat.

Kann man sagen, dass mit der Bestattungskultur, also mit Bräuchen durch die mit einem Stammesmitglied nach seinem Tod noch etwas geschieht, es begraben und verabschiedet worden ist, die Kultur überhaupt angefangen hat?

Ab solchen ersten Zeugnissen menschlichen Handels und Kümmerns erleben wir den modernen Menschen. Die ältesten Stellen, die man beschrieben kulturschaffenden hat, sind 400.000 Jahre alt. Das ist meines Wissens eine Höhle in Marokko, die als älteste gilt. Dort wurden Zeugnisse gefunden, die zeigen, dass sich jemand Mühe gemacht, den Toten nicht einfach liegen zu lassen oder zu verspeisen, sondern er gekleidet, gewaschen wurde, und ihm wurden Dinge mitgegeben. Vielleicht im Gedanken, was mit dem Verstorbenen geschehen würde. Das sagt viel über die Gemeinschaft aus, in der er lebte.

Verspeisen? Heißt das, es gab oder gibt Kulturen, die ihre Toten nicht ganz, aber Teile von ihnen aufessen?

Das wurde mit besiegten Gegnern gemacht, dass man ihr Herz, ihr Hirn oder Ähnliches genommen und gegessen hat in der Hoffnung, dass dann gewisse Eigenschaften wie Mut und Entschlossenheit auf denjenigen, der diese Organe verspeist, übergehen.

Nun gibt es in jeder Kultur, in jedem Land, eine Art Bestattungskultur. Es ist durchaus unterschiedlich, wie die Menschen mit ihren Toten umgehen?

Absolut. Menschen haben unterschiedliche Riten und Vorstellungen entwickelt, denen sie folgen. Da gibt es vieles, was uns sehr fremd erscheint. Zum Beispiel, dass man ein Jahr mit seinem Verstorbenen lebt oder ihn zu bestimmten

Tagen wieder aus dem Grab holt. Das reicht bis zu Bräuchen, dass man mit dem Toten Fotos macht.

In Bayern fällt mir immer wieder auf, dass Friedhöfe mitten im Ort, mitten in der Stadt um die Kirchen herum angelegt sind. Warum hat man irgendwann angefangen, die Friedhöfe auszulagern?

Das begann erst zur Zeit der Französischen Revolution, vor allem in Deutschland. Es hatte Gründe der Hygiene – so wie sie damals verstanden wurde –, dass die Friedhöfe aus der Stadt ausgelagert wurden. Die Hygiene hat unbestritten unser Leben verbessert und verlängert. Früher war es teilweise so, dass man nicht nur um die Kirche, sondern auch, wenn man genug Geld hatte, in der Kirche bestattet wurde. Daher kommt zum Beispiel der Begriff »stinkreich«, den wir heute noch kennen: Man konnte zu dieser Zeit die Verstorbenen riechen.

»Stinkreich« kommt daher, dass die Leute in den Kirchen beigesetzt wurden und es dann gemüffelt hat?

Ja, sie wurden in Sarkophage in Steinbuchten beigesetzt. In vielen alten Kirchen ist das noch zu sehen, dort liegen Platten auf dem Boden, wo der Graf, der Kaufmann, der Kirchenfürst beigesetzt sind. Ihre sterblichen Überreste waren nicht von Erdreich abgedeckt. Und das konnte man eine ganze Zeitlang riechen.

Heute ist es so, dass wir unsere Toten auf Friedhöfen beisetzen. Das ist gesetzlich geregelt, das muss so sein. Heißt das, ich kann einen Toten im Sarg nicht zu Hause im Garten beisetzen?

Jein – prinzipiell schon. Zumindest im nordrhein-westfälischen Bestattungsgesetz steht, dass die Friedhofsverwaltung einer Beisetzung außerhalb des Friedhofs zustimmen kann. Und das gilt nicht nur für Urnen. Ich muss mich allerdings vorher darum kümmern, also das am besten schon zu Lebzeiten regeln, und ich muss die Möglichkeiten haben. Dafür gibt es klare Vorgaben. Dann muss ich natürlich auch eine Verwaltung vorfinden, die mir das zutraut. Aber es ist zumindest bei Adelsfamilien nicht ungewöhnlich, dass sie sich auf ihrem Grundbesitz bestatten lassen.

Gut, aber in meinem Garten im Reiheneckhaus kann ich niemanden beisetzen, oder?

Das kommt darauf an, wie du mit deiner Verwaltung sprichst. Ich glaube, es ist nicht komplizierter, als dein Reiheneckhaus zu erweitern. Die Verwaltung sagt dir genau, was du da darfst und was nicht. Zum Beispiel musst du eine gewisse Langfristigkeit sicherstellen. Aber vom Prinzip her ist das möglich. Wobei die Anreize natürlich gering sind, denn die Gemeinden und Städte haben in der Regel einen Friedhof und fänden es viel besser, wenn du dort einen Angehörigen bestattest.

Angenommen, ich ziehe irgendwann weg. Muss ich dann die Urne oder den Sarg wieder ausgraben?

Nein – genau das soll verhindert werden.

Das heißt, ich muss sicherstellen, dass niemand die Totenruhe stört, die in den Bestattungsgesetzen jeweils genau geregelt ist und je nachdem zwischen 10 und 30 Jahren beträgt?

Ja. Wenn ich das in Nordrhein-Westfalen mit einer Urne machen will, muss ich die Stelle öffentlich zugänglich halten und auch notariell eintragen, bis hin, dass die Stelle von dem übrigen Grundstück in irgendeiner Form separiert ist. Ich muss die Pflege oder die Bewirtschaftung dieses Gebietes sicherstellen. Und unter diesen Bedingungen kann das klappen.

Ihr habt hier einen privaten Friedhof. Das heißt, ihr musstet diesen Weg damals auch gehen, als ihr den Friedhof eröffnen wolltet. Kannst du die Bedingungen nennen, die ihr zu erfüllen hattet?

Natürlich wurden Bedingungen an uns gestellt und auch erfüllt, wobei das noch etwas anders gelagert war. Wir haben uns mit der Stadt generell darauf geeinigt und vertraglich festgehalten, dass das Gelände öffentlich zugänglich ist, dass es dauerhaft ist, dass die Stadt uns kontrolliert, um auch langfristig dafür zu sorgen, dass das weiterhin ein Friedhof ist, auch wenn es uns als Firma oder als Personen nicht mehr geben sollte. Diesen Weg mussten wir natürlich gehen, und es war durchaus ein steiniger Weg. Wir hatten das Glück, dass es von Seiten der Stadt gewollt war – das ist eher selten.

Wenn jemand zu dir kommt und sagt: Ich will kein Grab, ich will, dass der Tote einfach so von der Welt verschwindet und will auch keinen Gedenkort haben. Wie gehst du damit um?

Wir sprechen dann erst einmal darüber. Am Ende des Tages mache ich natürlich genau das, was Menschen von mir wollen. Aber dieser Wunsch nach anonymer Bestattung ist ja gar nicht so exotisch, und in der Regel kommt er von einem Verstorbenen selbst: Er mag den Kindern nicht zur

Last fallen, denn Gräber können auch eine Belastung sein, wenn ich sie gestalten und pflegen muss, womöglich unter dem Druck der Nachbarschaft. Heute ist es außerdem oft so, dass die Kinder in einer anderen Stadt leben. Es geht also fast immer um Grabpflege, nicht darum, dass jemand verschwinden soll. Auf der anderen Seite sehen wir auch die Auswirkungen, die das haben kann. Wenn Hinterbliebene nicht damit klargekommen sind, keinen Ort zu haben, nicht mitgestalten zu können. Da entstehen dann krasse Konflikte auf Friedhöfen, wenn bei einer ganz pflegefreien Form, das heißt, es gibt nur eine Platte auf dem Rasen, auf einmal doch persönliche Gegenstände abgelegt werden, die nicht den Gestaltungsvorschriften entsprechen. Dann merkt man erst, wie gegensätzlich die Bedürfnisse einer Verwaltung auf möglichst einfache Bewirtschaftung dieses Ortes und die der Trauernden sind.

Wir haben eingangs gesagt, dass die Bestattungskultur am Beginn jeder Art von Kultur stand. Wenn jetzt die Gräber doch weniger werden: Was sagt das über uns als Gesellschaft?

Wir nehmen uns Zeit für die falschen Dinge. Sicher gibt es einige, die damit gut zurechtkommen. Und viele, die damit nicht klarkommen. Das hat viel damit zu tun, wie vertraut ich mit dem Thema bin und wie offen dafür, mich dem überhaupt zu stellen.

WAS KOSTET DER SARG?

Darüber macht sich niemand Gedanken, bis er einen braucht. Leider kann das schneller gehen, als einem lieb ist. Vor Dingen, die sowieso irgendwann auf einen zukommen, sollte man deshalb nicht die Augen verschließen.

David, was kostet ein Sarg?

Das kommt wie immer im Leben darauf an. Die günstigsten Särge gibt es schon ab wenigen hundert Euro.

Die Frage nach dem teuersten, exklusivsten, schönsten, dem Ferrari unter den Särgen, die beantworten wir am Ende. Warum beerdigen wir eigentlich in Särgen?

Das ist eine ganz alte Tradition. Wir möchten einfach, dass jemand gut behütet in der Erde liegt, also geschützt vor dem Erdreich, geschützt vor Tieren und all dem. Deshalb baut man so etwas wie ein kleines Häuschen um den Toten herum.

Ich habe bei Wikipedia gelesen, dass sich die allgemeine Verbreitung des Sarges ab dem 18. Jahrhundert etabliert hat, parallel zur Entstehung der Leichenhäuser. Die Leichenhäuser wurden eingeführt, um den Scheintod zu verhindern. Die Menschen kamen also ins Leichenhaus und wurden dort mindestens 48 Stunden lang unter Beobachtung aufbewahrt. Interessant, oder?

Ja, ähnliche Regeln gibt es heute noch. Bis vor Kurzem war es so, dass man 48 Stunden warten musste, bis jemand bestattet werden konnte, sodass man die Möglichkeit hatte, auch Fremdeinwirkung festzustellen. Das ist erst kürzlich geändert worden im Zuge der Novellierung des Bestattungsgesetzes. Dabei spielten auch die Bedürfnisse zum Beispiel muslimischer Menschen eine Rolle, die in ihren Ursprungsländern deutlich früher bestatten und auch nicht in Särgen. In Nordrhein-Westfalen ist es auch erlaubt, einen Verstorbenen in Tüchern wie im Mittelalter beizusetzen. Särge wurden eigentlich nur als zeitweises Vehikel benutzt, um einen Toten besser transportieren zu können. Es gab auch den Brauch der Totenbretter, die man heute manchmal noch im süddeutschen Raum findet.

Was wird mit diesen Totenbrettern gemacht?

Totenbretter wurden benutzt, weil früher der Sarg noch nicht sofort verfügbar war. Der Verstorbene wurde auf diesem Brett aufgebahrt, bis ein Sarg fertig war. So konnte man ihn sehen, einkleiden und alles das. Es hatte auch noch einen Zusatznutzen: Man verwendete dieses Brett ähnlich wie eine Anzeigentafel oder wie ein Schild, um es zu gestalten und an die Straße zu stellen. So konnte man den anderen zeigen: Hier bei uns zu Hause ist jemand verstorben. Damit konnte man zugleich die anderen einladen, ins Haus zu kommen. Es gab auch den sogenannten »Leichenbitter«, der zu den Nachbarn ging und sie einlud, zur Familie des Verstorbenen zu kommen, sie zu trösten, vielleicht etwas mitzubringen.

Woraus werden Särge gemacht?

Holz. In der Regel, weil sie vergänglich sein müssen. Es gibt aber darüber hinaus auch Ausnahmen, gerade für Gruften. In besonderen Situationen kann man auch nicht vergängliche Materialien nehmen.

Wie in der Fürstengruft in Weimar, wo Goethe und Schiller nebeneinander liegen. Das sind keine Holzsärge, sondern Metallsärge ...

Zum Beispiel. So wie in der Kaisergruft in Wien. Oder ganz einfach auf Friedhöfen, wo es noch Gruften gib wie zum Beispiel Melaten in Köln: Da sind unterirdisch Grabkammern angelegt, wo dann wie in Regalen die Särge dorthin eingestellt werden können und überdauern.

Särge sind aus Holz – ist das Eiche furniert wie eine Schrankwand? Oder gibt es da spezielle Holzsorten, die man verwendet?

Nein. Es gibt praktisch alles. Die meisten Särge, die wir hier verwenden, sind sehr einfache Särge, meistens aus Kiefernholz. Aber dann gibt es natürlich auch Särge, die ganz aus Eiche bestehen, oder auch Särge, die furniert oder lackiert sind. Je nachdem, was jemand möchte.

Warum verwendet ihr diese einfachen Kiefernsärge?

Wir machen das, weil wir sagen, dass es bei der Beerdigung nicht um den Sarg geht und man Verstorbenen materiell nichts Gutes tun kann. Es gibt vielleicht ganz andere Aspekte, die für mich tatsächlich eine Bedeutung haben.

Gibt es tatsächlich Menschen, die einen teuren Sarg kaufen? Vielleicht auch als eine Art Ablasshandel? Dass man jemandem, dem man im Leben vielleicht nichts Gutes getan hatte, dann durch den teuren Sarg noch kurz nach Schluss was Gutes tun will? Gibt's so was?

Der Gedanke ist schon sehr üblich. Normalerweise ist es so, dass man sich bei einem Bestatter nur ein paar Sachen aus dem Katalog aussuchen kann, was er eben so anbietet. Es ist natürlich auch eine repräsentative Angelegenheit: Ich zeige anderen damit vermeintlich, wie sehr ich jemanden liebhatte.

Das heißt, je teurer der Sarg, desto mehr habe ich jemanden geliebt?

Genau.

Das ist aber eine oberflächliche Haltung.

Ja, das denke ich auch. Und dann ist das, ich würde fast sagen, ein bequemer, wenn auch kostspieliger Weg, allen zu zeigen, dass mir der Verstorbene wichtig war.
Es ist ähnlich wie mit Weihnachten oder Festen. Als Kind habe ich dem anderen vielleicht Zeit geschenkt, etwas ganz Persönliches gebastelt oder mir Gedanken gemacht, womit kann ich ihm eine Freude machen? Heute wird dann oft ein teurer Gutschein verschenkt.

Wie ist deine Erfahrung: Kann man sich mit einem teureren Sarg seine Schuldgefühle wegkaufen?

Das glaube ich nicht. Da bin ich beim Abschiednehmen an dem Sarg, bei der Trauerfeier. Das geht natürlich alles sehr schnell vorbei. Danach ist der Sarg unter der Erde, um seinen Zweck zu erfüllen.

Wo werden die Särge gemacht, die man hier beim Bestatter kaufen kann?

In der Regel in Fabriken, das heißt, sie werden industriell gefertigt. Es gibt aber auch Menschen, die ganz bewusst in den Baumarkt gehen, sich Holz zuschneiden lassen und den Sarg selbst zimmern. Das habe ich bei Freunden erlebt. Wir haben einen gesamten Samstag damit verbracht, alle zusammen mit unseren Kindern einen Sarg zu basteln.

Wenn man durch die Straßen geht, sieht man oft Schilder, auf denen ein Bestattungsunternehmen zusammen mit einer Schreinerei firmiert. Das war früher üblich, oder? Der Schreiner hat den Sarg gezimmert und dann das Weitere gleich miterledigt?

Genau, so ist das entstanden. Das gibt es auch heute noch häufig. Schreiner oder Tischler haben den Sarg angefertigt und sich dann irgendwann spezialisiert. Später haben sich Sargmagazine, also eine Art Großhandel entwickelt und das Fuhrgewerbe, das nachher die Überführung und den Transport von zu Hause zum Friedhof übernahm. Das waren die Grundlagen des Bestattungsgewerbes. Das Bestattungsgewerbe ist relativ jung, das gibt es erst seit rund 150 Jahren.

Wer hat denn vorher bestattet? Die Familie selbst?

Ja. Die Bestattung war eine Art Liebesdienst, die man als Gemeinschaft, als Nachbarschaft machte. Da ging es um ganz andere Aspekte als den Sarg.

Nun gibt es den Kiefernsarg, den Eichensarg, es gibt andere Särge, ein paar Beschläge, denn der Sarg muss ja getragen werden. Wie werden sie am Sarg befestigt?

Ganz praktisch, mit Schrauben und Scharnieren. Im Innenraum des Sarges sind sie mit Unterlegscheiben und

Muttern befestigt. Der Sarg wird dann auf genau vorge-schriebenen Wegen ausgeschlagen, damit keine Flüssigkeit austreten kann.

Ausgeschlagen heißt, ausgekleidet mit dem weißen Tuch, das man normalerweise sieht?

Die oberste Schicht ist immer zu sehen.

Was ist darunter?

Darunter ist zwischen dem Holz und dem Verstorbe-nen als erstes eine wasserabweisende Schicht Folie oder Wachspapier. Der Sarg ist in der Regel so gepolstert, dass der Verstorbene vernünftig darin liegen kann. Prinzipi-ell kann man das mit jedem Material machen. Meistens nimmt man entweder Holzspäne oder auch richtige Pa-piermatratzen.

Das heißt, der Tote liegt da bequem, nicht direkt auf dem Holz?

Genau. Er kommt nicht mit den Kanten, den Schrauben, die ansonsten auch sichtbar wären, direkt in Kontakt. Das kann auch genau auf die Körperfülle der Person angepasst werden. Darüber kommt dann in der Regel noch eine ein-fache Tuchschicht, meistens so etwas wie Leinen, und schließlich die letzte Schicht zur Dekoration.

Der Tote wird in den Sarg gelegt, dann kommt oft noch eine Decke über die Beine und den Bauch.

Auch die Decke ist genau angepasst. Manche kennen ja aus amerikanischen Filmen diese zweigeteilten Särge mit dem aufklappbaren Deckel. Das ist anders als hier, wo der gesamte Deckel abgenommen wird und nachher verschlossen werden kann mit Zudrehern, die ihn am Unterkasten befestigen.

Hast du schon mal einen Sarg nicht zubekommen?

Im Zweifelsfall muss man vielleicht einen größeren Sarg nehmen, wenn jemand sehr, sehr füllig ist. Aber da gibt es viele Möglichkeiten.

Darf man eigentlich in den Sarg Dinge reinlegen? Also nicht nur den Toten, sondern auch irgendwelche Grabbeigaben? Früher hat man den Menschen immer Dinge mit ins Grab gegeben. Das fängt in der Steinzeit an, ich denke auch an die Pyramiden, was da alles drin war. Ist das erlaubt, dass ich einem Toten zum Beispiel einen Liebesbrief mitgebe?

Absolut! Bei einer Erdbestattung ist eigentlich alles möglich und bei einer Feuerbestattung sehr, sehr viel. Wir gehen davon aus, dass Menschen z.B. einem Jäger nicht unbedingt Munition mit ins Krematorium gegeben. Das wäre gefährlich.

Das heißt, wir müssen da unterscheiden: Wenn jemand im Sarg beigesetzt wird, kann ich eine Flasche Wein, einen Korkenzieher und solche Dinge hineinlegen, aber wenn jemand verbrannt wird, gibt es Einschränkungen?

Es gibt einiges, was man nicht machen sollte. Metall, Glas, aber auch Leder zerfällt im Krematorium sehr schlecht. Aber bei einer Erdbestattung ist prinzipiell alles möglich. Da gibt es auch nichts, was wir nicht schon erlebt haben. Viele nehmen eher ideelle Dinge wie Briefe, Symbole oder

Fotografien. Aber ich habe es auch schon erlebt, zum Beispiel bei einem Schmied, der bestattet wurde, dass man ihm wie früher als Innungszeichen einen kleinen Amboss mitgegeben hat. Der Sohn hat den Amboss des Schmiedes mit seinen 30 Kilo mit in den Sarg gelegt und so wurde der Verstorbene dann auch beigesetzt.

Ich kann mich erinnern, dass dein Vater, als er verstorben ist, zu Hause aufgebahrt wurde. Dann kamen Verwandte, Freunde, Menschen, die ihn gekannt haben, und legten ihm Briefe, Fotografien, Bilder, sogar Kunst mit in den Sarg. Deine Kinder haben Spielzeug in den Sarg geräumt.

Genau so war es. Meine Kinder waren noch sehr klein, anderthalb und drei Jahre. Sie sind ganz unbefangen auf ihren Opa zugegangen, der mit diesem Sarg im Wohnzimmer stand. Sie wären eigentlich am liebsten auf seine Oberschenkel gestiegen und wollten alles genau wissen, haben uns alles gefragt.

Zum Beispiel?

Was ist mit dem Opa? Was ist das mit Tod? Das ist für Kinder ganz unvorstellbar, gerade auch in seiner endgültigen Dimension. Sie haben uns wirklich Löcher in den Bauch gefragt. Natürlich konnten sie sehen, dass der Opa nicht im Himmel ist – er lag vor uns und dann mussten wir mit ihnen über Aspekte wie Seele und so etwas sprechen. Sie fingen dann an, alles zu untersuchen, was wir mit in den Sarg legten. Und irgendwann wollten sie etwas Süßes, wollten spielen. Kinder sind, wie sie sind, und können ihre Bedürfnisse deutlich besser ausdrücken, weil sie noch nicht das Taktgefühl kennen, dass wir als Erwachsene in so einer andächtigen Situation haben. Wir würden vielleicht nicht ausdrücken, dass wir jetzt gerne einen Kaffee oder was zu essen hätten. Irgendwann kamen sie dann wieder und mein Zweiter hatte so ein kleines Schleich-Plastikpferdchen in der Hand und wollte das dem Opa mitgeben. Das war natürlich nicht sein eigenes, sondern das seiner älteren Schwester. Aber die konnte das gut zulassen, weil es darum ging, ihm eine Freude zu machen. Und so füllte sich dieser Sarg. Wir sprachen über die Sachen, die wir ihm mitgaben, bis der Sarg so voll war, dass wir uns fast hätten draufsetzen müssen, um den Deckel zuzubekommen. Da waren dann Weinflaschen, Stofftiere, unendlich viele Sachen drin. Sie alle hatten eine Bedeutung, erzählten ganz viele Geschichten, die wir auch zu dieser Gelegenheit dann erzählt bekamen.

Das kann jeder machen? Fritz Roth war ein sehr bekannter Bestatter in Deutschland, der sehr viel öffentlich aufgetreten ist und den Menschen viel über den Tod erzählen konnte. Dass man da so ein besonderes Ritual pflegt, ist klar…

Das kann jeder machen.

Das heißt, den Toten zu Hause im offenen Sarg aufbahren und dort Abschied nehmen?

Ja! Ich kann dabei nichts falsch machen. Es geht keine Gefahr von dem Verstorbenen aus und es ist mein Verstorbener! Und ich kann bestimmen, was ich tun möchte. Natürlich steht in der einen oder anderen Satzung, was man dürfe oder nicht dürfe. Aber ich glaube nicht, dass jemand in die Verlegenheit kommen wird, den Sarg wirklich auf dem Friedhof noch mal aufzumachen in dieser kurzen Zeit, die da bleibt.

Es gibt unendlich viel, was man tun kann. Für mich war der schönste Sarg der, den wir selber im Freundeskreis für das Kind eines Freundes gebaut haben. Wir waren nachher einfach stolz, weil wir nach bestem Wissen und Gewissen diesen Sarg gebaut haben. Aber es gibt natürlich wie überall besondere Sachen. Särge, die gemacht worden, die man sich anschauen kann, unendlich viele Designs. Zum Beispiel in New York bei Frank E. Campbell ist es nicht unüblich, dass es besonders gefertigte Holzsärge für 250.000 Dollar gibt. Oder, wie es bei Michael Jackson war, einen goldenen Sarg. Ich glaube, die Schönheit liegt im Auge des Betrachters. Die Frage ist: Was ist mir im Moment besonders wichtig? Dem Verstorbenen kann ich materiell nichts Gutes tun. Worum es geht, ist: etwas zu tun, zu gestalten, was für mich eine Bedeutung hat.

WARUM VERWANDELN SICH FRIEDHÖFE
IMMER MEHR IN HÄSSLICHE STEINWÜSTEN?

Unsere Friedhöfe werden immer trostloser.
Es gibt zu viele Regeln und zu wenig Raum, selbst
über Grab und Grabpflege zu entscheiden. Bei uns in
den »Gärten der Bestattung« können Grab und Begräbnis
nach den persönlichen Bedürfnissen der Trauernden
gestaltet werden.

David, zu eurem Bestattungshaus in Bergisch Gladbach
gehört ein eigener Friedhof, die »Gärten der Bestattung«.
Warum habt ihr einen privaten Friedhof eröffnet?

Es war uns ein Anliegen, das Thema Friedhof wieder zu
seinem ursprünglichen Zweck zurückzuführen: ein Friedhof als zugewandter Ort, wo ich als Trauernder sein kann
und sein darf, wo ich mich einfach wohlfühle. Anders als
ich das sonst heute oft auf einem Friedhof erlebe, wo ich
eher verwaltet werde und schon beim Betreten des Geländes erfahre, was ich alles nicht darf. Wir hatten Glück, dass
wir dazu die Möglichkeit bekamen und das Vertrauen der
Stadt, der Gemeinde, des Kreises hier.

Wie schafft man es, dass die Leute sich auf einem Friedhof
wohlfühlen?

Mit Zutrauen. Wir wollen vermitteln, dass Menschen hier
erwünscht und willkommen sind, und so sein können, wie
sie sind. Das heißt, wir haben keine Tore, wir haben keine
Öffnungszeiten. Wir versuchen, hier einen schönen, hellen
Ort zu schaffen, und wir wollen Mut machen. Bei uns gibt
es nur ein einziges Schild mit der Bitte, dass Menschen,
die ihren Hund mitbringen, für diesen Hund Verantwor-

tung übernehmen, ihn vielleicht an die Leine nehmen oder hinter ihm aufräumen. Dadurch sagen wir zugleich, dass es durchaus erwünscht ist, ein Tier mitzubringen. Auf anderen Friedhöfen sind Hunde verboten, Fahrräder verboten, Handys verboten, Rauchen verboten, Lärm verboten, Umgestaltungen in dieser oder jener Form verboten. Das ist hier alles erlaubt.

Das heißt, ich kann hier auch selbst bestimmen, wie das Grab aussieht?

Ja. Die einzige Regel, die wir hier haben, ist, dass wir niemanden anonym bestatten wollen. Es ist ja so, dass jeder unterschiedliche Bedürfnisse hat. Bei anderen Baum-Begräbnisstätten wie Friedwäldern oder Ruheforsten darf ich die Stelle in der Regel nicht gestalten. Da ist dann vielleicht nur eine Nummer am Baum oder so ein kleines Schildchen, ähnlich wie ein Klingelschild in einem Hochhaus. Hier gestalte ich die Grabstelle und sie ist sehr sichtbar. Das unterscheidet unseren Friedhof von anderen. Als Angehöriger entwickle ich vielleicht erst über die Zeit ein Gefühl dafür, wie ich das gestalten mag. Manche Gräber sind vielleicht ein bisschen verwittert; bei anderen Gräbern kommt die Witwe jeden Tag ein-, zweimal, um ein bisschen zu harken oder um Zwiesprache zu halten. Das erleben wir hier auch. Der Unterschied ist, dass man bei uns beim Gestalten viel mehr Freiräume hat.

Normalerweise habe ich einen Grabstein, eine Einfassung und darf ein paar Blumen anpflanzen. Wie ist es bei euch? Was gehört hier zu einem Grab dazu?

Uns hier ist der Name besonders wichtig, weil wir den Ort genau kennzeichnen wollen, an dem getrauert werden kann und der dann zum Erinnerungsort wird. Das kann auch der Kosename sein oder nur die Initialen. Hier sind die unterschiedlichsten Formen von Gräbern zu sehen. Zum Teil auch Gräber, die sehr raumgreifend sind, die zu dem Wald oder den restlichen Stätten hin mit Tannenzapfen, mit Steinen, mit Blumen oder Gebrauchsgegenständen abgegrenzt sind.

Hier gibt es zum Beispiel ein Grab, da steckt eine Gitarre in der Erde. Was gibt es noch für besondere Grabsteine, die man auf einem normalen Friedhof nicht finden würde?

Auf einem Abschnitt gibt es eine plastinierte Kobra, die ich persönlich sehr interessant finde. Sie wird irgendeine Bedeutung haben. Auf einer anderen Grabstelle ist ein Stein mit einer Bronzeskulptur. Zu sehen ist ein Mann, der mit einem Speer auf einem Dromedar reitet und von einem Tiger verfolgt wird. Das hat wohl mit der Geschichte der Familie zu tun, zu der einer der ersten Entdecker in der Sahara gehörte. Wir hatten auch das erste Grab mit einem QR-Code hier. Damit wird das Internet genutzt, mit einem Wikipedia-Eintrag und einer persönlichen Seite. Dann haben wir eine Superman-Kachel, Holzstelen in unterschiedlichster Form, Herzen, einen Mops aus Stein, der auf einem Grab sitzt. Ich würde sagen: Es sind ein paar Tausend Unikate auf diesen Gräbern, die etwas über die Person aussagen, die dort bestattet ist. Wir haben natürlich auch Leute, die den Baum zur Gestaltung mitnutzen und etwas darauf malen, Bilder aufkleben oder sich andere Möglichkeiten schaffen. Zum Beispiel sieht man eine Kuhle an der Stelle, wo jemand neben seinem Grab an den Baum gelehnt am Bachlauf sitzen mag.

Aber es gibt bei euch keine Grabsteine aus Indien, oder?
Das ist ja der neueste Skandal, dass über die Hälfte der

Grabsteine, die in Deutschland auf Gräbern stehen, mittlerweile in Indien kommen?

Diese Grabsteine werden dort gefertigt und graviert und dann per Schiff nach Deutschland geschickt. Der Skandal besteht nicht darin, woher die Steine kommen, sondern in den Bedingungen, unter denen sie entstehen – dass dabei Kinderarbeit mit im Spiel sein kann.

Nun gibt es ja merkwürdige Geschichten. Ich denke zum Beispiel an den Jugendlichen, einen 14-jährigen Jungen, der nicht alleine auf den Friedhof zu seinem Papa durfte, weil Kinder unter 14 Jahren den Friedhof nicht alleine betreten dürfen. Eine andere Geschichte geht so: Da wurde nicht erlaubt, auf den Grabstein eines Jungen ein BVB-Logo zu gravieren. Warum ist so etwas auf Friedhöfen oft verboten? Warum ist die Ordnung wichtiger als die Trauer?

Ich denke, das hat heute sehr viel mit Effizienz und einfacher Verwaltung zu tun. Es ist einfacher, alle gleich zu behandeln, den Buchstaben der Verordnungen zu folgen und das so zu einem reinen Verwaltungsakt zu machen. Die Folge ist, dass Friedhöfe heute immer steriler werden. Sie sollen alle möglichst einfach aufgebaut sein, möglichst abwaschbar in irgendeiner Form. Heute sind in den Verwaltungen vielleicht auch weniger Menschen, so dass diejenigen, die dort die physischen Arbeiten erledigen, das nur noch als Kolonne für alle Friedhöfe der Stadt machen und nicht ein einzelner Gärtner zuständig ist. Die Trupps sind dann vielleicht dienstags und donnerstags auf diesem Friedhof. Dann sind auch meistens die Beerdigungstage. Anders gesagt: Man wird eher von einem Computerprogramm verwaltet.

Dieser Junge ist jahrelang auf den Friedhof gegangen, bis jemandem aufgefallen ist, dass da ein Kind alleine unterwegs ist. Dann kommt natürlich jemand auf die Idee, was alles schiefgehen könnte. Das Kind könnte in ein schon ausgehobenes Grab fallen, es könnte irgendwas kaputt machen.

Es ist auch immer mal wieder zu lesen, dass Leute mittlerweile den Friedhof entdeckt als ein Gelände haben, wo sich gut joggen lässt. Es herrscht da kein Verkehr. Ist das okay?

Ich finde schon. Viele Friedhöfe sind große, teilweise schöne Parkanlagen. Ursprünglich waren Friedhöfe mitten in der Stadt, um das Zentrum der Gemeinde angelegt, oftmals um die Kirche herum. Es waren Orte, wo Menschen sich trafen. Dorthin kam die Witwe, die jeden Tag die Grabfläche etwas harkte, genauso wie der Handwerker, der sich im Schatten erholte. Heute ist das anders. Nach der napoleonischen Ära haben wir vieles aus dem »Code Civil« übernommen und die Friedhöfe sind ausgelagert worden an den Rand der Städte. Die Friedhöfe wurden zu einer Art »Black Box«, verschwanden hinter hohen Mauern, dunkle Orte. Aber merkwürdigerweise entstanden andernorts Oasen wie der Grünraum im Innenhof eines Häuserblocks. Friedhöfe waren früher immer ein Ort des Lebens. In Mexiko gibt es die »Tage der Toten«, an denen sich Menschen auf dem Friedhof treffen. Das gab es auch im christlichen oder auch nicht-christlichen Mittelmeerraum an bestimmten Tagen. Dann wurde mit der Gemeinschaft das Grab versorgt, miteinander gegessen, die Nachbarn tauschten sich aus, es fand Leben dort statt. Für uns klingt das heute fremd und exotisch. Es ist eine interessante Entwicklung, wenn Menschen die Friedhöfe auf unerwartete Art wiederentdecken und dort Leben stattfindet, wie durch die Jogger.

Wir glauben: Alles, was nicht erlaubt ist, ist automatisch verboten, oder?

So kann man es ausdrücken. Uns fragen hier Leute: Dürfen wir auch bei Mondschein beisetzen? Wir sind für solche Ideen offen. Wir haben in diesem Fall den Seelsorger angesprochen und der war auch offen für den Wunsch. Um zehn Uhr abends, bei Vollmond, konnten wir die Dame beisetzen. Der Hintergrund war einfach der, dass sie so gerne Vollmondspaziergänge gemacht hat.

DARF MAN AUF DEM FRIEDHOF GRILLEN?

Auf den meisten Friedhöfen darf man so gut wie gar nichts. Außer beerdigen und vorschriftsmäßig das Grab pflegen. Auf unserem Friedhof darf man (fast) alles.

David, darf man auf dem Friedhof grillen?

Warum sollte das nicht möglich sein?

Die Frage ist: Was darf man da überhaupt? Also, ich habe auf einem normalen Friedhof noch nie jemanden grillen gesehen ...

In Deutschland vielleicht. Generell ist es so, wenn ich auf einen Friedhof komme, sehe ich erst einmal die große Tafel, auf der steht, was alles ausdrücklich verboten ist. Ein Friedhof, so nehme ich an, soll ein ganz strenger, ruhiger Ort sein, weit weg von allem Bunten, Fröhlichen, Lebendigen. Ich komme also gar nicht auf die Frage, ob ich auf einem Friedhof grillen will? Das ist hier bei uns in den »Gärten der Bestattung« anders. Wir haben bewusst hier nicht diese Verbotsschilder aufgestellt.

Hier bei uns haben wir eine Kultur geschaffen, dass Menschen Ansprüche stellen dürfen. Mich hat hier noch keiner gefragt: Darf ich neben dem Grab sitzen? Darf ich den Baum umarmen? Darf ich mir einen Stuhl mitbringen? Darf ich hier Gitarre spielen? Das ist hier alles üblich. Als vor ein paar Wochen richtig schönes Wetter war, bin ich hier mit einer Gruppe durchgegangen. Wir hatten mehrere Beerdigungen an dem Tag, weil die Wochenenden schlicht die Tage sind, wo die Menschen noch Zeit für dieses Thema haben. Und dann lag da jemand auf einem Badehandtuch neben seinem Grab. Man hätte meinen können, er liegt da in der Sonne, aber er war am Musikhören und am Weinen und hat dieses Grab umarmt.

Auf der Tafel vor den meisten Friedhöfen, da steht erstens drauf, wann sie geöffnet sind, und dann kommen die Regeln. Man darf die Wege nicht verlassen, es gibt Vorschriften für die Grabgestaltung. Hier bei euch ist das alles frei. Es gibt auch keine Gräber in Reih und Glied, wie man das normalerweise kennt, sondern sie verteilen sich im Wald. Und es gibt auch keine Vorschriften, wie die Gräber auszusehen haben. Oder doch?

Es sollte schon naturnah sein, also keine Fundamente, nicht so eine Steinwüste, dass Grab sollte zum Waldcharakter passen.

Es gibt auch keinen Zaun, keine Tore, die abgeschlossen sind. Der Friedhof ist immer offen.

Einen Zaun gibt es, aber keine Tore. Man kann jederzeit vorbeikommen und wir beaufsichtigen das auch in dem Sinne nicht. Wir haben keine Sorge, dass die Besucher etwas falsch machen. Das heißt, wir finden hier nicht dauernd Müll oder Gräber, die geschändet wurden. Ich glaube, man merkt einfach, man ist an einem besonderen Ort, an dem Menschen achtsam mit sich, den anderen Besuchern und der Natur umgehen. Die wenigen Zäune, die da sind, haben mit Wildschutz zu tun und sollen verhindern, dass die Tiere auf dem Gelände Schaden anrichten.

Wie viel Gräber gibt es mittlerweile bei euch?

Etwas mehr als dreitausend. Wir sind sehr froh darüber, dass die Gräber sichtbar sind. Im Gegensatz zu einem **175**

Friedwald sehe ich die Gräber hier und sehe auch, dass hier Menschen sind. Wenn ich zum Beispiel abends mit Firmlingen oder Kommunionkindern über den Friedhof laufe, ist es hell erleuchtet von den unterschiedlichsten Lampen und Laternen bis hin zur richtigen Lichtgestaltung von Gräbern.

Wir kommen über das Grillen zum Thema Friedhof. Im Ausland, speziell in Mexiko, gibt es Traditionen, nach denen es üblich ist, sich auf dem Friedhof zu treffen, auch um was zu essen.

Ja. In Mexiko gibt es das. Ähnliche Bräuche existieren auch überall in der gesamten christlichen, aber auch nicht-christlichen Welt. An bestimmten Tagen trifft man sich auf Friedhöfen als Gemeinschaft, als Familie. Das gibt es auch in islamischen Ländern. Da wurden teilweise nochmal die Gräber geöffnet, in der Türkei, in Griechenland, die Knochen geputzt. Und wenn man sich schon mal traf, nahm man auch was zu essen und zu trinken mit. Die Nachbarn waren da, es waren quasi kleine Feste.

Bei euch in den »Gärten der Bestattung« gibt es eine Menge Konzerte und sehr viele Veranstaltungen, unabhängig von den Trauerfeiern. Da wird auch gegrillt. Aber wär es nicht auch interessant, ein Halloween-Fest zu machen und diesen Brauch aufzugreifen?

Interessant, ja. Ich habe einmal eine tolle Führung in Rostock mitgemacht, nachts über den Friedhof, die angereichert war mit kleinen Geschichten, Anekdoten, und Fabeln. Etwas in der Art wird auch hier kommen.

Was ist mit dem Grillen?

Kann man, soll man, und wird gemacht. Ich bin von Menschen gefragt worden, die ihren Freund an einem bestimmten Tag besuchen wollten, an dem sehr schönes Wetter war. Sie haben mich gefragt, wenn wir schon mal hier sind, dürfen wir dann auch grillen? Klar, haben wir gesagt, kein Problem. Und seitdem ist das öfter geschehen. Wenn ich das erzähle, stoße ich immer auf ein gewisses Unverständnis. Wie kann das an so einem Ort sein, dass dort Menschen auch fröhlich sind? Wie können wir sicherstellen, dass dann auch alle an diesem Tag auf dem Friedhof sich wohlfühlen, wenn ein Grüppchen beim Grillen ist, und die sind vielleicht nicht leise, sondern trinken was dazu, werden fröhlich wie so eine richtige Gemeinschaft. Der Klassiker unter den Reaktion, wenn Leute erfahren, dass das hier möglich ist, geht so: ›Wie kann ich eine Mutter, die gerade ihr Kind verloren hat und in tiefer Trauer am Grab steht, am Weinen ist, vor so einem Trüppchen schützen?‹ Das zeigt mir dann immer ein ganz verqueres Verständnis von Trauer und Gemeinschaft. Als müsste die Trauernden alleine gelassen werden in ihrer Trauer. Ich glaube, das ist falsch. Wenn so eine Gruppe hier am Grillen ist, und das ist mittlerweile sicher schon zehn- oder zwanzigmal geschehen, ohne dass ich eine einzige Beschwerde von Dritten gehört hätte, wäre es doch toll, wenn diese Gruppe vielleicht auf die Dame zugeht und sie fragt: Was ist denn passiert? Magst du nicht zu uns kommen? So wie die Gesellschaft das tun sollte, wenn wir sehen, dass Menschen Probleme haben. Natürlich ist es so, dass Leid nicht teilbar ist. Das, was ich da erlebe, ist der heftigste Verlust für mich. Aber es wird bestimmt auch nicht schlimmer, wenn andere da sind, die mir zuhören, wenn ich was zu essen habe, gut versorgt bin und Gemeinschaft erfahre. Trauer möchte auch gesehen werden.

Die Mutter kann ja auch Nein sagen; ich lasse dem anderen ja die Wahl, wenn ich frage. Wenn ich nicht frage, gibt es keine Wahl.

Genau. Sie könnte dann auch sagen: ›Lassen Sie mich bitte einen Moment hier alleine sein.‹ Oder sagen: ›Können Sie ein bisschen leiser sein?‹ Die anderen werden dafür Verständnis haben. Lange Rede, kurzer Sinn: Menschen haben uns gefragt, Menschen machen das hier, und ich erlebe die Probleme nicht, die sich viele vorstellen. So ist es bei allem, was Menschen bei uns hier machen. Es geht erst einmal darum, dass sie sich wohlfühlen und man darüber ins Gespräch kommt.

WARUM IST EIN FRIEDHOF EIN GUTER ORT FÜR EINEN KINDERGARTEN?

Es gibt viele Friedhöfe, die Kinder nur in Begleitung ihrer Eltern betreten dürfen. Das ist natürlich Blödsinn. Auf unserem Friedhof in Bergisch Gladbach gibt es sogar einen Kindergarten.

David, wie viele Urnen liegen in den Gärten der Bestattung?

Es sind hier etwas über dreitausend Menschen beigesetzt.

Es gibt nicht diese genormten Gräber, die in Reih und Glied die Toten nebeneinander aufreihen.

Genau. Jeder kann sich frei die Stelle aussuchen, wohin er mag, sei es an einen Baum, zwischen die Bäume, an eine Kunstinstallation an den Bachlauf.

Und niemand muss einen genormten Grabstein aufstellen?

Nein. Es gibt zwei Bereiche bei uns: einen, in dem man sehr frei ist, aber auch ein bisschen tolerant sein muss, weil dort jeder seinen Geschmack verwirklichen kann und es sehr stark auch um Gemeinschaft geht. Wir haben kürzlich einen neuen Teil eröffnet, wo es kleine einheitliche Grabsteine gibt. Das ist auch der Bereich, in dem ein Bauwagen und all die Sachen stehen, die sich der Kindergarten gebaut hat.

Es gibt auf dem Friedhof einen Kindergarten, einen Waldkindergarten. Einen Friedhof eröffnen kann auch nicht jeder, das geht nicht. Aber es kann auch nicht jeder einfach einen Waldkindergarten eröffnen.

Nein, das ist ein riesiger Vertrauensbeweis unserer Gemeinde, der Stadt Bergisch Gladbach. Das bedarf einer behördlichen Erlaubnis. Wir werden natürlich auch kontrolliert und wir müssen uns auch das eine oder andere genehmigen lassen. Für den Kindergarten haben wir uns einen Partner gesucht, und zwar die AWO, die die ersten Waldkindergärten in der Region eröffnete und einfach viel Erfahrung hat. Wir mussten zum Beispiel beachten, dass das Baurecht für so einen Bauwagen gilt, dass der Wald verkehrssicher ist, dass den Kindern nicht irgendwas auf den Kopf fällt.

Oder dass sie nicht in ein Grab fallen?

Das ist bei Urnengräbern eher unwahrscheinlich. Aber es gab natürlich auch ganz viele Ängste vorher, wie die Kinder darauf reagieren werden und all das.

Es gibt also einen Bauwagen, zu dem die Kinder morgens von ihren Eltern gebracht werden. Dann sind die Erzieherden ganzen Tag mit den Kindern im Wald unterwegs, nicht nur bei euch, sondern auch im Strunde-Tal in der Nähe von Bergisch Gladbach. Die Kinder spielen also nicht den ganzen Tag auf dem Friedhof?

Morgens, wenn die Kinder zwischen halb acht und neun gebracht werden, versammeln sie sich im Außenbereich des Friedhofs bei diesem Bauwagen und beginnen mit einer Morgenrunde. Das ist ganz niedlich und ziemlich demokratisch, was da geschieht: Jeder hat nur eine Stimme, auch die Erzieher, das sind meistens zwei bis drei, ebenso die Kinder, das sind so 18 oder 20. Dann überlegen sie, was sie an diesem Tag machen oder entdecken wollen, und dann wird abgestimmt. Die Kinder haben das ganze Gebiet hier um den Friedhof erkundet, haben kleine Baumscheiben bemalt mit all den verschiedenen Orten.

Was ist mit dem Strunde-Tal? Was passiert da, wenn die Kinder dort unterwegs sind?

Dort ist viel Natur mit dem Bach namens Strunde mit all den Mühlen, die teilweise nur noch Ruinen sind, aber manche auch noch in Betrieb. Es gibt ein tolles Museum, es gibt ganz tolle kleine Bauernhöfe und ganz viel Leben. Die Kinder können da überall herumstromern. Es gibt auch einen riesigen Spielplatz. Man könnte annehmen, die Kinder würden sich jeden Tag dafür entscheiden, dort hinzugehen.

Tun sie es?

Nein. Das ist ja gerade das Schöne, wenn sie morgens darüber sprechen und sich entscheiden, was sie machen wollen.

Was passiert, wenn sie sich entscheiden: Wir wollen heute auf den Friedhof?

Dann wandern sie ganz frei hier herum, müssen also keinen um Erlaubnis fragen und erkunden diesen Ort. Das war auch die Idee, als wir diesen Kindergarten etablierten. Wir haben das Gelände der AWO kostenfrei zur Verfügung gestellt. Die Kinder haben die Möglichkeit, sich frei zu bewegen. Wir sagen nicht, ihr müsst euch mit Tod und Trauer befassen. Das Thema wird aber auch nicht ausgeklammert oder totgeschwiegen.

Nun sind hier natürlich auch Trauernde, und es finden hier Beisetzungen statt. Was passiert denn, wenn die Kindergruppe auf eine Trauergesellschaft stößt?

In der Regel halten sie dann einen gewissen Abstand, aber beobachten das alles ganz genau. Oder sie gehen vielleicht daran vorbei und spüren, was da gerade geschieht, dass da etwas Besonderes stattfindet. Und sie gehen mit einer großen Achtsamkeit damit um.

Und wie reagieren die Trauernden, wenn sie die Kinder sehen? Ich meine, Kinder machen auch Lärm, sie toben herum, was ja vollkommen in Ordnung ist. Hat man nicht auf dem Friedhof zunächst das Gefühl, da müsste Stille herrschen?

Wir hatte noch nie eine Beschwerde, dass die Kinder sich falsch verhalten hätten. Kinder sind in unseren Gedanken perfekte Trauerbegleiter, weil sie Leute aushalten, weil sie aber auch ihre eigenen Bedürfnisse nicht hinten anstellen, weil sie Fragen stellen.

Wenn dir oder deinen Mitarbeitern die Kinder begegnen, was fragen sie?

Die fragen uns: Was ist das? Was macht ihr da? Sie stellen alle Fragen, die ihnen gerade in den Kopf kommen. Sie halten sich natürlich meistens an Sachen, die ihnen offensichtlich gerade interessant vorkommen wie die ganzen Installationen, die Kunst im Haus.

Installationen, damit meinst du die vielen Kunstwerke auf dem Friedhof?

Ja. Das sind Kunstwerke. Die Kinder können da ganz frei hineingehen und diese Orte auch für sich umbenennen. Zum Beispiel liegt das Grab unseres Vaters in einem Kräutergarten. Das ist für die Kinder wie so ein kleines Labyrinth. Oder der Gnom der Angst oder das verspiegelte Haus.

Was ist der »Gnom der Angst«?

Das ist eine Kunstinstallation von Rolf Hinterecker, ein amorphes Wesen, das in einem Efeu-Labyrinth steht. Bei dem Werk geht es um die unbestimmte Angst vor dem Thema Tod.

Es geht nicht darum, jemand zu erschrecken?

Nein! Also man darf sich das hier nicht vorstellen wie so eine Art Themenpark.

Die Kinder wachsen natürlich mit einem anderen Bild auf. Tod ist etwas, wovon Kinder zunächst einmal gar nichts hören, bis der Opa stirbt. Im Fernsehen gibt es dagegen jede Menge Tote.

Ich denke, wenn jemand in der Familie stirbt – Kinder kriegen das mit, auch wenn sie hier nicht im Kindergarten sind. Sie spüren, dass die Stimmung anders ist, dass da was passiert. Kinder haben ihre Antennen überall. Sie bekommen auch mit, wenn jemand Sorgen hat, wenn jemand krank ist, all das. Und wenn sie nicht darüber sprechen können, dann bilden sich bestimmte Vorstellungen, ähnlich wie dieser Gnom der Angst: Was ist so schrecklich, dass die Eltern nicht mit ihnen darüber sprechen? Schweigen weckt Fantasien und überhöht Unerklärtes. Ich kenne viele Fälle, wo Menschen Angst hatten, ihre Kinder mit auf eine Beerdigung zu nehmen. Wo es hieß: Die sind so sensibel, die können damit gar nicht umgehen. Und dann sagt dir so ein dreijähriges Kind auf den Kopf zu: Ist der tot? Sie kriegen auch mit, wenn eine Schwangerschaft mit einer Fehl- oder Totgeburt endet. Und dann fragt so ein Kind: Ist mein Geschwisterchen tot? Die wollen das verstehen. Ich glaube, Kinder fragen nie mehr, als sie vertragen können.

Das heißt, Kindern kann man den Tod zumuten?

Vielleicht sogar mehr als einem Erwachsenen, der damit direkt viele weitere Themen verknüpft oder auch Erfahrungen gemacht hat. Kinder gehen unglaublich pragmatisch mit diesem Thema um. Ich erlebe das auch mit meinen Kindern. Sie kommen mit einem toten Vögelchen in der Hand ohne Scheu und Berührungsängste und fragen: Was ist da? Was machen wir damit. Sie kommen dann nicht auf irgendwelche sterilen, effizienten, banalen Lösungen. Sie begraben das Vögelchen in einer liebevollen, zugewandten Art und Weise.

DARF MAN JEMANDEN AUCH AM NORDPOL BESTATTEN?

Immer mehr Menschen entscheiden sich inzwischen dafür, nach dem Tod eingeäschert zu werden. Die Asche kommt in eine Urne und normalerweise auf den Friedhof. Das muss aber nicht immer so sein.

Mal angenommen, jemand möchte seine Mutter am Nordpol bestatten. Ist das möglich? Und was muss man tun, um dieses Ziel zu erreichen?

Ja. Das ist im Bereich des Möglichen. Es ist nicht verboten, jemanden im Ausland zu bestatten.

Als Allererstes hätte derjenige die Urne bekommen müssen ...

Ja, man könnte mit einem Sack Blumenerde auf den Friedhof gehen, die Grabstelle noch mal neu gestalten, und dann vielleicht mit mehr nach Hause gehen, als man dort hingekommen ist ...

Aber das ist ja sehr, sehr subversiv ...

Man muss natürlich wissen, was da auf einen zukommt. Das macht normalerweise keiner, also muss man sich auf das verlassen, was man so hört. Wenn man überhaupt so viel Vertrauen zum Bestatter fasst, um zu sagen: Ich habe eigentlich eine ganz andere Idee als das, was du jeden Tag machst. Und dann muss man schauen, wie finde ich da Wege? Es geht im Grunde darum, dass auch ein Bestatter mitdenkt.

Angenommen, ich möchte etwas, was der Friedhofsordnung widerspricht, was eher meinen eigenen Vorstellungen

185

entspricht, als dass es die Konvention erlaubt. Was kann mir denn passieren?

Im allerschlimmsten Fall ist es eine Ordnungswidrigkeit, die mit einem Bußgeld zwischen 30 und 3000 Euro bestraft werden kann. In der Regel liegen wir näher an 30 Euro. Und wir haben festgestellt: Alles was Menschen aus Liebe machen, lässt sich eigentlich kaum bestrafen, wenn es nicht gerade um irgendwelche dunklen Rituale geht. Es ist in Nordrhein-Westfalen zum Beispiel nicht verboten, jemanden zu Hause zu bestatten. Es ist nur ein steiniger Weg durch die Institutionen, ob die mir das zutrauen. Das Grab muss öffentlich zugänglich sein und anderes mehr.

Das heißt, dass die Leute rechtzeitig darüber nachdenken sollten und nicht erst, wenn der Trauerfall eingetreten ist?

Auf jeden Fall. Das ist genau mein Gedanke: Dass die Menschen von einem »Was muss ich denn jetzt machen?« zu einem »Was würde ich denn jetzt gerne aus Liebe tun?« kommen. Es sind oft sehr schwere Gespräche. Dann sitzt eine 90-jährige Dame vor mir, die 70 Jahre mit ihrem Mann verheiratet war – und es gab nie einen Zeitpunkt, um über ein solches Thema zu sprechen.

Was würdest du dir stattdessen wünschen?

Sich die Fragen vielleicht vorher mal zu stellen, um nicht zu sehr überfordert zu sein mit all dem, was dann auf einen herabstürzt in dem Moment, wo ein Familienmitglied stirbt. Das gilt auch für den eigenen Tod. Es sind Fragen, die ich mir selbst beantworten kann: Wenn's denn mal soweit ist, wie hätte ich es denn gerne?

BRAUCHEN WIR EINEN KOFFER
FÜR DIE LETZTE REISE?

Die Frage klingt schräg und das soll sie auch:
»Ein Koffer für die letzte Reise« heißt ein Kunstprojekt,
in dem es darum geht, sich auf die Endlichkeit des
Lebens zu besinnen. Mehr als 100 Menschen haben
dabei mitgemacht.

David, ein Koffer für die letzte Reise: Ich dachte, das letzte
Hemd hat keine Taschen, und jetzt sollen wir auf einmal
Koffer packen. Worum geht es da?

Bei dieser Kunstaktion geht es darum, Menschen zum Nachdenken zu bringen. Nachdenken darüber, was in ihrem Leben besonders wichtig ist und was sie gerne auf die letzte
Reise mitnehmen würden. Es geht darum, Menschen dazu
zu bringen, sich angstfrei über den Tod zu unterhalten, sich
darüber auszutauschen. Wir haben damals Leute gefragt, ob
sie gerne einen Koffer packen wollen. Die Resonanz war erst
einmal etwas schwierig, weil es unvertraut ist, sich damit zu
befassen, was ich mit auf meine letzte Reise nehmen würden.
Dafür haben die Teilnehmer drei Monate Zeit bekommen.

Hundert Menschen in Deutschland haben von euch einen
kleinen Koffer bekommen?

Das Projekt ist sehr gut dokumentiert. Es gab ein Buch
»Einmal Jenseits und zurück. Der Koffer für die letzte
Reise« (Gütersloh 2006) und einen kleinen Film, den der
Hessische Rundfunk produziert hat.

Dieser Film wird fast jedes Jahr im November rund um den
Volkstrauertag und die anderen Gedenktage in den dritten

Programm wiederholt. Gezeigt werden zwei Menschen und dein Vater, Fritz Roth, der die Aktion erklärt. Die beiden Menschen, ein Metzger, eine junge Designstudentin, packen dann ihren Koffer.

Mittlerweile haben die Ausstellung mit den Koffern, die aus dem vorhin genannten Buch entstanden ist, schon an die zwei Millionen Menschen gesehen.

Das Projekt ist vor über zehn Jahren entstanden. Seitdem ist die Ausstellung auf Wanderschaft.

Sie ist mittlerweile in der ganzen Welt unterwegs. Sie war schon in Russland, Österreich, Mexiko, Amerika, teilweise in England. An diesen Orten haben Menschen auch Koffer gepackt. Es sind die unterschiedlichsten Koffer-Kunstwerke entstanden, sehr nüchterne, sehr prächtige, sehr traurige, rührende, auch unglaublich fröhliche und lustige Positionen kommen zum Vorschein in der Beschäftigung mit der Frage: Was ist mir wirklich wichtig im Leben?

Wir können einige Koffer beschreiben. Mein Lieblingskoffer ist der Koffer, in dem lauter ungeöffnete Briefumschläge liegen. Also auch so kann man die Dinge dann mit ins Jenseits nehmen, die man nicht mehr geschafft hat, hier zu regeln. In diesen Umschlägen sind lauter unbezahlte Rechnungen drin.

Zum Beispiel. Bis hin zu Zustellungsurkunden. Der Herr, der das gemacht hat, hat das Thema mit großer Lust ausgesessen, vermute ich.

In den meisten Koffern sind Fotos. Von Verwandten, von Bekannten, von der Familie ...

... von Menschen, die man liebt. Es sind E-Zigaretten, Weinflaschen, Bier. Ein Koffer ist voller Äpfel, so wie sie früher verpackt waren in Rüschenpapier. Eine Kunststudentin hat den Koffer mit Gips ausgegossen und bemalt, und ihren Fußabdruck hineingesetzt.

Beeindruckt hat mich auch der Koffer, den der Metzger gepackt hat. Da lagen einfach nur Zettel mit Begriffen drin. Und er hat diese Begriffe sehr schön erklärt. Zum Beispiel hat er auf einen Zettel den Begriff »Nein« geschrieben und das so begründet: Das wäre ein wichtiger Begriff, weil wir zu selten Nein sagen. Wir sagen dann, wenn wir etwas nicht wollen, oft »Vielleicht« oder schieben es so vor uns her, oder »mal sehen«. Er sagte, »Nein« wäre deshalb wichtig, weil ein Nein die Situation klärt. Das bekommt in Verbindung mit Tod, mit Abschied, mit dem letzten Koffer eine besondere Bedeutung, fand ich, weil es eine Aufforderung ist, im Leben an bestimmten Stellen klar zu sein und nicht Dinge immer aufzuschieben. Es geht weniger darum, was man tatsächlich mitnehmen kann, sondern darüber nachzudenken, was wichtig ist.

Und sich dadurch so ein bisschen zu erden, eine andere Position einzunehmen, sich auch mit anderen darüber auszutauschen. Viele schieben das Thema Tod gerne vor sich her. Sie befassen sich nicht damit. Kürzlich hatte ich eine schöne Diskussion. Es ging um Unternehmertestamente und die Frage, wie ich vorsorge, damit meine Firma weiterlaufen kann, wenn mir etwas passiert. Zu dieser Zeit war der Unternehmer Erivan Haub (gest. 2018), der Miteigentümer von Tengelmann, verschwunden. Es kam direkt die Frage auf: Man müsste ihn jetzt schon nach wenigen Tagen für tot erklären, damit die Firma handlungsfähig bleibt.

Das sieht nicht nach einer guten Vorbereitung aus. Er hätte eine Generalvollmacht hinterlegen können, so wie viele eine Patientenverfügung hinterlegen.

Das machen auch einige, ganz umsichtig. Es ist nur oft so, wie es ähnlich bei meinem Vater war. Wir haben sehr viel vorher geregelt. Aber er wollte natürlich nicht sterben, er wollte gerne bis 95 bleiben und weiter hier arbeiten, weil er eine große Freude daran hatte. Manchen Themen stellt man sich erst, wenn der Anlass da ist. Oder wenn man so eine Art Warnschuss bekommen hat. Es ist etwas, was man gerne einfach so vor sich herschiebt. Die meisten leben nicht in dem Wissen, dass keiner das Versprechen hat, auch nur den nächsten Tag zu erleben.

Wie kommt man auf die Idee, sich derart intensiv mit Kunst zu beschäftigen? Hier im Haus der menschlichen Begleitung wird nicht nur viel Kunst gezeigt, das Haus ist voller Kunst. Es gibt diese Kofferausstellung, es gibt die Ausstellung »Im letzten Hemd«, es gibt den »Pfad der Sehnsucht«, überall ist Kunst.

Wir überlegen immer: Wie können wir Menschen die Angst nehmen, sich mit diesem Thema zu befassen? Der Gedanke, wie es zu dem Kofferprojekt kam, war nach meiner Erinnerung der, so etwas wie einen Notfallkoffer zu haben, wie man ihn zum Beispiel vorbereitet, wenn man schwanger ist und schnell aus dem Haus muss. Ein Koffer, wo alles schon eingepackt ist und bereit für diesen Weg zum Krankenhaus, mit allem drin, was wichtig ist, was ich brauche an dem fremden Ort, damit es mir gut geht. Gleichzeitig war auch dieser Gedanke, dass der Koffer meistens zu klein ist, wenn ich irgendwo hinfahre. Ich kenne das auch von mir: Ich nehme immer zu viel mit. Und habe dann gar nicht so viel Platz, um Sachen von der Reise mitzubringen. Die Frage, die wir mit unseren Kunstprojekten immer wieder aufgreifen, ist: Was brauche ich in diesem vielleicht anderen Leben, das da kommt? So kann Kunst ein Weg sein, ein Thema zu verstehen, zu begreifen, zu erfassen mit seinen unterschiedlichen Aspekten. Zum Beispiel, dass der Tod nicht einfach nur schrecklich, dunkel sein muss, sondern vielleicht auch ein empfangender Tod sein kann, der einen warm und liebevoll auf der anderen Seite erwartet.

WARUM HAT DAS LETZTE HEMD
KEINE TASCHEN?

In vielen Berufen gibt es Kleidervorschriften und die meisten haben für jeden Anlass das passende Outfit im Schrank. Anders als früher gehört heute das letzte Hemd nicht mehr dazu. Aber Tote müssen noch lange kein weißes Hemd tragen.

David, muss man eigentlich diese glitzernden Totenhemden tragen, die man aus Filmen kennt? Da liegen die Toten in einem Sarg und sehen sich gar nicht mehr ähnlich, weil sie diese merkwürdigen glänzenden Hemdchen anhaben.

Nein, das muss man absolut nicht. Das ist nur eine Arbeitserleichterung für den Bestatter und bei uns hier gar nicht üblich. Wir können jedem das anziehen, was er einfach gerne hatte, wenn man sich die Mühe macht, in seinen Schrank zu schauen und diese Sachen zusammenzustellen.

Könnte ich auch sagen, ich möchte gerne in meinem Lieblingsschlafanzug in den Sarg?

Ja, klar. Ein Schlafanzug, meine Trachtenjacke, was auch immer ich gerne getragen habe.

Gibt es auch Leute, die sich in Faschings- oder Fastnachtskostümen bei euch haben bestatten lassen?

Das ist hier im Kölner Raum gar nicht so ungewöhnlich. Viele ältere Menschen sind noch in Karnevalsvereinen und auch überaus stolz darauf. Das geht alles, wenn ich das Gefühl habe, dass es einfach passt.

Und in meinem Lieblingsfußballtrikot?

Warum denn nicht? Da spricht nichts dagegen. Viele meinen, dass wäre ein Problem wegen der Leichenstarre. Aber ich kann das entweder dem Verstorbenen anziehen, bevor sie eintritt, oder auch danach.

Legen das viele Leute vorher fest? Oder ist es meistens so, dass jemand stirbt und an die Angehörigen diese Entscheidung fällt?

Meistens ist es so, dass die Angehörigen das machen, weil es für viele ganz schwer ist, über dieses Thema nachzudenken. Sie sagen sich dann: Das machen wir mal, wenn wir alt sind ... Und dann werden solche Themen meist vom Alltag überrollt.

Für viele ist der Tod dann doch auf einmal eine Überraschung, weil sie davon ausgegangen sind, dass sie die Einzigen sind, die nicht sterben müssen?

Der Tod ist ein ganz großer Wachmacher. Niemand hat das Versprechen, den nächsten Tag zu erleben. Wichtig wäre es schon, dass man miteinander darüber spricht, sich mal diese Zeit nimmt für die vielen Fragen, die es da gibt. Genauso, wie es wichtig wäre, dass die Angehörigen in diesem ganzen Trubel, der dann auf sie zukommt, wissen, wo welche Unterlagen sind.

Wenn man im Grunde anhaben kann, was man will – warum haben dann doch die meisten am Ende diese merkwürdigen Totenleibchen an?

Weil sie die von vielen Bestattern verkauft bekommen – und Angehörige das gar nicht in Frage stellen. Das sind aber eigentlich ganz einfache Themen, die niemand unbedingt von einem anderen entscheiden lassen muss.

Was kostet so ein Hemd?

Das ist ganz unterschiedlich. Im Allgemeinen so zwischen 40 und 150 Euro. Diese Hemden sind im Rücken offen, ähnlich wie ein Krankenhaushemd. Dadurch sind sie einem Verstorbenen leicht anzuziehen. Und es ist so vermeintlich ordentlich, bei Männern mit Fliege, bei Damen mit Rüschen. Man kann dann aus einer Kollektion dann Farben und Muster aussuchen, betende Hände, Herzchen, grau, cremefarben, was auch immer. Das hat natürlich nichts mit dem zu tun, was der Verstorbene je getragen hätte. Wenn ich versuchen würde, das gleiche Hemd einem Lebenden anzuziehen, der würde mir die Meinung geigen!

Stimmt es, dass es Regionen gibt, wo Menschen ihre Totenhemden selber nähen und sie immer im Schrank sichtbar liegen haben, so dass man jeden Tag daran erinnert wird, dass man sterblich ist?

Das gibt's sicherlich noch, gerade in ländlichen oder sehr traditionellen Regionen, vielleicht in Bayern oder hier im Oberbergischen. Früher war das mal ganz normal. Es war Teil der Aussteuer, dass man so etwas mitbekam. Da war es tatsächlich so, dass das Totenhemd oben auf den anderen Kleidungsstücken lag und ich es jeden Tag in der Hand hatte. Ich wusste auch ganz genau, was ich da in der Hand habe. Es war eine kleine Erinnerung an meine eigene Sterblichkeit und vielleicht auch ein kleiner Ansporn, wie ich diesen Tag angehe.

Ich kann im Grunde dem Toten anziehen, was ich will. Gilt das auch, wenn ich den Toten verbrennen lasse, wenn er kremiert wird, wie der Fachausdruck heißt?

Was sollte dagegensprechen? Man bekommt nachher den Verstorbenen natürlich in einer Urne, und das ist hauptsächlich die Asche des Verstorbenen und ein bisschen auch die Essenz von dem, was ich demjenigen mitgegeben habe. Gewisse Stoffe wie Metalle oder Glas sind so, dass sie entweder bei den Temperaturen schmelzen oder nicht vergehen. Das würde nachher vielleicht rausgenommen. Aber eine Spur davon bleibt auch dann in der Urne.

Ihr habt eine Fotokunst-Aktion initiiert (»Im letzten Hemd«), bei der ihr Menschen aufgefordert habt, selbst ihr letztes Hemd zu wählen und sich darin fotografieren zu lassen. Darf man das überhaupt, die Leute in diese Situation bringen? Was haben sie dabei gedacht? Wie haben sie sich gefühlt?

Wir haben mit allen gesprochen, sowohl davor als auch danach. Das war schon ein besonderer Moment, einfach auch diesen hohen Grad der Entspannung zu finden oder ganz friedlich, ganz entspannt zu liegen.

Ich stell es mir ein bisschen vor wie Theater spielen oder in einem Film mitspielen?

Wir stellen uns ja auch schlafend. Es ging darum, sich mit der Situation intensiv zu befassen und zu entscheiden, was man als letztes Hemd gerne tragen würde.

Das heißt, es war wie eine Filmsituation und die Leute, die dann da lagen, haben sich selber inszeniert. Aber die Bilder sind dann irgendwann fertig, und die Verwandten, der Ehemann, die Ehefrau, Freunde, Fremde sehen dann, so könnte er theoretisch aussehen, wenn er tot ist. Gab's denn da Reaktionen?

Es gab ganz massive Reaktionen. Wir wollten die Leute dazu bringen, miteinander zu sprechen – gerade auch über dieses Thema. Weil wir glauben, dass das Befassen damit Ängste verringern kann und wieder eine gewisse Natürlichkeit in das Thema bringt. Der Tod ist an sich sicher nichts Neues. Das Bewusstsein dafür, dass alles, was lebt, irgendwann sterben wird, war früher eine Vorstellung, die nicht trüb gemacht hat. Es war eher ein Ansporn, gerade diesen Tag als besonders kostbar und wertvoll zu erleben. Das ist heute nicht unbedingt en vogue, weil wir in einer schnelllebigen Zeit leben und um uns herum den Tod gar nicht mehr sehen oder erleben.

Hast du ein Lieblingsbild aus dieser Fotoaktion?

Mein Lieblingsbild ist ein junger Mann, der sich ganz bewusst auf die Seite gelegt hat. Es ist einfacher, von einem Verstorbenen Abschied zu nehmen, wenn ich ihn auf dem Rücken liegen sehe. Aber er hat ganz klar gesagt: Im Bett kann ich nur auf der Seite einschlafen, das ist am bequemsten für mich und hat sich da so richtig in diese Decke reingemümmelt. Das fand ich eigentlich sehr schön.

Das Einzige, was ihr vorgegeben habt, war diese weiße Decke und das tatsächliche Kissen, was normalerweise auch im Sarg liegt.

Ja. Aber viele haben auch persönliche Decken und Kissen mitgebracht. Manche haben sich bewusst auch gegen das alles entschieden. Eine Dame hatte große Bananenblätter dabei, weil sie das im Urlaub in Costa Rica so gesehen hat. Hier ist die Vorstellung: Wie will ich, dass dann mit mir umgegangen wird? Was bräuchte ich? Manche haben Gegenstände in diese Kunstinstallation mitgenommen, Bilder, Essen, was auch immer ihnen wichtig war. Das ist ja ähnlich bei Grabbeigaben: Unser Vater bekam seine Karnevalsorden, Blumen und eine Flasche Kölsch mit in den Sarg. Das war ihm wichtig. All die Sachen, die auch sein Leben ein bisschen bestimmt haben. Und wir gaben ihm diesmal freiwillig dann auch die Plätzchen aus der Weihnachtszeit mit, die er sonst immer vom Teller stibitzt hatte.

Es ist in der Tat so, dass wir vieles über vergangene Kulturen wissen über die Dinge, die wir in den Gräbern beziehungsweise in Grabkammern gefunden haben.

Genau: Wie man lebt, wie die Beziehungen im Leben waren, woran ich glaubte. Bei den Wikingern oder bei den alten Griechen nahm man die Münzen für den Fährmann mit, um diesen Weg dann natürlich auch zu erleichtern.

Gibt's auch Leute, die sich nackt bestatten lassen?

Das gibt es eher selten. Viele, die wir im ersten Gespräch nach Kleidung fragen, fangen ab diesem Moment erst einmal an, darüber nachzudenken. Ach ja, stimmt ja. Für den Verstorbenen selbst macht das, glaube ich, keinen Unterschied. Er wird keine Kälte spüren, er wird keine Scham oder Ähnliches spüren. Aber ich glaube, es ist für die Angehörigen viel, viel besser, wenn sie wissen, der Verstorbene ist gut angezogen.

Warum hat das letzte Hemd keine Taschen? Es steckt ja eine Symbolik in dieser Aussage – welche?

Ja, die Aussage, dass keine irdischen Güter mit in das Jenseits genommen werden können. Es macht deshalb auch keinen Sinn, grenzenlosen Besitz anzuhäufen. Viel eher sollte man vielleicht vorher mal fragen: Was mach ich mit dem, was ich erschaffen habe in meinem Leben, was ich erworben und angesammelt habe, und wie gebe ich das vielleicht sinnvoll weiter?

WELCHE FARBE HAT DAS LETZTE HEMD?

Niemand muss heute mehr in einem weißen Totenleibchen unter die Erde. Man kann sich das letzte Hemd selbst aussuchen oder Angehörige entscheiden lassen. Auf keinen Fall sollte man sich da irgendwelche Vorschriften machen lassen.

Das letzte Hemd hat keine Taschen, sagt der Volksmund. Das letzte Hemd hat viele Farben, sagen Du und die Autorin Sabine Bode, mit der zusammen du ein Buch geschrieben hast. Wie ist das gemeint?

Mir geht es um einen lebendigen und nahen Umgang mit Tod gegenüber der heute vorherrschenden, hauptsächlich hygienisch- und effizienz-getriebenen Art, wie wir uns mit dem Thema Tod befassen. Es gibt eine große Intransparenz und eine vorwegnehmende Obrigkeitshörigkeit. Ich denke in diesem Punkt viel über Letztverlässlichkeit nach. Wir erwarten, dass uns jemand an die Hand nimmt und in unserem Sinne tut, was getan werden muss. Aber de facto ist es so, dass der Tod massiv kommerzialisiert ist. Man sollte erst einmal durchatmen und dann überlegen: Was ist wirklich wichtig? Was würde ich gerne machen? Man muss nicht jedem Rat des Bestatters folgen.

Das letzte Hemd muss kein Hemd sein, das man dem Bestatter abkauft?

Absolut nicht. Das letzte Hemd kann alles sein, von der Ritterrüstung bis zum Karnevalskostüm.

Das letzte Hemd ist mittlerweile in der Regel ein Hemd, das die Leute selbst aussuchen und das aus dem Schrank des Verstorbenen stammt?

Genau.

Nun habt ihr eine Kunstaktion initiiert, bei der es darum geht, dass sich (lebende) Menschen in ihrem letzten Hemd fotografieren lassen. Und zwar so, als wären sie tot. Wie kommt man auf so eine Idee?

Ähnlich wie auch bei den anderen Kunstaktionen hier im Haus ging es darum, Menschen einen Anlass zu geben, sich überhaupt mit dem Thema zu befassen. Alle Menschen, die daran teilgenommen haben, erfreuen sich bester Gesundheit. Wir haben sie nicht irgendwie betäubt oder in künstliches Koma versetzt. Es ging darum, in dieser Ästhetik zu zeigen, dass man friedlich und entspannt liegt. Anders als die 200 Toten, die wir jeden Tag im Fernsehen serviert bekommen. Da wird vor laufender Kamera Leuten in den Kopf geschossen, es werden Menschen skalpiert oder anderweitig bestialisch ermordet. Das sind Bilder, die jeder von uns sehen kann, sei es im »Tatort«, in der Vorabendserie oder bei all den Anbietern, die man heute streamen kann. Der inszenierte Tod, der da gezeigt wird, ist schrecklich.

Der reale Tod sieht dann eher so aus wie auf den Fotografien in der Ausstellung?
Gezeigt werden Menschen, die auf einer weißen Platte liegen. Sie liegen nicht im Sarg, sie haben ihr letztes Hemd an, zum Teil wollten sie noch Gegenstände mit auf das Bild nehmen. Allein dadurch, dass sie so von oben fotografiert sind, das Gesicht ganz entspannt ist, die Muskeln

und die Haut nach hinten rutschen, ist das eine seltene Perspektive. So haben sich auch die Leute noch nie gesehen. Wie haben die Leute, die da mitgemacht haben, das empfunden?

Die meisten haben das als sehr entspannt erlebt. Es gab schon auch die Sorge: Wie wirkt das auf meine Angehörigen? Die Menschen selbst haben danach direkt ein Statement abgegeben. Das reichte von ein »war lustig« bis zu tiefgreifenden Gedanken über die eigene Endlichkeit. Ich habe mich auch so fotografieren lassen. Es war jetzt für mich kein so abenteuerliches, besonderes Thema. Es gab auch Menschen, die gesagt haben, dass sie persönliche Dinge auf dem Bild zeigen wollen. Meiner Schwester zum Beispiel war es ganz wichtig, dass sie ihre eigene Decke dabeihat. Eine Frau hatte sich direkt eine eigene Decke genäht, einen Quilt, den sie mit in den Sarg soll, wenn sie wirklich gestorben ist.

Ein Teilnehmer der Aktion war zunächst im Business-Anzug gekommen. Dann stellte er fest: Das ist es nicht, was ich nehmen möchte; er brachte dann seine Jagdtracht mit und einen riesigen 22-Ender, das Geweih seines größten erlegten Hirschen.

Er hatte tatsächlich das Geweih dabei?

Genau. Es passt natürlich nicht in einen Sarg, der in der Standardvariante vielleicht 65 Zentimeter breit ist. In Zeiten, in denen Überlänge und Überbreite nicht mehr ganz so exotisch sind, wissen wir aber, dass es immer irgendwie anders geht. Wenn es jemandem wichtig ist, dieses Geweih mitzunehmen, dann finden wir einen Weg.

Ich hatte das Gefühl, die Atmosphäre bei den Aufnahmen selbst war eher wie an einem Film-Set.

Ja, das war eine sehr entspannte, fröhliche Atmosphäre. Wir hatten sehr viel Freude bei dieser Kunstaktion.

Als die Bilder dann fertig waren und die Leute sie gesehen haben, war das sehr berührend?

Es gab auch zwei Paare, die teilgenommen haben. Mascha Kaléko hat einmal gesagt: »Bedenkt: den eignen Tod, den stirbt man nur. Doch mit dem Tod der anderen muss man leben.« Im Alltag wird einem wohl nur selten so bewusst, wie fragil und kostbar der andere ist.

Die Menschen haben ja tatsächlich ihr letztes Hemd ausgesucht und sich dann hingelegt. Da sollte, wie du sagst, eine Auseinandersetzung mit dem Thema stattfinden. Auch die Besucher der Ausstellung »Im Letzten Hemd« sollten inspiriert werden, über den Tod nachzudenken. War das wirklich möglich?

Nach unseren Erfahrungen schon. Es ergeben sich schöne Gespräche. Ich erinnere mich zum Beispiel an eine Veranstaltung in Münster, da sagte eine Ordensschwester, dass in ihr Hemd eine Tasche genäht werden soll für die Sachen, die sie mitnimmt, ihre Kekse, ihre Taschentücher. Ein anderer Besucher fragte: Warum liegen; Verstorbene immer auf dem Rücken? Manche haben erzählt, welche Sachen sie gerne mit im Sarg liegen hätten.

SOLL MAN KINDER MIT ZUR BEERDIGUNG NEHMEN?

Kinder gehen sehr viel unbefangener und natürlicher mit der Situation um – wenn man sie lässt. Sie spüren oft, wenn Erwachsene irgendwie anders sind, wie es in einem Trauerfall natürlich der Fall ist. Auch Kinder brauchen die Möglichkeit, Abschied zu nehmen.

David, du hast selbst vier Kinder. Wenn man wie du schon tote Kinder gesehen hat – bekommt man dann zwischendurch Angst um die eigenen Kinder?

Manchmal schon. Man stellt sich vor, was würde geschehen, was kann alles geschehen. Nur macht es das Leben nicht einfacher. Ich tröste mich immer mit einer alten Weisheit meiner Oma, die oft gesagt hat: Kinder sind wie Unkraut, die vergehen nicht. Und ich freue mich über jeden Tag, den ich mit ihnen habe.

Ich erinnere mich noch an eines meiner ersten Erlebnisse hier im Bestattungshaus. Als ich im Bestattungshaus anfing, kam mir eine Familie entgegen, Mutter, Vater und zwei Kinder. Dein Vater Fritz Roth sagte mir dann: »Sie kommen gerade von einem verstorbenen Geschwisterchen, das als Baby gestorben ist.« Im ersten Moment war ich, ich will nicht sagen, schockiert, aber schon überrascht, dass die kleinen Kinder von dem toten Säugling Abschied genommen haben. Fritz und ich sind dann zusammen zu diesem Kind gegangen und er hat es mir gezeigt. Das war für mich ein sehr berührender Moment. Zum einen, dieses Kind zu sehen, zum anderen auch, mir vorzustellen, wie die anderen Kinder ihm kleine Geschenke in den Sarg gelegt haben. Dein Vater hat mir dann erklärt: »Angenommen, dieses

Kind würde einfach so verschwinden. Das wäre doch viel schlimmer für diese kleinen Kinder, als diese Erfahrung zu machen: Das Kind war da, es hat gelebt, es hat einen Namen, und es ist gestorben. Wir sehen das gestorbene Kind und wissen dann, dass es nicht mehr wiederkommen wird. Und wissen aber trotzdem: Das war unser Bruder, unsere Schwester.« Diese Erklärung fand ich toll.

Kinder sind perfekte Trauerbegleiter. Sie kriegen alles mit, was geschieht, und sie fangen an, sich Fragen zu stellen. Sie fragen nie mehr, als sie gerade verarbeiten können, und dann kommen sie wieder. Sie können zulassen, sich anderen Dingen zuzuwenden, bis sie das so ein bisschen verarbeitet haben. Sei es, dass sie sich mal eben etwas Süßes holen oder spielen gehen, sei es, dass sie erst ein paar Tage oder Wochen später mit dem Thema wiederkommen. Wenn sie zu ihrem toten Geschwisterchen gehen oder zu einem anderen Verstorbenen, sehen sie einfach, dass dieses Geschwisterchen keine Schmerzen hat, keine Angst hat, ganz friedlich daliegt. Es ist nicht irgendein Fremdkörper oder etwas, was sie nicht anrühren dürfen, weil da irgendetwas Dunkles, Ansteckendes wäre. Sie können die Erfahrung machen, dass es trotzdem, auch wenn man den Körper weggibt, weiter in Gedanken Teil der Familie bleibt – einfach, weil es da war.

Gibt es noch weitere Erlebnisse, die du mit trauernden Eltern hattest?

Ja. Da waren Eltern die nach dem Tod ihres Kindes ganz viel Angst hatten, sich dem Kind zuzuwenden. Ganz langsam haben sie für sich, und auch jeder für sich in ganz unterschiedlichster Art, weil Eltern auch unterschiedliche Bedürfnisse haben, diese Realität des Todes akzeptiert, indem sie hingeschaut und Mut gefasst haben, dieses Kind so wie ein Kind, das geboren wurde, erst einmal selbst zu versorgen, im Arm zu halten, zu wickeln. Aber dann auch zu schauen: Wie verabschieden wir uns?

Wenn ein Kind auf die Welt kommt, das ist schon ein ganzer Mensch und der ist so zart und so klein. Und wenn ein Kind verstirbt, das ist einfach unfassbar. Aber da habe ich genau die gleichen Bedürfnisse, Gefühle. Ich möchte es sicher in den Armen bergen, warmhalten, spüren, so wie ich das vorher gespürt habe. Sei es als Mutter im Bauch durch jede Bewegung und jede Regung, oder als Vater, wenn ich gespürt habe, da ist ein Fuß, der tritt, oder ein Ärmchen, das boxt, wenn sich das Kind ein bisschen umlagert.

Bei den Bekannten und Verwandten war auch eine große Verunsicherung zu spüren. Da war zunächst einmal eine große Distanz. Die Eltern sind auf die ganzen Leute zugegangen und haben sie angesprochen: Ja, das Kind ist gestorben, aber ihr müsst jetzt nicht davonlaufen. Wir wissen, dass es ganz schrecklich ist. Aber ja, kommt alle.

Die Menschen haben Berührungsängste in einer solchen Situation, so dass sie gar nicht in der Lage sind, sich von sich aus dem zuzuwenden – was doch schöner wäre?

Es ist ein großer Verlust in unserer Gesellschaft, dass sich diese Scheu mittlerweile herausgebildet hat. Jemand ist in Trauer, den lassen wir damit alleine. Als ob man das einfach totschweigen könnte und das Thema dann einfach gar nicht da ist. Wir haben zu oft die Angst, wir könnten was falsch machen. Anstatt dass wir einfach mal zuhören oder vorher fragen. Es ist dabei auch immer die Angst zu versagen. Wenn eine Geburt nicht klappt, wenn jemand nicht gesund ist, wenn etwas daneben geht. Und das ist schwierig für Trauernde. In dieser Situation auch noch die Aufgabe auf **205** sich zu nehmen, auf die anderen zuzugehen. Neben allem anderem, womit man sich dann befassen muss.

Angst zu versagen? Haben Freunde, Bekannte, Verwandte tatsächlich Angst, den Trauernden gegenüber etwas falsch zu machen?

Einmal das. Ich meine aber eher, wenn in der Schwangerschaft ein Kind stirbt, glaubt man zunächst, vielleicht haben die Eltern irgendwas falsch gemacht. Man kann nicht zulassen, dass es manchmal einfach nicht gut geht. Heute wird Schwangerschaft ein bisschen wie eine Krankheit gesehen. Ab dem Moment, wo eine Frau schwanger ist, wird sie oft schon als »Risikopatientin« eingestuft. Allein aus der Angst heraus, etwas falsch zu machen. Das hängt auch damit zusammen, dass es inzwischen immer weniger Kinder gibt, weniger Geburten und es rein statistisch so ist, dass die Anzahl der lebendgeborenen Babys immer höher wird. Aber wenn das dann schiefgeht, und es kann immer schiefgehen, fühlen sich die Eltern als Versager. Der Arzt fühlt sich vielleicht als Versager, die Hebamme. Wenn man ein Kind präsentiert wie einen Pokal beim Rennen auf dem Treppchen, möchte man es der ganzen Welt zeigen. Aber die anderen, die nicht auf dem Treppchen stehen, die sehen wir nicht.

Ratet ihr dazu, dass Eltern sich tatsächlich Zeit nehmen und mit ihrem toten Kind zusammen sind?

Absolut. Sich Zeit zu nehmen ist immer gut. Ich hatte ja so viele Hoffnungen, Gefühle, habe zu Hause ein Kinderzimmer eingerichtet, den Geschwisterkindern erzählt: Wenn wir aus dem Krankenhaus kommen, dann ist da ein kleiner Bruder oder eine kleine Schwester. Und das ist auf einen Schlag dann alles ganz anders.

Früher gab es Verordnungen, dass Kinder unter 500 Gramm gar nicht bestattet werden durften. Gibt es so etwas noch?

Das gibt es heute auch noch. Sogar, wenn die Kinder größer wären als bis zu 500 Gramm, ist das Krankenhaus für deren Beisetzung zuständig. Wir machen das hier zusammen mit den Krankenhäusern. Aber immer mit dem Gedanken, dass dann auch noch einmal die Eltern dieser Kinder eingeladen werden und sich verabschieden können. Es geht immer darum, Eltern zu unterstützen in der Zeit, so dass sie sich nicht auch noch um die Beisetzung des Kindes kümmern müssen.

Das Krankenhaus kommt also auf euch zu und sagt: Dieses Kind ist tot geboren worden, holt es bitte ab und organisiert die Beisetzung?

Es ist vielschichtiger. Sehr oft melden sich Eltern bei uns, die vom Krankenhaus erfahren haben, dass wir sie hier sehr gut begleiten können, daran nichts verdienen wollen, sondern Eltern beraten und ihnen Mut machen, sich mit der Situation zu befassen. Wir sprechen mit den Eltern darüber, was zu tun wäre. Wir sagen ihnen natürlich auch: Wenn es etwas gibt, was ihr euch nicht zutraut oder euch zu schwer ist, dann machen wir das für euch, und ihr könnt gerne teilnehmen. Häufig ist es so, dass die Eltern in den Gesprächen anfangen zu überlegen. Zum Beispiel, ihr Kind auch mit nach Hause zu nehmen. Oder sie überlegen, ob sie selbst einen Sarg basteln. Die Krankenhäuser weisen darauf hin, dass es die Möglichkeiten bei uns gibt. Gerade, weil es früher, das heißt bis 2003, anders – und ziemlich schrecklich – war. Krankenhäuser nutzten da eher kostengünstige Möglichkeiten, diese Kinder beizusetzen, etwa mit den letzten Operationsabfällen, oder es ging sogar in Richtung Weiterverwertung durch die Pharma- oder Kosmetikindustrie. Das will heute niemand mehr. Es besteht die Möglichkeit, dass die Kinder beigesetzt werden, entweder als Erd- oder Feuerbestattung. Nach einer Zeremonie, wo die Eltern bewusst noch einmal eingeladen werden, bevor die Kinder dann an einer Stelle, die vom Krankenhaus organisiert wird, zur Ruhe gebettet werden. Die Eltern kommen hinzu, haben noch einmal die Gelegenheit, die Ärzte, die sie dort im Krankenhaus betreut haben, die Schwestern, die Hebamme, die Seelsorger dort wiederzutreffen. Sie können vielleicht das, was ihnen zum Zeitpunkt, als es geschah, zu viel war, noch einmal bewusst erleben. Ich sehe das sehr positiv.

DÜRFEN HUND UND HERRCHEN IN EIN GRAB?

Ob Hund, Katze, Pferd oder Schildkröte: Tiere, die uns viele Jahre im Leben begleiten, sind uns nahe. Die Vorstellung, sie nach dem Tod einfach irgendwo zu entsorgen, ist daher schwer zu ertragen. Tierbestatterin Lea Schenker kennt bessere Möglichkeiten.

David, darf jeder sein Haustier im Garten beisetzen?

Ja. Das kann auch der Garten eines Freundes sein, wenn der Garten nicht gerade im Wasserschutzgebiet liegt. Außerdem muss es ein eingezäuntes Grundstück sein, auf dem kein Wildtier mal vorbeischaut.

Wie tief sollte man graben?

Es muss mindestens eine Erdschicht von 50 Zentimeter über dem verstorbenen Körper sein, plan zum Boden und nicht als Hügel aufgeschichtet. Es gibt auch Tierbesitzer, die keine Haus mit Garten haben und ihr Kaninchen, ihr Kätzchen oder auch ihren Hund im Wald beerdigen. Dann kommt es vor, dass sie ihr verstorbenes Tier an dieser Stelle Tage später besuchen wollen und es tatsächlich von Wildtieren wieder ausgegraben wurde.

Lea, wie bist du auf die Idee gekommen, Tier-, beziehungsweise Pferdebestatterin zu werden?

Als unser Hund Konrad vor Jahren ganz plötzlich verstorben ist, mussten wir überlegen: Was machen wir jetzt? Unser Plan war immer, dass wir ihn im Garten beisetzen. Das ging aber nicht, weil es zu kalt war und die Erde gefroren. Wir hatten also keine Möglichkeit, die Grabstelle auszuheben. Konrad ist auf dem Weg zum Tierarzt verstorben und wir haben uns gefragt: Was nun? Die Tierärztin sagte uns dann, er könne eingeäschert werden. Weiter haben wir aber keine Informationen bekommen. Mir ging es damals richtig schlecht. Und dann lief alles völlig anonym ab. Ich wusste noch nicht einmal, wo findet die Einäscherung statt? Nach knapp drei Wochen bekam ich einen Anruf von der Tierärztin, dass Konrad nun wieder da wäre. Bei einer Einzeleinäscherung bekommt man die Asche seines Tieres wieder. Sie hat mich dann gefragt, ob sie ihn zuschicken soll oder ob wir ihn abholen.

Die Asche kommt dann per Post?

Ja. Und es war auch noch eine schreckliche Kartonage, ganz schäbig und hässlich. Für mich war das so, als würde sie Tierfutter oder ein Medikament durch die Gegend schicken. Zuvor hatte ich ein unglaubliches Vertrauen in diese Tierärztin. Aber wie sie nach dem Tod mit meinen Gefühlen umgegangen ist, das war schrecklich. Bei mir stand auch eine berufliche Veränderung damals an, weil ich den Beruf, den ich vorher hatte, nicht mehr ausüben konnte und auch nicht wollte. So ist es dazu gekommen, dass ich Tierbestatterin wurde.

Wie ist das normalerweise, wenn ein Tier eingeschläfert wird? Habe ich dann die Wahl, was ich mache?

Es gibt verschiedene Möglichkeiten. Zum einen kann ich das Tier wieder mit nach Hause nehmen und zu Hause beisetzen. Wenn ich das aber nicht möchte oder dazu keine Möglichkeit habe, dann kann ich es beim Tierarzt lassen. Die meisten Tierärzte lassen die verstorbenen Tiere in regelmäßigen Abständen von sogenannten Abdeckern, von

Tierkörperbeseitigern abholen. Dort werden die Tiere dann entsorgt, und viele glauben, dass sie dort eingeäschert werden. Viele Tierärzte formulieren das so, um nicht die herbere Geschichte dahinter zu erzählen.

Was passiert denn dort mit dem Tier?

Die Tiere sind ja nicht nur Haustiere, sondern gelten dort als Schlachtabfälle, ebenso wie verstorbene Nutztiere, die in großen Kadaverwagen abgeholt werden. In der Tierkörperbeseitigungsanstalt werden sie dann abgeladen und geschreddert. Dann wird über Hitzezufuhr geschaut, was man daraus an Wertstoffen gewinnen kann, die sich für die Industrie wieder verwenden lassen. Das sind unter anderem Öle und Fette. Die Haustierbesitzer sind aber im Glauben, das sei eine Form von Einäscherung wie in einem Tierkrematorium. Das ärgert mich und dagegen stelle ich mich vehement. Es macht natürlich auch einen Preisunterschied, ob ich mein Tier entsorgen oder tatsächlich einäschern lasse.

Was für Tiere bestattest du?

Alle Haustiere, also Hund, Katze, Kaninchen, Vögel, auch schon mal einen Fisch. Und es werden immer mehr Ponys und Pferde.

Was war denn das exotischste Tier, das du bestattet hast?

Das war eine kleine Schildkröte. Sie hieß Max und lebte genauso wie bei anderen der Hund oder die Katze oder das Kaninchen. Die Familie hatte ein Terrassenhaus, und wenn Max rein wollte, hat er sich an die Scheibe der Terrassentür gestellt. Er kam auch mit aufs Sofa, hat sich am Bein des

Besitzers hochgestellt und so gesagt, ich möchte jetzt hier auch mit dir kuscheln. Das fand ich ganz rührend.

Wo werden diese Tiere dann verbrannt?

In Deutschland gibt es etwas über 20 Haustier-Krematorien. Pferde wurden bisher nur in den Niederlanden eingeäschert, das erste Pferdekrematorium in Deutschland entsteht zurzeit. In den Niederlanden gelten Pferde auch als Haustiere. In Deutschland sind Pferde und Ponys nach wie vor Nutztiere. Solche Regelungen sind ein Problem, wenn jemand sein Pferd nicht als Nutztier sieht und einfach andere Wege dann gehen mag.

Es gibt die Möglichkeit, die Urnen der Tiere im eigenen Garten zu bestatten. Aber es gibt auch Tierfriedhöfe. Kommt es oft vor, dass Menschen auf diese Tierfriedhöfe gehen und lieber dort ihr Tier beisetzen?

Bei den Tieren sind wir deutlich freier als bei verstorbenen Menschen, was die Aufbewahrung oder Möglichkeiten angeht. Ich mache immer Mut, die Urne zumindest erst einmal zu Hause zu behalten. Den meisten Tierbesitzern tut das richtig gut. Ich würde sagen, dass bestimmt 70 Prozent der Urnen dann auch zu Hause bleiben. Eine Urne muss ja nicht wie eine Urne aussehen. Sie kann aussehen wie ein Deko-Objekt und sich in die Wohnräume integrieren.

Ich kann die Urne mit der Asche meines Tieres dann ins Regal stellen oder auf die Anrichte?

Ja. Wir sind da völlig frei, verglichen mit der Asche von verstorbenen Menschen. Solches Aufbewahren zu Hause hilft vielen in ihrer Trauer.

Viele Menschen haben auch eine ganz enge Beziehung zu ihren Pferden. Wieviel Urnen braucht man denn, wenn man ein Pferd einäschern lässt?

Der Ascheanteil eines verstorbenen Ponys oder eines Pferdes richtet sich natürlich immer nach dem Gewicht zu Lebzeiten. Es gibt Ponys, die wiegen vielleicht so um die 200, 250 Kilo, aber ich habe auch Großpferde mit 900 Kilo oder darüber. Wenn ich im Durchschnitt ein Pferd habe mit 500 bis 600 Kilo, bleibt ein Aschevolumen von etwa 10 bis 11 Litern. Das richtet sich immer auch nach dem jeweiligen Krematorium, wo ich es einäschern lasse, wie grob oder wie fein die Asche ist. Ich kann die Asche aufteilen. Aber der Wunsch nach einem Gefäß oder einer Box ist natürlich da.

Wenn ein Pferdebesitzer nach seinem eigenen Ableben die Asche seines Pferdes mit in sein Grab bekommen möchte, findet sich auch ein kreativer Weg, dass man das möglich macht?

Ja – da muss man sich auch Freiräume schaffen.

David. In den »Gärten der Bestattung« sind Tiere erwünscht, anders als auf normalen Friedhöfen. Auf den städtischen Friedhöfen zum Beispiel darf man keinen (lebenden) Hund mitbringen, und auch wenn jemand nach dem Tod zusammen mit einem verstorbenen Tier beigesetzt werden möchte, ist das hier erlaubt?

Wir glauben, dass Tiere perfekte Trauerbegleiter sein können, weil sie dem trauernden Herrchen oder Frauchen so etwas wie Halt geben, in dieser Zeit und ihm oder ihr sagen: Ich geh mit, du bist nicht allein. Wir haben für unseren Friedhof das Angebot, dass Tiere dort mitgenommen werden dürfen, und wir haben eine Stelle eingerichtet, wo Menschen ihr verstorbenes Tier als Grabbeigabe mit beisetzen dürfen.

Können Herrchen bzw. Frauchen mit dem verstorbenen Tier gemeinsam in ein Grab?

Es gibt eine klare Verordnung, die auch die Tierbestattung regelt oder die gemeinsame Bestattung von Mensch und Tier. Danach ist es so, dass das gestorbenen Tier als Grabbeigabe mit beigesetzt werden darf. Es gibt noch weitere Aspekte: Zum Beispiel darf der Name des Tieres zwar mit auf den Grabstein, aber in der Schriftgröße nicht größer als der des Menschen. Uns ging es vor allem darum ernst zu nehmen, dass Menschen eine Beziehung zu ihrem Tier haben, die auch über den Tod des Tieres hinausgeht. Gerade heute, wenn Menschen vielleicht keine Kinder, keine Enkel haben, kann ein Tier eine unverzichtbare Beziehung im Alltag sein. Uns geht es darum, diese Beziehung ernst zu nehmen und nicht zu sagen, ach, war doch nur ein Tier ...

WENN WIR TRAUERN.
WAS HILFT?

DÜRFEN BESTATTER WEINEN?

Natürlich dürfen sie das. Jeder darf das.
Wenn Tränen zu einer Situation dazugehören, dann
bei einer Beerdigung auf dem Friedhof.

David, hast du bei einer Beerdigung schon mal geweint?

Oh ja. Das passiert tatsächlich. Und ich kann nur dazu raten, Gefühle zuzulassen und zu zeigen. Wir kennen alle den Hinweis in Traueranzeigen: »Von Beileidsbekundungen am Grab bitten wir Abstand zu nehmen«. Da hat man dann vielleicht das Gefühl, es sei unerwünscht, seine Trauer zu zeigen, und die Verunsicherung im Umgang mit Trauernden wächst.

Ich meine jetzt gar nicht einmal Beerdigungen, wo jemand gestorben ist, den du kanntest. Hast du schon geweint bei Beerdigungen, die du im Grunde nur organisiert hast und den Toten gar nicht kanntest?

Ja, dann einfach durch eine Situation, die ich sehr gut nachvollziehen konnte. Oder weil es sehr nah und berührend war, wenn Menschen erzählt haben, wen sie da verloren haben und warum sie den lieb hatten.

Du hast jeden Tag die Gelegenheit, an einer Beerdigung teilzunehmen, weil du dir das als Beruf ausgesucht hast. Ich dachte, als Bestatter härtet man dann irgendwann ab und das macht einem nichts mehr aus?

Hört sich merkwürdig an, aber genau das versuchen wir gerade zu vermeiden, dass man hier abstumpft und das einfach die nächste Vorstellung wird. Es geht darum, sich tatsächlich noch von der Situation berühren zu lassen, zu wissen, was man da gerade wirklich tut. Ich glaube, das ist für alle Beteiligten ganz wichtig.

Es gibt durchaus Beerdigungen, ich denke da an Beerdigungen von Prominenten, Künstlern, Sängern oder auch Politikern, die geradezu darauf angelegt werden, möglichst viel Pathos entstehen zu lassen und die ganz großen Gefühle abzubilden.

Ja, einige der ganz großen Gefühle.

Welche meinst du?

Zum Beispiel Trost, Hoffnung oder auch Freude, die wird allerdings weniger abgebildet. Doch, geschmunzelt oder gelacht wird auch schon mal.

Das heißt, das ist durchaus gewünscht und auch erlaubt?

Das ist super! Dadurch wird die Person noch einmal präsent. Wenn nicht nur über die traurige Situation gesprochen wird, sondern auch von den Ecken und Kanten, dem Liebevollen und Schönen, das ich mit dieser Person verbinde, noch einmal gesprochen wird.

Also bei Promis ist es oft so, dass da eine perfekte Inszenierung stattfindet. So, wie irgendwelche Showstars auf der Bühne inszeniert werden, so wird auch die Trauerfeier inszeniert. Damit diese Gefühle hochkommen, die man auch im Kino erlebt, oder wenn man ein Lied im Konzert hört, das für einen wichtig ist. Ist es denn gut, eine Beerdigung so zu inszenieren? Oder ist es nicht besser zu sagen, wir gucken mal, was passiert? Wer reden will, kann reden. Und wir überlassen das vielleicht nicht dem Zufall, aber der Situation?

Das ist natürlich immer spannend. Solche Situationen habe ich schon öfters erlebt, wenn gerade die Familie mit großer Zuversicht darauf hoffte, dass die Freunde schon was sagen. Da stirbt man als Bestatter tausend Tode, weil man nicht weiß, was da geschieht, ob nicht eine peinliche Stille entsteht. Das weiß man vorher nicht. Aber das ging bisher eigentlich immer ganz gut. Ich persönlich erlebe diese große Dramaturgie, gerade bei diesen offiziellen Beerdigungen, gar nicht so.

Naja, vielleicht ist das auch nur eine Klischeevorstellung. Es wird ein trauriges Lied gespielt, dann kommt der Pfarrer oder der Trauerredner und erzählt etwas aus dem Leben. Dann gibt es noch eine Liturgie und das, was sonst noch vorgesehen ist bei Katholiken oder Protestanten. Aber auch bei Menschen ohne Religionszugehörigkeit läuft das ganz ähnlich ab. Erst wird über den Verstorbenen geredet, dann gibt es ein wenig allgemeinen Seelenbalsam, irgendwelche warmen Worte, die austauschbar sind. Oft wird das heute wahrscheinlich so bestellt, weil die Leute es gar nicht anders kennen und nicht wissen, dass man das auch ganz anders machen kann, oder?

Ja. Das man es einfach persönlich gestaltet und sich überlegt: Was wäre jetzt angebracht? Aus den Liedern, die einen mit dem anderen verbinden, aus den Geschichten, die man einfach teilen mag.

Die Musik, die gespielt wird, wird inzwischen immer wichtiger. Es wird teilweise Aktuelles gespielt, was man so im Radio hört, oder die größten Hits der 80er, 90er, was im Leben in irgendeiner Form eine Bedeutung hatte. Oder erlebst du das anders?

Es kommt darauf an. Wir haben hier vielleicht Menschen, die mit einem anderen Bewusstsein zu uns kommen. Da passiert das schon häufig. Aber das erlebe ich draußen eher seltener. Da werden viele traurige Lieder, Kirchenlieder genommen. Es gibt dafür auch bestimmte Hitlisten.

»Time to say Goodbye« ...

Genau. Oder hier im Kölner Raum »Niemals geht man so ganz«.

»Stairway to Heaven«.

Und »Knocking on Heaven's Door«. Das sind Lieder, die ähnlich individuell sind wie die Sprüche, die man 15- oder 20-fach in der Samstagszeitung bei den Traueranzeigen liest. Und an die man sich gewöhnt hat. Wir erleben hier schon eher, dass die Menschen auch wirklich persönliche Lieder nehmen, die man nicht unbedingt mit diesem Trauerkontext verbindet.

Wenn jemand stirbt, der mir sehr nah ist, könnte ich nicht über ihn reden, ohne in Tränen auszubrechen. Sollte ich mich trotzdem trauen?

Auf jeden Fall. Das muss nicht perfekt sein. Man muss sich von diesem Anspruch des Perfekten freimachen, dass das alles ganz nüchtern, ordentlich vorgetragen wird. Ich finde es viel authentischer und berührender, wenn jemand auch mit stockender Stimme vorträgt, oder sich mal fassen muss. Im Idealfall stellt sich dann vielleicht jemand zu dieser Person und nimmt sie für einen Moment in den Arm oder macht weiter. Das zeigt, dass das wirklich relevant ist, was da gerade geschieht. Das sind dann die Momente, die berührend wirken. **219**

Anstatt, dass es wie eine Botschaft vom Zettel verkündet wird.

Niemand muss ein großer Redner sein in diesem Moment. Viel wichtiger ist, dass man wirklich merkt, da meint jemand, was er sagt, und es sind persönliche Worte.

Wenn man sich tatsächlich traut und vielleicht die Fassung verliert, muss einem das danach peinlich sein? Oder glaubst du eher, dass es ein Gefühl erzeugt, zum Glück hab ich das gemacht?

Ich glaube, es bleibt eher das Gefühl »zum Glück habe ich das gemacht«. Ich erfahre, wie stark und handlungsfähig ich trotz dieser Situation bin. Daraus kann ich ganz viel Kraft schöpfen, und es ist eine Situation, in der man sehr viel Zuspruch erlebt. Auch die Menschen, die eine Rede hören, zeigen in der Regel in unterschiedlichster Weise Sympathie. Dann erlebe ich auch, wie die Leute vielleicht anfangen zu klatschen oder anerkennend zu nicken. Oder ich sehe, wie sie angerührt sind. Ich glaube, da brechen dann wirklich viele Dämme und das bewegt was.

Also klatschen? Man kann die Leute ruhig auch dazu auffordern im Sinne von »Ja, er war ein Mensch, der gerne auf der Bühne stand, ein Mensch, der viel für uns gemacht hat, jetzt nochmal ein donnernder Applaus!«

Ich glaube, dass Menschen in so einer Situation sehr gut spüren, was geht oder was nicht geht. Sobald sich jemand traut, sich aus der Deckung wagt.

Also weinen darf ich auf jeden Fall ...

Weinen auf jeden Fall. Jeder hat eine andere Art, wie er seine Gefühle ausdrückt. Aber ich glaube, das kann durchaus befreiend sein. Wenn ich nicht in so einer Situation weinen darf – wann dann überhaupt noch?

Und lachen?

Lachen auch.

MACHEN BEHÖRDEN DEN TRAUERNDEN DAS LEBEN SCHWER?

Nach dem Tod eines Angehörigen sind viele Behördengänge zu erledigen. Das ist zeitraubend und für Trauernde besonders anstrengend. Eine gute Vorbereitung auf den Umgang mit Bestattern und Behörden hilft.

David, jemand stirbt: Mit wieviel Behörden bekommen es die Lebenden zu tun?

Wir leben ja in einem Staat, in dem alles gut geregelt ist und wir auch den Bestattungszwang haben. Glücklicherweise ist das ein bisschen gebündelt. Wer auf jeden Fall als Erstes Bescheid wissen muss, ist das Standesamt. Das benachrichtigt dann das Einwohnermeldeamt und das Amtsgericht. Wir brauchen in der Regel das Gesundheitsamt, der Totenschein geht dorthin für statistische Zwecke. Wenn ich vom Standesamt die Sterbeurkunde habe, kann ich damit alle weiteren Behörden und Institutionen bedienen, die einen Menschen im Leben begleitet haben. Das heißt die Krankenkasse, die Rentenversicherung, das Sozialamt, all die Stellen, von denen wir verwaltet werden. Dafür brauche ich ordentliche Urkunden. Da geht mit Digitalisierung heute noch nicht so viel. Ich muss Ausweise zurückgeben, meine Steuernummer kennen, meine Rentennummer, und all das, womit ich in tausendfacher Weise für die tausendfachen Zwecke codiert bin.

Klingt, als wäre der Tod ein ziemlich bürokratischer Akt …

Früher hieß es immer: Von der Wiege bis zur Bahre Formulare, Formulare. Allein, wenn ich an einen Rentenantrag denke, für den ich mich durch Berge von Formularen durcharbeite, vielleicht nicht genau weiß, was hier und was da hingehört und jetzt nicht unbedingt viele Leute abgestellt sind, um mir beim Ausfüllen dieser Formulare zu helfen. Bei Beamten ist es interessanterweise viel einfacher, wenn es um die Besoldung oder die Pensionskassen geht.

Zwei Behörden haben wir noch vergessen, und zwar den Amtsarzt und das Gesundheitsamt. Unter Umständen kommt auch die Polizei. Wann kommt denn bei einem Todesfall die Polizei?

Die Polizei kommt immer dann, wenn ich plötzlich zu Hause versterbe und nicht meinen Arzt rufe, sondern den Rettungsdienst. Dann ist es fast garantiert. Denn der Rettungsdienst schreibt gerne auf den Totenschein: »Unbekannte Todesursache«. Und ab diesem Zeitpunkt befinde ich mich dann an einem Tatort, die Polizei muss den Tatort bewachen, bis dann weitere Ermittler hinzugezogen sind.

Wie oft ist das der Fall?

Das ist gar nicht so einfach zu sagen. Man geht von 1.800 Fällen im Jahr aus, dass Menschen durch Fremdverschulden in Deutschland sterben. Das klingt viel, bis man es ins Verhältnis setzt zu den Menschen, die insgesamt in Deutschland versterben – das sind ungefähr 900.000.

Die 1.800 Fälle, bei denen jemand durch Fremdeinwirkung stirbt, sind also Mord und Totschlag?

Das sind Fälle, wo strafbares Fremdverschulden vorliegt. Die Dunkelziffer wird allerdings deutlich höher angesetzt. **223**

Das lässt sich aber aus den Zahlen der Rechtsmedizin natürlich so nicht belegen. Es heißt, dass viele Fälle nicht erfasst werden wegen des Ausbleibens einer Untersuchung. Die letzte Zahl, die ich hier aus dem Rheinisch-Bergischen kenne, ist, dass in einem Jahr 238-mal die Polizei zu einem Todesfall gerufen wurde. In diesem Kreis leben ungefähr 240.000 Menschen. Das lässt sich hochrechnen auf Deutschland, so dass die Zahl insgesamt deutlich höher liegt. Es sind sicherlich an die 80.000 bis 90.000 Menschen in Deutschland, bei denen zunächst »Unbekannte Todesursache« diagnostiziert wird. Mir konnte bisher noch keine Behörde dazu etwas wirklich Genaueres sagen. Wir raten immer dazu, möglichst auf den Hausarzt zu warten. Ich kenne keinen Fall, wo das Warten dann bestraft worden wäre. Vorausgesetzt, es ist klar, dass keine unterlassene Hilfeleistung vorliegt.

Die Polizei kommt – und dann passiert was? Wird dann der Tote erst einmal beschlagnahmt?

Das heißt, zunächst wird nicht der Tote beschlagnahmt, sondern der Tatort gesichert. Angehörige und andere Anwesende müssen den Raum verlassen. Die Polizei wartet, bewacht den Raum und den Verstorbenen, so dass dort keine Veränderungen vorgenommen werden. Wenn die Polizei gerufen wird, geht das ja an die normale Dienststelle, dann kommt eine Streifenwagenbesatzung. Sie ruft dann die Kriminalpolizei, die entscheidet, wie es weitergeht und ob der Verstorbene zu einer weiteren Untersuchung mitgenommen werden muss. Es ist sehr selten, dass jemand in der Gerichtsmedizin oder in der Rechtsmedizin genauer untersucht oder gar obduziert wird. Dann ist natürlich eine weitere Behörde mit im Spiel, die Staatsanwaltschaft, die das untersucht. Sie erteilt dann die Freigabe der Leiche nach Aktenlage.

Als mein Vater gestorben ist, kam eine Ärztin, die nicht seine Hausärztin war. Sie hat genau das auf den Totenschein geschrieben: »Todesursache nicht bekannt«. Dann kam die Polizei, dann kam die Kriminalpolizei, das alles dauerte Stunden. Dabei war tatsächlich nichts zu sehen, keine Fremdeinwirkung. Mein Vater hatte wahrscheinlich einen Herzinfarkt, er ist zu Hause gestorben. Sie haben den Toten dann weggebracht, es war ein Samstag. Und wir haben dann übers Wochenende gewartet, ob nun eine Obduktion stattfindet. Am Montag haben wir Bescheid bekommen, es findet keine Obduktion statt. Dann konnten wir den Toten wieder zurückbekommen. Ich habe dann veranlasst, dass der Tote aus der Gerichtsmedizin wieder nach Hause gebracht wird.

Das ist möglich. Wir haben diese 36-Stunden-Frist, die ein Verstorbener zu Hause bleiben darf. Aber das trauen sich viele nicht, weil der Bestatter nicht darüber spricht, weil er es Menschen nicht zutraut.

Das sind Fristen, die man gewählt hat, um festzulegen, ab welchem Zeitpunkt eine Behörde zuständig ist, wenn kein Angehöriger da ist, der die Verantwortung übernimmt und Entscheidungen fällt.

Wenn du Vorschläge machen dürftest für den Umgang mit Behörden, was würdest du dir wünschen?

Es wäre toll, wenn Behörden Menschen einfach zutrauen, dass sie mit ihrem Toten vernünftig umgehen. Es geht um Selbstverantwortung. Man sollte Menschen einen Ermessensspielraum einräumen, anstatt nur nach dem Buchstaben des Gesetzes oder irgendwelchen Verordnungen zu handeln. Früher war es üblich, dass Verstorbene länger zu Hause blieben.

Man kann nicht wirklich etwas falsch machen. Ich muss sehen, dass ich mich mit der Situation zurechtkomme, dass ich keine Angst habe. Dann kann ich sehr viel tun. Ich kann den Verstorbenen selbst waschen und einkleiden, wie ich das vielleicht auch in der Zeit seiner Krankheit oder Pflege gemacht habe.

WARUM BRAUCHT TRAUER ERLAUBNIS?

Viele Menschen würden anders trauern, wenn sie sich trauen würden, ihre eigenen Bedürfnisse und Wünsche auszusprechen. Auf unserem privaten Friedhof ist alles erlaubt, was Trauerenden guttut.

Von dir, David, habe ich den Satz gehört »Trauer braucht Erlaubnis«. Wie meinst du das?

Trauer braucht die Selbsterlaubnis, das zu tun, was Trauernde als für sie stimmig empfinden. Wir sprechen immer davon, Trauer ist Liebe. Und wir kennen vielleicht alle dieses Lied »Liebe wird aus Mut gemacht«. Das heißt, ich muss in irgendeiner Form diese Liebe auch ausdrücken, mich dazu bekennen und etwas tun, was aus dem Kontext der Beziehung heraus stimmig ist.

Aber die meisten kommen doch zum Bestatter und wissen so gar nichts mit dieser Situation anzufangen. Dann nimmt der Bestatter das Heft in die Hand und sagt: Dann und dann soll beerdigt werden, hier habe ich einen Sarg, hier habe ich ein Hemdchen für Ihre Verstorbene und dann engagieren wir noch einen Trauerredner. Im Grunde wird den Leuten alles aus der Hand genommen. Das ist nicht der richtige Weg?

Das kann mir so ganz recht sein, wenn ich schnell mit dem Thema durch sein will und bloß nicht in irgendeiner Form berührt werden möchte. Aber ich kann mir auch meine Zeit nehmen und schauen, was jetzt wirklich wichtig ist für mich.

»Trauer braucht Erlaubnis« bezieht sich aber auch darauf, dass die Menschen viel mehr selber machen können, zum Beispiel eigene Ideen realisieren, was die Trauerfeier angeht. Das müsste nicht so 0815-Veranstaltungen sein?

Viele wissen auch nicht, was möglich ist. Man darf so viel mehr, als man glaubt. Der Bestatter sollte ein »Möglichmacher« sein und zulassen, was Menschen gerne tun würden, wo sie auch bereit sind, Verantwortung zu übernehmen.

Interessanterweise ist an Friedhöfen die größte Tafel die Tafel mit den Dingen, die man nicht darf. Erst einmal werde ich eingeschränkt, wenn ich dort hinkomme und muss mich an Regeln halten. Das ist zunächst einmal nicht verkehrt, aber es steckt auch eine Symbolik darin, wenn am Friedhofstor steht, das und das ist alles verboten.

Da ist viel aus der Angst geboren, der Bürger könnte was falsch machen, weil er nicht weiß, wie es richtig ist und er in seiner Trauer so handlungsunfähig ist, dass jemand mit nüchternem Kopf ihm diese Arbeit abnehmen muss.

Bedeutet Erlaubnis in diesem Zusammenhang auch, die Leute aufzufordern oder sogar zu ermuntern, selbst einmal darüber nachzudenken, was in so einem Moment gut für sie sein könnte?

Absolut. Wir sprechen hier auch darüber, dass der Tod ein Lehrmeister zum bürgerlichen Ungehorsam sein kann. Das bedeutet, dass ich selbst Verantwortung dafür übernehme zu tun, was ich für richtig halte, und mir über die Konsequenzen meines Handelns Gedanken mache. Mir muss

natürlich klar sein, dass ich andere nicht beeinträchtigen
sollte.

Dir ist also kein Fall bekannt, dass jemand bestraft worden
wäre, weil er seinen Verstorbenen vielleicht länger als 36
Stunden zu Hause behalten oder außerhalb der Friedhofs-
zeiten den Friedhof betreten hat?

Nein. Ich sehe es eher als großes Geschenk, wenn ein Friedhof sieht, dass er begehrt ist, und Menschen ein Bedürfnis
haben, dorthin zu gehen, um ihren Geburtstag zu feiern,
oder fragen, ob sie dort grillen dürfen.
Ich weiß, dass hier Leute gegrillt haben, und ich habe keine
einzige Beschwerde gehört. Wir glauben, dass ein Friedhof
gerade als Ort der Gemeinschaft auch für solche Aktivitäten
geeignet ist.

Warum geht niemand hin und kümmert sich darum, dass
die Gesetze oder die Vorschriften geändert werden?

Ich glaube, dass es so ein zeitweises Bedürfnis ist und damit
wahrscheinlich keine Wahlen zu gewinnen sind. Es geht
um Infrastruktur, um Schulen, öffentliche Sicherheit oder
Ähnliches. Das Thema Friedhof fällt da leicht hinten runter.
Vielleicht ist das so, weil Trauernde nicht lautstark dafür
eintreten, wie sie behandelt werden möchten. Und es einfach akzeptieren, wie es ist.

Wir können die Menschen auffordern, sich selbst diese Erlaubnis zu geben …

… und auch von der Friedhofsverwaltung einzufordern,
dass ich an einen Ort kommen möchte, der nicht nur hygienisch sauber und gut sortiert ist, sondern dass ich da

vielleicht eine Bank brauche, einen schönen hellen Platz möchte oder Einrichtungen, die mir den Besuch dieses Ortes erleichtern.

WARUM BRAUCHT TRAUER ZEIT?

Wenn jemand stirbt, sagt einem der Bestatter oder die Friedhofsverwaltung, wann die Beerdigung stattfindet. Aber so muss es nicht sein. Tote haben es nicht eilig und Trauernde sollten sich mit allen Entscheidungen Zeit lassen.

David, warum braucht Trauer Zeit?

Das ist bei jedem unterschiedlich. Aber ich glaube, wir als Bestatter können Menschen nicht sagen, wann sie einen Verstorbenen weggeben müssen. Diesen Punkt muss jeder für sich selbst finden. Viele sagen, die Zeit heilt alle Wunden. Aber das ist Quatsch. Ich brauche Zeit, aber ich brauche auch dieses Befassen, damit ich lerne, mit dieser neuen Situation umzugehen.

Lass es uns ein bisschen sortieren. Jemand stirbt, dann gibt es diese 36-Stunden-Frist, was besagt diese Frist? Und was schreibt sie vor?

Ganz am Anfang, wenn jemand stirbt, muss erst einmal ein Arzt kommen, der den Tod feststellt. Und diese 36 Stunden werden mir gewährt, was ich nicht sehr großzügig finde, um einen Weg zu finden, wie der Verstorbene dann an einen anderen Ort, in der Regel in eine Leichenhalle oder zum Friedhof gebracht wird.

Die 36 Stunden sind gesetzlich geregelt?

Das ist je nach Bundesland geregelt. Die Frist liegt zwischen 24 und 48 Stunden, kann aber auch darüber hinaus verlängert werden. Als zum Beispiel Helmut Kohl verstarb, blieb sein Leichnam mehrere Tage zu Hause.

Was passiert, wenn ich mich nicht daran halte?

Das ist schlimmstenfalls eine Ordnungswidrigkeit – und wo kein Kläger, da kein Richter. Wir machen gute Erfahrungen damit, dass Leute über eine Woche oder länger ihren Verstorbenen zu Hause behalten.

Viele Bestatter gehen ganz anders vor. Ihr sagt: Behaltet den Toten, solange ihr wollt, zu Hause. Viele Bestatter sagen: Wir holen ihn sofort ab.

Genau. Und da sagen wir: Lasst euch eure Toten nicht stehlen! Denn kurz danach heißt es dann: Man kann ihn nicht mehr sehen.

Gut, dann haben wir in drei Tagen einen Termin auf dem Friedhof, und in diesen drei Tagen oder maximal einer Woche muss alles geregelt werden. Das ist ein Riesen-Zeitdruck. Ein Riesen-Stress entsteht, nur damit dieser Termin von 30 oder 45 Minuten, möglichst vormittags, eingehalten werden kann. Aber dagegen kann man sich wehren, das muss man nicht so machen, oder?

Nein. Es ist natürlich für einen Bestatter am einfachsten, wenn er den Friedhof fragt, wann ein Termin frei ist, und dann einen Zeitpunkt zugewiesen bekommt. Daraufhin bekomme ich einen Pfarrer zugewiesen, der an diesem Tag zu dieser Zeit Dienst hat. Das ist dann nicht unbedingt jemand, zu dem ich auch eine Verbindung habe oder den ich kenne. Viele Leute glauben, das sollte alles am besten innerhalb einer Woche geschehen. Sie haben auch die Illusion: Wenn das geschehen ist, dann komme ich zur Ruhe, dann ist alles erledigt, und dann kann ich in Ruhe sortieren. Ich kann das aber auch ganz anders angehen. Ich kann die Frist verlängern lassen. Dafür braucht es nur eine Mail, die der Bestatter verschickt, und ich habe dann zwei Wochen Zeit, so dass alle Gäste auch die Möglichkeit haben, sich frei zu nehmen und ihre Anreise zu organisieren.

Oft ist es auch so, dass die Termine auf dem Friedhof vormittags sind oder mittags, nicht am Freitag oder Samstag, am Sonntag schon gar nicht. Das heißt, dass die Zeiten total ungünstig für die meisten Gäste liegen.

Freitage sind die beliebtesten Tage für Beerdigungen, damit Gäste anreisen können und die Familie Zeit miteinander verbringen kann. Aber die Friedhofsverwaltungen denken vorrangig in den Werktagen von Montag bis Donnerstag. Gerade in großen Städten ist es so, dass jeder Friedhof unterschiedlich zeitlich genutzt wird. Zum Beispiel wird auf einem Friedhof montags und donnerstags beerdigt; die gleiche Kolonne ist dann dienstags und freitags auf einem anderen Friedhof. Auf einem ganz kleinen Friedhof besteht vielleicht nur mittwochs die Möglichkeit, dort die Beerdigung zu organisieren.

Bei euch in den »Gärten der Bestattung« kann man im Grunde beisetzen, wann immer man will?

Genau. Die Menschen müssen sich natürlich erst einmal trauen, diese Fragen zu stellen. Ein Ehemann hat das kürzlich gemacht und uns gefragt, ob er seine Frau bei Mondschein beisetzen kann? Er hat uns erklärt, dass er mit seiner Frau gerne Mondscheinspaziergänge gemacht hat. Mit diesem Wissen konnten wir den Pfarrer fragen, ob das möglich wäre. Und überraschenderweise hat er ja gesagt. Wir sind dann bei Vollmond um zehn Uhr abends mit Laternen und den Trauergästen zum Grab gegangen. Der Ehemann hat die Urne mit der Asche seiner Frau selbst getragen und das Grab so geschmückt, dass es hell und feierlich und angenehm war. Das hatte eine große Bedeutung für ihn, diesen letzten Mondscheinspaziergang mit seiner Frau zu machen.

Wir lernen daraus, dass wir uns an dieser Stelle nicht fraglos an Vorschriften halten sollten?

Der Tod ist wahrscheinlich sogar der beste Lehrmeister zum bürgerlichen Ungehorsam. Das heißt, dass wir Vorschriften auch einmal in Frage stellen. Es geht beim Abschied von einem Menschen nicht um Effizienz oder Bequemlichkeit der Friedhofverwaltung. Es geht darum, dass das eine tiefe Bedeutung für die Person hat, die es betrifft.

Nun geraten Menschen ja in eine Ausnahmesituation, wenn jemand stirbt. Ich kann mir vorstellen, dass mir da nicht unbedingt der Gedanke kommt: Ich will jetzt das und das oder ich will das selbst machen oder ich will am Wochenende bestatten. Sondern die meisten sind irgendwie froh, wenn der Bestatter einem das abnimmt und sagt, wo es langgeht. Die meisten Bestatter halten sich an die Leitplanken, die die Friedhofsverwaltung vorgibt.

Es geht dabei auch immer um Arbeitsorganisation und Effizienz.

Aber auf der anderen Seite sollte ich als Trauernder den Mut haben oder auch einfach nur wissen, dass ich auf jeden Fall fragen darf?

Genau, ich kann in Frage stellen, ob das nicht auch anders sein kann. Und ich gehe davon aus, wenn Menschen uns eine Frage stellen, haben sie einen guten Grund dafür.

Ich kann also einfach sagen: Ich möchte das jetzt so, ich möchte, dass die Urne noch zu Hause steht. Ich möchte den Toten zu Hause länger aufbahren als 36 Stunden. Ich möchte am Wochenende bestatten. Das kann ich verlangen oder sogar einfordern. Ich glaube, dass viele Bestatter bereit wären, da mitzugehen ...

Es wäre die Aufgabe des Bestatters, Möglichkeiten zu schaffen. Ich kann es zumindest versuchen.

WARUM BRAUCHT TRAUER EINE HEIMAT?

Heimat ist ein oft überstrapazierter Begriff. In Bezug auf Trauer bedeutet Heimat, einen vertrauten Ort zu haben. Wenn jemand stirbt, sind die eigenen vier Wände der beste Ort, um sich von dem Toten zu verabschieden.

David, »Trauer braucht eine Heimat« – das ist ein Satz, der mich an deinen Vater erinnert, an Fritz Roth. Hat er diesen Satz eigentlich erfunden?

Ich glaube ja. Eines seiner Bücher hieß »Trauer ist Liebe«, und auch die These »Trauer braucht eine Heimat« geht auf ihn zurück.

Warum braucht Trauer eine Heimat?

Das gibt uns einfach Sicherheit, einen vertrauten Raum zu haben. Aus dieser Vertrautheit heraus kann man eher begreifen, was da gerade geschehen ist.

Was genau bedeutet das? Was ist in diesem Zusammenhang mit Heimat gemeint?

Gemeint ist zum Beispiel, dass unser Bestattungshaus nur eine Alternative gegenüber zu Hause sein kann. Weil ich zu Hause vertraute Räume habe, wo ich genau weiß, wo alles ist, was ich darf, wo die Menschen sind, die mir nah sind, und wo ich mir vorstellen kann, dass ich Menschen empfange, wo ich mich einfach blind zurechtfinde. Das gibt mir sicheren Grund.

Hier im Bestattungshaus gibt es auch Räume, in denen ich Abschied nehmen kann.

Ja, es ist aber immer nur der zweitbeste Ort gegenüber zu Hause, wo der Tote auch bleiben kann. Verbleiben kann er die gesetzlichen 36 Stunden, aber auch darüber hinaus, bis ich bewusst meinen Verstorbenen weggeben kann.

Vielleicht wollen viele ihre Toten nicht mehr zu Hause haben, weil sie gar nicht mehr wissen, dass das früher normal war. Die Menschen sind zu Hause gestorben und der Tote wurde zu Hause aufgebahrt. Und zwar nicht irgendwo im Keller oder in der Abstellkammer, sondern oft im Wohnzimmer, im besten Raum.

Oder in der guten Stube, wo er sonst sein Nickerchen gemacht hat und sich wohlgefühlt hat.

Warum haben wir das aus dem Blick verloren?

Weil wir das um uns herum nicht mehr erleben und es nicht groß thematisiert wird. Wenn ich davon erzähle, erinnern sich viele. Ja, stimmt, das war früher so! Dann nimmt man an, dass es heute verboten ist, oder man fürchtet etwas falsch zu machen. Viele denken, das sei unhygienisch, das könnte irgendwie gefährlich sein. Wir haben auch so Vorstellungen, dass die Veränderungen bei einem toten Körper ganz schnell gehen und das innerhalb kürzester Zeit ein großes Schlamassel entsteht.

Wenn ich einen Leichenwagen sehe, dann denke ich eher daran, dass der Tote von irgendwo abgeholt wird. Aber man könnte auch sagen: Wenn Opa oder Oma im Seniorenheim gestorben sind, sollen sie nochmal zu mir gebracht werden?

Ja, dass sie noch einmal in eine vertraute Umgebung gebracht werden, weil ich nicht möchte, dass sie in einer sterilen Box liegen.

Nun ist Heimat ein Begriff, den man relativ oft hört. Im Moment wird sehr viel über Heimat gesprochen. Ist es heute noch so, dass Menschen in ihre Heimat wollen, um da in die Erde gebettet zu werden? Wie erlebst du das?

Wir haben ein Heimatministerium, wir haben jahrelang die Diskussion über Homeland in den Vereinigten Staaten gehabt. Es geht heute dabei auch immer um Identität, um Abgrenzung. Heimat lässt sich sehr, sehr unterschiedlich deuten.

Trotzdem: Hast du den Eindruck, wenn jemand verstirbt, dass die Leute lieber wieder zurück auf ihre Scholle wollen, dahin, wo sie geboren sind?

Heimat war gerade für Menschen, die aus einer anderen Kultur hierhin gezogen sind, zum Anfang der 1960er-Jahre für Migranten aus der Türkei, immer ein großes Thema. Da war es früher so: Sobald jemand starb, ging der ganze Prozess los, ihn wieder in die Heimat zu bringen. Das lässt aber in den letzten Jahren massiv nach, weil man inzwischen mit dieser Heimat vielleicht auch gar nicht mehr so groß vertraut ist und es da die unterschiedlichsten Hürden gibt. Oder auch die Heimat gar nicht mehr wirklich erreichbar ist.

Abgesehen von denen, die nicht mehr zurück können, weil die politische Situation es nicht zulässt ...

Viele wollen bei den Kindern bleiben. Es kommt auch vor, dass die Kinder wegen des Studiums, der Liebe, der Arbeit sonst wohin ziehen und die Eltern irgendwann nachgeholt werden. Wir sind heute viel mobiler geworden.

Ich empfinde das als gutes Zeichen, wenn, um zum Beispiel bei den Türken zu bleiben, die hier ihr Leben verbracht haben, sie auch mittlerweile hier auf den Friedhöfen bestattet werden.

Ich finde das auch gut. Integration braucht Zeit.

Es ist ein Zeichen dafür, dass Integration stattgefunden hat, wenn die Menschen nach dem Tod nicht mehr in eine Heimat zurückwollen, die sie vielleicht vor 40, 50 Jahren verlassen haben.

Genau. Es spricht dafür, dass man Wurzeln und Verbindungen aufgebaut hat. Und auch etwas aus den Kulturen übernimmt, in die man kommt.

Viele Friedhöfe werden von den Kirchen verwaltet. Aber auch wer Muslim ist, kann sich dort beerdigen lassen?

Ich habe das schon erlebt mit Freunden von mir, die ein Kind verloren haben. Wir haben dann auf einem katholischen Friedhof ein Grab gefunden, das die Kriterien erfüllte, die ein Muslim an sein Grab stellt, in der Ausrichtung des Grabes, wie das insgesamt gestaltet wird. Das war gar kein Problem. Mit einem bisschen guten Willen kann ich etwas Gemeinsames machen.

Die Gräber sind dann Richtung Mekka ausgerichtet?

Genau.

Und wie ist das mit dem Sarg? In muslimischen Ländern wird nicht in einem Sarg bestattet, sondern in einem Tuch. Hier gab es oder gibt es noch den Sargzwang. Wie ist das in solchen Fällen?

Wenn jemand das möchte, kann er ohne Sarg bestattet werden. Die Frage ist dann, wie ich das gestalte, wenn jemand ohne Sarg bestattet wird. Dann wird so eine Art Verbau um den Verstorbenen herum geschaffen, der ihn vor der Erde und Ähnlichem schützt. Da gibt es Zwischenformen, wenn man sich nicht so ganz vertraut fühlt mit diesen Ritualen. Man nimmt zum Beispiel einen Unterkasten des Sarges oder ein Brett, um denjenigen damit herabzulassen in den Tüchern, und sieht zu, dass das möglichst behutsam und liebevoll und sorgfältig geschieht.

LÜGEN TRÄNEN NICHT?

Am Grab sind Tränen meistens echt. Denn Trauer ist ein Gefühl, das einen regelrecht überwältigen kann. Grundsätzlich muss sich niemand seiner Tränen schämen. Schon gar nicht, wenn man um einen geliebten Menschen trauert.

David, wann bist du das letzte Mal jemandem begegnet, der geweint hat?

Durch meine Arbeit begegne ich weinenden Menschen fast täglich. Aber ich finde, man begegnet auch auf der Straße Menschen, die weinen aus den unterschiedlichsten Gründen. Sei es vor Glück oder weil sie vielleicht gerade ein Problem haben. Selten traut sich jemand zu fragen: Was ist denn los? Wie geht es dir oder warum weinst du?

Wenn du mit Menschen sprichst, die zu dir kommen, weil sie einen Trauerfall in der Familie haben: Lassen die Menschen Gefühle zu? Oder hast du eher den Eindruck, sie versuchen, ihre wahren Gefühle wie Trauer und Schmerz und Leid zu verbergen?

Häufig versuchen sie erst einmal, ganz stark zu sein. Ich komme oft in die Situation, dass mir Leute, wenn ich sie grüße, danken. Sie nehmen an, ich hätte »Herzliches Beileid« oder Ähnliches gesagt.

Heißt das, ihr sagt zu den Menschen, die hierherkommen, nicht »Herzliches Beileid«?

Wir sagen erst einmal »Guten Tag«. Wir wünschen den Menschen trotz der Situation einen guten Tag, wir versuchen, sie kennenzulernen und zu erfahren, was da gerade überhaupt geschehen ist. Ich versuche, jeden erst einmal kennenlernen. Es gibt kein Patentrezept, außer Zuhören. Dann kann ich mich annähern, sehen, was wirklich für den Menschen bedeutungsvoll ist.

Es heißt ja »Herzliches Beileid«. Und Beileid ist ein merkwürdiges Wort: Sind wir jetzt dabei, während andere leiden? Oder leiden wir mit ihnen? Dann wäre es eher Mitleid, oder? Viele Menschen, die hierherkommen und einen Trauerfall haben, hast du ja noch nie vorher gesehen. Ist es da nicht fast ein bisschen verlogen, wenn Bestatter sagen: Herzliches Beileid!

Das ist total verlogen. Ich finde es auch happig, wenn zum Beispiel unsere Auszubildenden einen Punktabzug bekommen, wenn sie in der Prüfung ein Trauergespräch simulieren und nicht damit anfangen. Wir wollen, dass sie authentisch sind.

Sie bekommen eine schlechtere Note, wenn sie im Prüfungsgespräch nicht »Herzliches Beileid« sagen?

So ist es. Das sind ja merkwürdige Kriterien, wenn versucht wird, alles in einen starren Ablauf zu pressen. Aber jedes Gespräch hier ist anders. Ich erlebe oft im Gespräch, dass wir später erst an Punkte kommen, an denen sich jemand öffnet und weinen kann und sieht, dass es in Ordnung ist, vor anderen zu weinen und dass es kein Zeichen von Schwäche ist. Gleichzeitig ist kein Gespräch so traurig, dass wir nicht irgendwann mal lächeln können. Zum Beispiel, wenn wir uns daran erinnern, was schön, was gut war, was wir gerne machen würden oder warum wir den anderen liebhatten. Manchmal wird dann auch gelacht.

Gibt es so etwas wie eine Checkliste, die ihr durchgeht, wenn jemand hierherkommt? Wisst ihr immer, das und das und das muss ich ansprechen? Abgesehen von den Dingen, die man ansprechen muss, die als Nächstes passieren sollen, die quasi technischen Vorgänge?

Die erste Frage ist immer: Wie können Sie sich vorstellen, dass wir Ihnen helfen können? Was ist wichtig, was würden sie gerne machen?

Du gehst nicht hin und sagst: Sie brauchen den und den Sarg, dann kommt das Totenhemd und dann buche ich Ihnen einen Slot auf dem Friedhof?

Nein. Ich könnte mir meine Arbeit unglaublich leicht machen, wenn ich solche Fragen stelle wie: Welcher Friedhof? Welche Konfession? Dann wählen wir noch Sarg und Blumen aus oder die Urne und dann war's das. So finden viele Gespräche in der Branche immer noch statt. Bei uns geht es zunächst um ganz andere Aspekte. Es geht darum zu schauen, wie man von einem »Was muss ich denn jetzt machen?« zu einem »Was möchte ich denn machen?« kommt. Es geht darum, erst einmal eine Beziehung zueinander aufzubauen, die Menschen überhaupt befähigt, dass sie uns sagen, was ihnen wichtig ist. Ich kann nur dem sprechenden Menschen helfen. Ich kann hier keine Wellness-Behandlung durchziehen nach dem Motto: Wir machen jetzt das und das, dann gehen wir Abschied nehmen. Es geht darum, etwas zu tun, was wirklich eine Bedeutung hat.

Davon höre ich immer öfter. Särge werden bemalt, Urnen selbst gebastelt, auf der Trauerfeier soll kein Pfarrer sprechen, sondern ein Trauerredner oder die Freunde sollen etwas sagen. Gebt ihr den Menschen Hinweise? Macht ihr

243

Vorschläge? Oder ist es wirklich etwas, was jeder selbst herausfinden muss?

Wir können nur Ideen oder Beispiele geben. In einem Raum bei uns sind zum Beispiel Bilder zu sehen, die eine Tochter am offenen Sarg ihrer Mutter gemalt hat, als sie Abschied nahm. Diese Bilder vermitteln ein Gefühl für die zeitliche Dimension und die Abläufe: Wie chaotisch alles am Anfang ist, wie ich anfange zu begreifen, bis ich selbst bereit bin, für mich den richtigen Zeitpunkt zu finden, den Verstorbenen wegzugeben. Was hat uns verbunden, was war in der Beziehung wichtig? Zum Beispiel, kann ich nochmal was kochen und das dem Verstorbenen mit in den Sarg legen; man kann darüber nachdenken, ob es einen besonderen Ort gibt, an dem die Trauerfeier stattfinden soll. Oder ob es persönliche Lieder gibt. Zum Beispiel das Lied, bei dem man sich kennengelernt hat.

Was ist, wenn jemand zu euch kommt und sagt: Ich habe einen Trauerfall, ich möchte einen Termin auf dem Friedhof haben, bucht mir 30 Minuten. Ich möchte einen normalen Sarg haben und ich möchte den Toten nicht mehr anschauen. Ist das für euch auch in Ordnung?

Klar. Niemand muss hier für mich etwas machen. Sei es Abschied nehmen, trommeln, tanzen oder mir vorgaukeln, wie lieb er jemanden hatte. Das muss nicht sein. Ich bin für jede Idee und Frage offen und dafür, jemanden auszuhalten, bis er es wirklich weiß. Am Anfang ist ein Trauernder oft ganz tonlos, weiß nicht, wie er sich verhalten soll, die Situation ist unfassbar mit all ihren widerstreitenden Gefühlen. Das gehört dazu. Nach und nach findet er oder sie dann Worte, um zu sagen, was er bräuchte, und kann die eigenen Bedürfnisse ein bisschen besser ergründen.

Noch einmal zum Thema Tränen. Wie geht es dir damit, wenn jemand vor dir sitzt und in Tränen ausbricht?

Das ist sehr, sehr unterschiedlich. Wenn ich das gerade alles nachvollziehen kann, kann es passieren, dass ich davon angesteckt werde. Als sehr junger Mensch war das sehr schwierig für mich, wenn wir in einen Raum gingen, zum Abschiednehmen, und dann noch einmal alles aus den Familien herausbrach. Das hatte auch eine große körperliche Dimension, man spürte das in seiner Brust. Das hat es heute noch. Ich muss in irgendeiner Form gefasst sein. Aber was kann ich anders als das zulassen?

Gibt es einen Unterscheid zwischen Trauer und Betroffenheit; viele weinen auch, wenn sie von Katastrophen hören, die sie gar nicht wirklich betreffen?

Wir hören praktisch jeden Tag von Katastrophen, von Verbrechen, von Terroranschlägen. Das passiert heute jeden Tag. Dann kommt es zu Solidaritätsbekundungen, zu dem Ausdruck persönlicher Betroffenheit. Das ist aber in der Regel wie ein Hintergrundrauschen, das in den nächsten heftigen Vorkommnissen untergeht. Wenn wieder irgendwo ein Kind getötet wurde oder ein Mensch in der Schalterhalle einer Bank einfach liegen gelassen wurde und dann dort gestorben ist. Das macht Menschen natürlich betroffen. Es zeigt aber auch, dass wir es nicht mehr gewohnt sind, tatsächlich damit umzugehen. Das heißt, entweder in so einer Situation zu handeln, um zu verhindern, dass da etwas geschieht. Oder aber uns nachher damit zu befassen.

Wer weint mehr bei dir, Männer oder Frauen?

Jeder hat eine eigene Art zu trauern. Das ist gerade dann schwierig, wenn zum Beispiel ein Paar ein Kind verliert, sich gegenseitig die unterschiedlichen Bedürfnisse zuzugestehen. Trauer geht nicht unbedingt vorbei, sondern ich lerne damit umzugehen. Am Anfang versuchen Menschen oft, gefasst zu sein, gerade emotionale Momente zu vermeiden, wenn sie zum Bestatter kommen. Sie haben Angst davor, davon zu sehr berührt zu werden. Aber wenn nicht jetzt, wann dann eigentlich? Gerade im Angesicht des Todes kommt der Moment, wo wir merken: Wir müssen nicht für andere stark sein. Einigen fällt das leichter als anderen. Und das sind sicherlich Frauen.

IST TRAUER FÜR JUGENDLICHE HÄRTER?

Es gibt kein Patentrezept für den Umgang mit dem Tod.
Jeder Mensch trauert auf seine ganz persönliche Art.
Die Trauerbegleiterin Stephanie Gotthardt begleitet
Jugendliche, die einen Verlust erlitten haben.

Stephanie, trauern Jugendliche anders als Erwachsene?

Ich glaube, generell nicht. Allerdings ist das ein Bereich, der noch relativ unbekannt ist und mit dem sich nicht viele befassen. Viele befassen sich mit Kindern, viele befassen sich mit Erwachsenen. Dazwischen sind Jugendliche nach meiner Einschätzung heute eher noch eine ungelesene Black Box. Das mag auch daran liegen, dass in dieser Zeit so viele Umbrüche vor sich gehen. Kinder sind erst einmal am Außen orientiert, »Lernen am Modell« ist vielen ein bekannter Begriff. Sie schauen: Wie trauern die Eltern, wie trauern die Großeltern, wie geht man mit Trauer um? Wenn die Pubertät beginnt, fängt auch eine Kehre nach innen an, im Gefühlsleben sich vom Außen ins Innen zu orientieren. Das ist ein Umbruch, in dem sich Jugendliche befinden. Wenn dann ein Verlust eintritt, der schmerzlich ist, dann ist man erst einmal in Orientierungsnot: Was ist das jetzt? Im Außen kenne ich das, aber ich spüre plötzlich auch etwas in mir selbst, wie kann ich diese Gefühle einsortieren? Wo finde ich Orientierung und Halt? Das machen Jugendliche nach meiner Erfahrung eher mit sich selbst aus. Sie ziehen sich zurück. Dann muss ich versuchen, anders zu arbeiten: Weniger über das Gespräch, sondern wir gehen dann eher in kreatives Arbeiten. Musik und Spiritualität sind für mich ein kraftvoller Zugang, in dem Jugendliche auch Interesse haben, sich mit ihrer Trauer zu beschäftigen. **247**

Musik heißt, ihr macht zusammen Musik? Oder hört ihr Musik und redet darüber? Wie genau läuft das ab?

Musik kann uns sehr tief berühren, das wissen wir alle. Was ist die Lieblingsmusik für den Teenager zum Beispiel? Ergänzend kann ich auch damit arbeiten, was beispielsweise die Lieblingsmusik des Mitschülers war, der verstorben ist. Wenn man dann so etwas spielt, kann eine Aktivierung des Trauerprozesses geschehen. Es reicht aber nicht, jemanden nur in die Trauer zu bringen. Sondern es geht auch darum, diese Gefühle gemeinsam mit dem Jugendlichen stimmig zu integrieren.

Welche Erfahrung hast du mit trauernden Jugendlichen gemacht, David?

Ich habe bisher mit trauernden Jugendlichen die Erfahrung gemacht, dass sie ganz froh waren, wenn sie sowohl Angebote bekamen, wie sie sich zum Beispiel durch Malen, durch Gemeinschaft, durch gemeinsame Aktivität, damit befassen konnten, als auch Rückzugsmöglichkeiten hatten. Das heißt zugleich, Offenheit und Freiheit anzubieten. Ich erinnere mich an einen jungen Menschen mit sechzehn Jahren, der ganz plötzlich gestorben ist, und sich die Eltern dann zum ersten Mal überhaupt mit seiner Musik befassten. Sie haben überlegt, wie können wir seine Freunde einladen, ihnen auch eine Aufgabe geben, so dass es nicht diese übliche Trauerfeier wird mit Lebenslauf, sondern ein persönlicher Abschied? Es wurde dann seine Musik gespielt, davon gesprochen, was seine Hoffnungen und Träume waren, was er in der Schule erlebt hat. Und sein Rucksack ging durch die Reihen, ähnlich wie beim Wichteln: Jeder konnte ihm irgendetwas hineinstecken. Das war sehr sehr berührend.

Gehen Jugendliche anders damit um, wenn jemand aus ihrem Freundeskreis stirbt oder wenn es jemand aus der Familie trifft? Ich denke, wenn die Oma oder der Opa stirbt, die vielleicht 80 Jahre alt gewesen sind, ist abzusehen gewesen, dass irgendwann das Ende kommt. Dagegen ist es bei einem Freund, der im gleichen Alter ist, unerwartet, wenn er stirbt.

Die Heftigkeit ist nicht zu unterschätzen, wenn die Großeltern sterben. Gerade in der heutigen Zeit, in der Eltern weniger Zeit haben für ihre Kinder und Jugendlichen, sind Großeltern sehr oft sehr wichtige Bezugspersonen. Für viele Kinder und Jugendliche ist es deshalb besonders schmerzhaft, wenn die Großeltern sterben, glaube ich. Wenn ein Mitschüler stirbt, dann ist da zuerst die Reaktion: Oh, es sterben ja auch Menschen in meinem Alter. Das heißt, es findet eine Identifikation statt. Ich sehe dann oft Eltern, die hilflos neben ihren Kindern und Jugendlichen stehen und nicht wissen, was sie tun sollen.

Was würdest du den Eltern raten, wie sie sich in so einer Situation verhalten sollen?

Liebevoll das Kind wahrnehmen. Manchmal ist es traurig, wenn Eltern sich erst nach dem Tod ihres Kindes mit der Lieblingsmusik beschäftigen und es vorher gar nicht so gut kennen und davon etwas wissen. Ich habe auch schon Eltern zum Abschied an den Sarg begleitet, die sagten: »Ach hätte ich das doch gewusst, dann hätte ich mein Kind vielleicht nicht in die Ganztagsbetreuung geschickt.« Ich habe selbst drei Kinder und denke, es ist die beste Lebensversicherung, Zeit mit den Kindern zu verbringen. Auf solche Situationen kann man sich nicht vorbereiten, man kann da nicht richtig oder falsch machen. Aber es gibt Trost, wenn ich die Zeit, die mir mit den Kindern geschenkt wird, versucht habe zu gestalten und zu leben, statt daran vorbeizuleben.

Ist es tatsächlich so, dass, wenn die Großeltern versterben, Kinder das nicht so wahrnehmen können, dass das Leben der Großeltern irgendwann zu Ende gehen muss? Als Erwachsene wissen wir: Wenn sie 80 Jahre alt sind, dann dauert es keine 50 Jahre mehr, bis sie sterben werden. Aber bei Kindern scheint das nicht so zu sein, dass sie sich das so rational überlegen?

Kinder leben noch mehr mit dem Gefühl. Sie spüren, was sie verlieren. Sie möchten nicht die Liebe und die Verbindung zu diesem Menschen, die sie in diesem Moment fühlen, durch den Sachaspekt verlieren. Da reicht auch nicht die Erklärung, na ja, der Opa war sehr krank. Das tut trotzdem unendlich weh, und erst einmal gibt es da keine neue Perspektive. Wer kann den Opa ersetzen? Er wird niemals ersetzbar sein. Aber wie kann ich vielleicht in mir eine Idee entwickeln, wie das, was Opa mir beigebracht hat, auch in mir weiterleben kann?

David, kannst du Eltern einen Rat geben, wie sie mit Jugendlichen umgehen sollen in der Situation?

Meine Kinder sind noch recht klein. Ich habe das Gefühl, bei Kindern ist immer irgendwo eine Unsicherheit. Wie sie das dann nachher annehmen oder nicht, dafür würde ich gar nicht so schrecklich viele Pläne machen. Sondern einfach offen sein, für sie da sein. Als mein Vater starb, sind meine Kinder ganz unterschiedlich mit der Situation umgegangen. Mein Zweiter hat alles untersucht, über alles gesprochen, alles mitgemacht. Für meine Älteste war das offensichtlich nicht so ihr Thema. Sie ging teilweise sehr pragmatisch damit um. Im Endeffekt habe ich das Gefühl, beide sind gut damit klargekommen. Ich denke, wichtig ist: einfach dabei sein, Zeit miteinander verbringen, offen sein, Gesprächsangebote machen. Und dann schauen, wie die Situation sich entwickelt.

TRAUERN MÄNNER ANDERS?

Ein bisschen schon. Männer wollen bessere Väter sein und üben sich darin, Gefühle zu zeigen. Das sieht man auch daran, dass sie anders mit Trauer umgehen als die Generationen ihrer Eltern und Großeltern.

David, trauern Männer anders als Frauen?

Die meisten würden wohl annehmen, dass das so ist. Es gibt kaum Untersuchungen zu diesem Thema, aber was sich abzeichnet, ist: Männer sind selten in Trauergruppen, Männer sprechen seltener über dieses Thema. Wenn ich auf einer Konferenz oder einer Messe bin, sehe ich, dass es hauptsächlich Frauen sind, die sich mit dem Thema befassen.

Interessant ist auch, dass es große Unterschiede gibt, wenn man sich die Abschiedsrituale anguckt, oder überhaupt die Rituale rund um die Bestattung. Die schwarze Kleidung zum Beispiel ist etwas, was früher sowohl von Männern als auch Frauen getragen wurde, nachdem jemand gestorben war. Dann gab es das Trauerjahr. Dazu habe ich einmal gelesen, das würde nur für die Witwe gelten?

Das ist mir unbekannt. Aber vom Mann wurde immer relativ schnell wieder erwartet, dass er arbeitet. Und wenn ein Mann in einem schwarzen Anzug unterwegs ist, unterscheidet sich das nicht groß von der Arbeitstracht, die er in der Bank oder im Büro trägt. Und man geht immer noch davon aus, dass Gefühle eher etwas für Frauen sind. Ein Mann sollte sich nicht so gehen lassen, nach dem Motto »Das Leben geht weiter«. Früher habe ich bei Männern viel beobachtet, dass sie relativ schnell wieder in einer

Leistungsfähigkeit waren, wenn ihre Frau gestorben ist, und sich eine Dame gesucht haben, die sie unterstützt im Haushalt, sie versorgt. Während Frauen sehr lange zu den Trauergruppen gegangen sind, gerade wenn dieser Aspekt des Versorgens weggefallen ist.

Heute ist ja vieles ganz anders, Frauen arbeiten genauso viel wie Männer. Warum sollte es da Unterschiede im Umgang mit Trauer geben? Wie ist es denn in anderen Kulturen, wo Männern und Frauen ganz unterschiedliche Aufgaben zukommen, wenn jemand gestorben ist?

In anderen Kulturen ist vieles, was wir heute für uns neu entdecken, ganz üblich. Wir sehen ja auch, wie die Gesellschaft sich bei uns zu Lande verändert. Wenn ich mir heute anschaue, wie Kinder erzogen werden – es wird von einem Mann schon erwartet, dass er für die Kinder viel mehr da ist, als ich das zum Beispiel bei meinen Großeltern erlebt habe. Die waren immer mit Arbeit beschäftigt oder irgendwas am Bauen. In anderen Kulturen werden bei Männern andere Verhaltensweisen als normal betrachtet. Zum Beispiel in Griechenland, wo ich vor vielen Jahren bei Jorgos Canacakis meine Ausbildung zum Trauerbegleiter gemacht habe, hat man uns die »Myroloja«, die traditionellen Trauergesänge nähergebracht. Die wurden von Männern vorgetragen. Es war nicht irgendwie ehrenrührig, dass einem Mann im wahrsten Wortsinne das Lamentieren zukam und diese Trauer auch öffentlich ausdrückte, so dass die Trauer gesehen und gehört wird. Oder denken wir an das Taj Mahal, ein Mausoleum, das ein Maharadscha für seine verstorbene Frau hat bauen lassen. Georg Kronthaler, den wir vor einigen Jahren als ersten Preisträger der Fritz Roth Stiftung geehrt haben, ist auf einen der höchsten Berge der Welt geklettert, weil er den Umstand nicht ertragen konnte, dass sein tödlich verunglückter Bruder dort auf dem Gletscher liegt. Er hat gegen die heftigsten Widerstände sowohl physischer Natur als auch aus seinem Umfeld oder auch psychischer Natur aus seiner Trauer heraus Berge versetzt und seinen Bruder da runtergeholt. Gefühle und Trauer drücken sich offensichtlich auch in anderen Formen aus.

Von Klagemännern hatte ich noch nicht gehört. Ich kenne die Tradition in Italien, die ich auf Sizilien einmal gesehen habe: Wenn jemand stirbt, kommen Klageweiber ...

Doch, es gab auch Männer, die in Trauerritualen eine Rolle spielen – zum Beispiel den Leichenbitter.

Was ist das, ein Leichenbitter?

Das ist jemand, der durchs Dorf geht und die anderen zur Leiche bittet. Das ist sicher eine Aufgabe, die nicht ohne Emotionen geht. Ich denke hier an das grandiose Programm von Rainer Pause, »Tod im Rheinland«, das er für uns auf die Beine gestellt hat. Da wird in sehr larmoyanter Art und Weise der Verlust von einem Vereinskameraden betrauert. Das Melodramatische ist vielleicht Männern doch nicht ganz fremd ...

In Indien gab es eine Tradition, dass Frauen mitverbrannt wurden, wenn ihr Mann starb. Die Familien, in denen das geschah, wurden dann verehrt. Ich habe noch nie von einer Tradition gehört, dass ein Mann mitverbrannt wurde, wenn seine Frau gestorben ist, um der Familie Ehre zu erweisen.

Von einer Witwe erwartete man früher, dass sie traurig nie wieder einen Mann finde und natürlich ihren verstorbenen

Man zeitlebens abgöttisch verehre. Zum Glück denken wir heute anders. Die lebenslang trauernde Witwe war vielleicht immer nur ein Klischee.

Auf jeden Fall gibt es die Operette »Die lustige Witwe« – und da ist es genau andersrum. Aber schauen wir auf heute: Ist die Art und Weise, wie wir mit Trauer umgehen, eine Frage der Erziehung? Du hast schon angedeutet, dass es damit viel zu tun hat.

Ja. Als Junge hörte man immer so etwas wie »Indianer kennen keinen Schmerz!«, »Sei kein Mädchen!«. In der Vergangenheit wurde ein ganz anderer Fokus auf die Erziehung von Jungen gelegt. Und wenn dieses Hinfühlen als Kind nicht stattfindet, wenn wir unseren Kindern nicht mehr zeigen, wie das ist bei einer Trauerfeier, wenn der Papa traurig ist, wenn alle am Weinen sind in der Öffentlichkeit, und dass das o.k. ist – dann können wir nicht erwarten, dass sie später selber das Bedürfnis spüren, über ihre Gefühle zu sprechen.

Wie ist es denn tatsächlich, wenn bei dir Trauerfeiern stattfinden? Wie erlebst du die Männer? Und wie erlebst du die Frauen? Gibt es da heute noch große Unterschiede?

Eigentlich nicht. Bei einer Trauerfeier sitzt die Familie in der ersten Reihe, mit den sehr intensiven und tiefen Gefühlen, dem ganzen Schmerz. Wenige Menschen sind in einer Situation wie wir, dass wir diese Trauergemeinde auch von vorne sehen, dass wir den Trauergästen ins Gesicht blicken. Und da sehe ich keine großen Unterschiede. Da sehe ich, wie sich bei den meisten die Emotionen Bahn brechen. Alles fließt, manchmal sehen wir dieses etwas versteinerte Gesicht, dieses trockene Weinen. Als Gesellschaft haben wir immer noch Konventionen à la: Wie darf ich als Mann sein? Wir lesen in den Anzeigen dauernd diesen Hinweis: »Von Beileidsbekundungen am Grab bitten wir Abstand zu nehmen«. Damit nicht doch die Fassade bröckelt. Ich glaube aber, dass wir in den nächsten Jahren noch deutlicher sehen werden, dass auch Männer zu diesen Gefühlen stehen und es als ganz natürlich empfinden, dass sie weinen dürfen.

Ist das nicht eine sehr gute Entwicklung?

Absolut. Das ist eine positive Entwicklung der Emanzipation, und ich denke, es wird langsam Zeit, dass Männer auch ihre Emanzipation vollziehen und zu ihrer Trauer stehen.

WAS EMPFINDEN WIR, WENN PROMIS STERBEN?

Wenn bekannte Persönlichkeiten sterben, legen Menschen Blumen, Kerzen, Teddybären vor deren Haustür ab. Ihr Tod macht uns betroffen, auch wenn wir sie nur aus dem Fernsehen kannten. Trotzdem sind Betroffenheit und Trauer zwei verschiedene Themen.

David, Avicii ist gestorben, David Bowie, Prince, Götz George – und jedes Mal wird darüber geredet, wie groß die Trauer um diese Prominenten ist. Jetzt einmal abgesehen von den Angehörigen und Freunden der Toten: Glaubst du, dass Fans trauern? Oder wird da Trauer mit Betroffenheit verwechselt?

Gerade bei Fans ist das ein schwieriges Thema. Aber meistens ist es wohl Betroffenheit. Nur im Fall von Fans ist es so, dass sie an ihr Idol oft sehr nah heranrücken. Sie stellen Gemeinsamkeiten fest, beschäftigen sich intensiv mit dem Künstler, es entsteht so etwas wie eine Beziehung. Das entspricht natürlich nicht unbedingt einer echten Beziehung, in der es einen Austausch gibt und tatsächlich etwas vom Gegenüber zurückkommt. Aber meistens ist es so, dass eine große Betroffenheit entsteht. Besonders dann, wenn jemand wie Avicii sehr jung verstirbt, man sich so viel noch erhofft hat, vielleicht auf ein Konzert gehen wollte. Wir bekommen heute so viel von allem mit, was auf der Welt geschieht, dass der Eindruck entstehen kann, überall wird nur noch gestorben. Betroffenheit ebbt in der Regel sehr schnell wieder ab.

Die Menschen zeigen starke Gefühle. Zum Beispiel sind in Stockholm viele Menschen auf die Straße gegangen und haben spontan so etwas wie eine Abschiedsparty für Avicii gefeiert. Findest du das übertrieben?

Ich finde das toll, ehrlich gesagt. Die Frage ist, ob wir das auch für einen Freund machen würden, der einfach so zu Hause verstirbt? Ob wir uns da dann auch so etwas trauen? Sich das als Gemeinschaft bei einem Künstler zu trauen, fast wie ein Flashmob, ist da womöglich einfacher.

Stichwort »Flashmob«. Bei Avicii trafen sich die Fans zu einer Art Mahnwache. Als George Michael starb, sind Tausende zu seinem Haus gepilgert, bei Lady Di war es gefühlt die halbe Welt. Ist das grundsätzlich okay, dass die Menschen um Prominente so trauern, so betroffen sind, so intensiv Abschied nehmen?

Ich mag das nicht bewerten. Hier im Bergischen sagt man: »Was des een sin Uhl, is des andern sin Nachtigall.« Mit der Betroffenheit ist es wie mit der Liebe oder Schönheit – sie liegt im Auge des Betrachters. Die Betroffenheit des einen lässt sich für einen anderen manchmal schwer nachvollziehen. Es erscheint Nicht-Fans von Avicii, von George Michael oder wem auch immer, dann oft ganz bizarr, weil sie selbst die Gefühle nicht teilen. Beim wochenendlichen Bundesliga-Ritual ist es ähnlich; je nachdem, wie man zum Verein steht, geht es einen an oder eben nicht. Ich finde es toll, wenn Menschen ihrer Betroffenheit und manchmal eben auch Trauer in einer solchen Form Ausdruck verleihen, und denke, das muss man zulassen können. Auch wenn es mir nichts bedeutet, kann ich zulassen, was dem anderen wichtig ist.

Mir ist noch eine Besonderheit aufgefallen: Als der französische Sänger Johnny Halliday gestorben ist, er war in Frankreich ein riesiger Star, war sogar Staatspräsident Macron bei der Trauerfeier anwesend.

Das ist natürlich stilbildend für dieses ganze Land ...

Kannst du dir so etwas auch bei uns vorstellen?

Ich weiß nicht. Als zum Beispiel Harald Juhnke gestorben ist oder Rudi Carrell, habe ich da nach meiner Erinnerung keinen Politiker gesehen. Es kommt auf die besondere Situation an. Die Frage ist: Für wen trauern wir? Eine große Beerdigung hat auch etwas von einem Schaulaufen. Für wen machen wir das? Es gibt Angehörige oder Persönlichkeiten des öffentlichen Lebens, die ihre Familie davor beschützen.

Aber es ist schon auffällig, dass die Franzosen doch anders mit dieser Situation umgehen?

Die Frage ist, wie lange überdauert das? Das ist oft wie ein Strohfeuer.

Wir haben über Prominente gesprochen und die Trauer und Betroffenheit, die der Tod öffentlich auslöst. Andererseits sehen wir in Nachrichten immer wieder, dass irgendwo Krieg ist, ein Terroranschlag passiert ist, wir sehen jede Menge Tote im Fernsehen.

Das ist eine sehr dienstbeflissene Betroffenheit, die da zu erleben ist. Man muss quasi davon betroffen sein und eine leichenbittere Miene zeigen.

Siehst du da keine Trauer, wenn du Menschen im Fernsehen beobachtest?

Es sind gewisse Rituale, die immer wiederkehren bei diesen Unglücken. Gedenkgottesdienste folgen, und wenn die Prominenten und Offiziellen weg sind, bleiben die tatsächlich

Betroffenen, die Familien, zurück. Und sie haben natürlich noch einen sehr langen Weg vor sich. Ich glaube, Trauer setzt immer eine Beziehung voraus. Natürlich kann ich durch solche Ereignisse erschüttert sein. Aber Trauer ist ein sehr persönlicher Prozess. Wir erleben heute die heftigsten Ereignisse über die Medien am laufenden Band. Ab dem Zeitpunkt, wo man persönlich betroffen ist, bis zu diesem Zeitpunkt konnte ich mir vielleicht nie vorstellen, dass es mal einen Tag ohne meine Eltern geben würde. Ich merke dann so nach und nach bei den unterschiedlichsten Gelegenheiten, die mich einfach weiter begleiten werden, wie es ist. Das erste Mal ohne den anderen in den Sommer zu gehen, zu grillen, in Urlaub zu fahren. Und wie ich einfach lerne, mit dieser neuen Situation umzugehen. Während wir das in dieser Weise bei dem Tod eines Künstlers so nicht erfahren. Den Künstler habe ich einfach als Musik wahrgenommen, es kommt dann kein neues Album mehr. Aber ich kann immer wieder das andere und das alte hören.

Betroffenheit stell ich mir so vor, dass ich in dem Moment, wo ich davon höre, natürlich betroffen bin. Vielleicht noch eine Stunde oder zwei, vielleicht auch einen halben Tag. Aber mich dann wieder dem Alltag widme. Trauer hingegen ist keine Sache von Stunden oder Tagen.

Ja, ich glaube, das ist auch graduell anders. Ich muss gestehen, dass ich das bei einem Künstler selbst noch nie in der Heftigkeit erlebt habe. Aber wenn ich an Nine-Eleven denke, als live im Fernsehen die Flugzeuge in die Zwillingstürme rasten, da war ich wie geplättet für den Rest des Tages. Das weiß ich noch genau. Das wurde dann im Laufe der Zeit immer abstrakter. Irgendwann war ich in New York an dieser Stelle und habe die Dame kennengelernt, die die ganzen Erinnerungen, die Briefe und Ähnliches dort für die Stadt New York in ein Museum überführt hat. Seit dem Anschlag waren fast 17 Jahre vergangen, es ist jetzt Mediengeschichte. Etwas länger ist es her, dass mein Opa verstorben ist. Er ist hier immer wieder präsent, an Orten, die wir besuchen, im Verhalten meiner Kinder oder auch in Fragen meiner Kinder.

Ich finde es wichtig, zwischen öffentlicher Trauer und Betroffenheit zu unterscheiden. Das tut aber niemand. Da ist immer vorschnell von Trauer die Rede.

Absolut. Ich würde sagen, Betroffenheit wird manchmal auch noch geschürt. Wir sind in dieser widersinnigen Situation: Auf der einen Seite sagen wir, Trauer muss vorbeigehen, jetzt seid nicht so traurig und so etwas; auf der anderen Seite betonen wir bei Betroffenheit: Wir sind jetzt alle sehr, sehr betroffen. Es fällt uns offenbar leichter, in dieser Betroffenheit Trauer auszudrücken, anstatt in dieser wirklich nahegehenden Trauer die Betroffenheit oder die Trauer anderer auszuhalten und auf sie zuzugehen. Wenn ein großes Unglück geschieht, sind alle direkt da und nehmen Anteil. Während eine trauernde Familie oft erst einmal erlebt, dass keiner da ist. In einer Betroffenheit erlebt man diese Scheu viel seltener, dass Leute sich nicht äußern oder nicht da sein wollen.

Da machen dann doch merkwürdigerweise viele mit ...

Genau. Da machen sehr viele sehr gerne mit. Ich glaube, das sind einfach zwei Paar Schuhe.

WER IST DER BESTE TRAUERBEGLEITER?

Schwer zu sagen. Die Familie oder gute Freunde kommen als Erstes in den Sinn. Daneben gibt es die Möglichkeit, sich professionelle Hilfe bei einem ausgebildeten Trauerbegleiter zu suchen.

Es gibt inzwischen eine ganze Szene, die rund um Trauerbegleitung entstanden ist. Es gibt Menschen, die machen das ehrenamtlich, aber es gibt mittlerweile auch Menschen, die machen das für ein Honorar. David, was hältst du von dieser Welt der Trauerbegleiter?

Das ist eine interessante Entwicklung, die zeigt, dass es ein großes Bedürfnis gibt. Das Thema hat sich in den vergangenen Jahren entwickelt. Es fing etwa Anfang der 80er-Jahre an, dass Trauerbegleitung zum Thema wurde und erklärt wurde, wie wichtig trauern ist. Es gibt drei große Namen, die das Thema auch in Deutschland bekannt gemacht haben, und auf die viele der heutigen Konzepte zurückgehen.

Wer sind diese drei?

Das waren Jorgos Canacakis, Ruthmarijke Smeding und Mechthild Voss-Eiser, die die ersten Kurse angeboten haben. Ich persönlich kenne Jorgos Canacakis gut, auch Ruthmarijke Smeding. Sie haben am Beispiel anderer Kulturen, im Fall von Jorgos Canacakis der griechischen Kultur der Klage und Klagelieder, Menschen näherbringen wollen, dass ihre Tränen gesehen werden. Das war der Titel eines seiner Bücher. Es ging ihnen darum, dass es wichtig ist, zu trauern und nicht einfach im Alltag weiterzumachen.

Du hast bei Jorgos Canacakis eine Ausbildung gemacht …

Ja, zum Trauerbegleiter und Myroagogen, das ist der griechische Terminus für Klagegesänge. Dabei geht es darum, sich zunächst einmal mit seiner eigenen Trauer zu befassen und klarzukommen, damit ich das bei anderen zulassen kann.

Was hast du da gelernt?

Wir haben viel über verschiedene Aspekte des Menschseins gesprochen und wie man sie stärken kann. Wir haben Meditationsübungen gemacht, uns ausgetauscht, unsere Geschichten erzählt, und geschaut, was man da machen kann. Ich glaube, es ist wichtig, ein solches Fundament zu haben. Auf der anderen Seite ist unsere Erkenntnis gereift, das vor allem authentische Menschen, die einfach da sind und einen in der Zeit aushalten, gute Trauerbegleiter sind. Und es ging darum, sich bewusst zu machen, was wir als Gesellschaft vernachlässigt haben.

Zu Lebzeiten haben wir den Hausarzt, oft einen Therapeuten, wir haben einen Fitness-Trainer, einen Business-Coach. Es gibt eine ganze Menge von Beratungsangeboten, die ich annehmen kann – Stichwort Selbstoptimierung. Wenn ich einen Sterbefall habe, sollte ich dann auch noch einen Trauerbegleiter engagieren?

Nein. Das muss ich nicht, es ist einfach nur eine Möglichkeit, die ich habe. Das hängt sehr davon ab, wie ich diese Zeit erlebe. Während der Trauerbegleitung werden in der Regel auch ganz viele Themen angesprochen, die ich zum Zeitpunkt des Todes oder zur Beerdigung noch nicht begriffen oder verarbeitet habe. Viele nutzen die Trauergruppen, um sich mit anderen auszutauschen, um zu sehen, wie normal das einfach ist, was ich empfinde und erlebe.

Aushalten ist ein Wort, das eben gefallen ist. Ist es nicht so, dass das die wichtigste Eigenschaft von jemandem ist, der sich Trauer zuwendet, mit Trauernden zu tun? Was kann man für einen Rat geben? Diese Belanglosigkeiten, die man oft hört, das Leben geht weiter, du schaffst das, melde dich, wenn du irgendwas brauchst – das kannst du doch komplett vergessen, oder nicht?

Stimmt. Es fehlt einem Trauernden oft die Kraft oder der Mut, in so einer Situation auf andere zuzugehen. Es muss deshalb genau andersherum sein: Ich gehe auf jemanden zu, halte ihn in seiner Trauer aus, bleibe dabei.

Das sagt sich so leicht. Das ist dann die Aufgabe. Wenn ich jemanden kenne, der einen Sterbefall in der Familie hat, muss ich mir als Erstes klar darüber sein, dass ich mir das zutraue und nicht das Gefühl habe: Oh, da willst du jetzt besser mal nicht stören. So redet man sich ja oft heraus in der Situation.

Genau. Es ist immer die Frage, für wen ist das gerade gut? Es ist immer diese eigene Unsicherheit, dass ich nicht weiß, was die richtigen Worte sind, die richtigen Taten, die dann dazu führen, dass wir im Zweifelsfall nichts tun.

Aushalten bedeutet, dass ich hingehe und sage: Komm, ich bin jetzt für dich da. Ich weiß nicht, was passiert, wohin der Weg führen wird. Aber egal was passiert, ich bin da und ich bleibe auch da, ich halte das aus. Das ist gemeint, oder?

Genau das. Wir haben hier bei uns in der Trauerbegleitung das Selbstverständnis, dass wir wie Krücken sind: Ein Tod geht wie ein Riss mitten durch den Körper, weil ich in der Beziehung ganz viele Verflechtung mit dem anderen eingehe. Zum Beispiel, dass sich der eine um den Garten kümmert, der andere um den Schriftverkehr mit den Ämtern, so dass man dann so etwas wie eine Krücke braucht, weil man nur noch auf einem Bein steht. Das sind Bilder, die in der Trauerbegleitungsausbildung sehr viel genutzt werden. Ich brauche etwas, an dem ich mich aufrichten kann, mit dem ich wieder lernen kann zu gehen. Etwas, das mir nicht den Weg sagt und nicht die Probleme für mich löst, sondern im Zweifelsfall mit mir auch gegen eine Wand läuft. Es geht um einen ehrlichen Austausch, bis ich diese Krücke nicht mehr brauche und weglegen kann.

Du sagtest, Kinder und Tiere sind die perfekten Trauerbegleiter. Warum?

Sie sind einfach da, sie urteilen nicht, sie kennen auch gar nicht so viel Taktgefühl. Gerade Kinder äußern das, was sie einfach sehen, und sie fragen, was sie interessiert. Sie stellen so viele Fragen, wie sie gerade selbst verarbeiten können, und danach sind sie einfach weiter Kinder und haben ihre eigene Lebendigkeit. Sie äußern ihre Bedürfnisse, wie es auch ein Tier macht. Das sagt deutlich, wenn es Hunger hat, wenn es mal Gassi gehen muss oder Bewegung braucht.

Die Frage, die ich mir stelle, ist: Kann ich das einem Kind überhaupt zumuten, meine eigene Trauer?

Absolut! Sie dürfen ja auch lernen, so wie sie vom ersten Moment an lernen, mit Emotionen umgehen. Für Kinder ist das unglaublich wichtig und ein großes Geschenk, auch die Normalität dieser Emotionen zu sehen. Zu erleben, dass nicht jeder Tag eitel Sonnenschein und das Leben nur von Erfolgen gesäumt ist. Das ist für alle beteiligten Seiten richtig gut.

Nun kann man sich hier bei euch im Bestattungshaus Pütz-Roth auch einer Trauergruppe anschließen. Das heißt, es gibt solche Gruppen. Was konkret passiert da?

Anfangs hat man das Gefühl, nur ich empfinde so und kein anderer kann das sehen. In der Gruppe sehe ich, dass es da ganz viele Gemeinsamkeiten gibt. Es geht auch nicht um eine Art Wettbewerb, welcher Verlust heftiger oder weniger heftig ist. Es geht darum, zu erzählen und wechselseitig Anteil zu nehmen und Anteil zu empfangen.

Man könnte auf den Gedanken kommen: Ich schließe mich da einer Gruppe an, wo nur Trauerklöße sitzen, und das zieht mich eher noch weiter runter. Soll ich mir nicht einfach Menschen suchen, die ganz andere Interessen haben, die mich ablenken? Das wäre ja auch ein Gedanke, auf den ich kommen könnte, oder?

Es gibt ganz viele Möglichkeiten. Dazu gehört oft auch, sich abzulenken, mit Arbeit, mit anderen Beschäftigungen, z. B. in Vereinsaktivitäten. Aber in einer Trauergruppe wird nicht nur geweint, es wird auch ganz viel gelacht dort, weil man sich erzählt, warum man jemanden liebhatte, was man mit dem erlebt hat, welche tollen Orte man besucht hat. Es geht um Aktivitäten, Interessen, Hobbys, was auch immer. Ich blicke in verstehende Augen, ich finde Menschen, die das nachempfinden können, was ich gerade erlebe, mit denen ich auch wieder aktiv werden kann, wieder zu Genuss, Lebensfreude, Lebenslust finde oder sogar auch vielleicht zu einer neuen Beziehung.

Ist das schon vorgekommen?

Das kommt oft vor, dass sich Menschen kennenlernen, sei es auf dem Friedhof, in den Veranstaltungen, aber auch in den Trauergruppen. Sie denken, ich werde vielleicht nie wieder jemanden finden, nie wieder lachen können, nie wieder Freude am Leben empfinden. Die Trauergruppen können auf unterschiedlichster Art und Weise dazu führen, dass neue Gemeinschaften entstehen.

TRAUER ALAAF! – PASSEN TRAUER UND KARNEVAL ZUSAMMEN?

Unsere Trauerbegleiterin Stephanie Gotthardt hat mit einer ihrer Gruppen an einem Karnevalsumzug teilgenommen. Das passt zusammen, sagt sie.

Stephanie, wieso bist du Trauerbegleiterin geworden? Das ist ein Beruf, der einem nicht sofort einfällt. Die Leute wollen vieles werden, aber Trauerbegleiterin oder Trauerbegleiter ist etwas ganz Ungewöhnliches.

Auch ich habe mir nicht mit 16 oder 17 Jahren in der Schule überlegt, ich werde Trauerbegleiterin, das wäre mein Traumberuf. Das hat sich über Lebenswege entwickelt. Es gab einerseits verschiedene private Erlebnisse, die mit Trauer und Verlust verbunden gewesen sind; andererseits hat auch der Zufall eine Rolle gespielt: Ich habe früher in einer Arztpraxis gearbeitet und mich dann an eine Klinik beworben, wo ich als Familienberaterin für onkologisch Erkrankte zuständig war. Mein damaliger Chef sagte dann zu mir: Mensch, guck mal, ob nicht Sterbebegleitung was wäre, was dich interessiert. Da war ich 20. Zuerst habe ich gedacht, ach du liebe Zeit, Sterbebegleitung? Das war für mich ein ganz düsteres Thema, total gruselig und mit Schrecken behaftet. Dann habe ich das aber in der Klinik kennengelernt, und muss sagen: Das war eins meiner größten Geschenke, das in so frühen Jahren zu erleben. Die Orientierung, sich wieder über Farben, über Bäume, über die Natur zu freuen und ein bewussteres Leben zu gestalten, diese Chance hatte ich in dem Alter schon.

Hast du das Gefühl, dass in der Auseinandersetzung mit diesen Themen das Leben intensiver wird?

Ja, das glaube ich schon. Es ist eine ganz individuelle Frage, die jeder von uns dreien anders beantworten würde. Für mich persönlich ist es so. Ich überlege nicht mehr so lange oder warte auf bestimmte Dinge, weil ich in den Trauergruppen hier immer wieder geerdet werde.

David, die Frage, die man sich häufig stellt, wenn man auf einen Bestatter trifft oder auf eine Trauerbegleiterin, ist: Inwieweit beeinflusst das das eigene Leben? Ist es etwas, was dich auch runterzieht, dass du ständig mit Tod und Trauer zu tun hast? Oder schaffst du es, dich abzugrenzen oder sogar zu sagen: Gerade deshalb, weil es so ist, weil ich das so genau kenne, ist mein Leben lebendiger?

Ich setzte mich mit vielem sehr bewusst auseinander, und ich genieße auch bewusster. Ich weiß, wie kostbar Leben ist. Seitdem ich das mache, suche ich bewusster Freiräume zwischen der Arbeit und gestalte sie. Wenn ich zum Beispiel sowieso an einem Ort bin, nehme ich mir auch die Zeit, dort in ein gutes Restaurant zu gehen, statt mir einfach etwas mit auf den Weg zu nehmen. Ich besuche dann schöne Orte wie ein Museum, führe persönliche Gespräche. Es ist eine Art Wertschätzung, die anders ist als auf einen bestimmten Moment hin zu leben nach dem Motto: Es wird schön weiter gearbeitet bis in den Sommer, dann ist endlich Urlaub.

Was machst du konkret mit den Menschen, die zu dir kommen, Stefanie?

Hier in der Trauergruppe gestalten wir die Abende so, dass wir alle 14 Tage zwei Stunden zusammen sind und ich den Menschen zunächst die Philosophie des Hauses mit auf den Weg gebe. Es folgt ein gemeinsamer Austausch. Wir beginnen jeden weiteren Abend damit, dass jeder mitteilen kann, was ihn gerade bewegt, was vielleicht schwierig ist, was sich vielleicht schon entwickelt hat. Die zweite Stunde gestalten wir immer so, dass es wirklich eine individuelle Ressourcen-Arbeit ist und jeder wieder für sich und bei sich ankommen kann.

Wir haben manchmal Kochabende, in die wir gerne das Kochbuch von David »Nimm Zimt« integrieren. Oder wir gestalten etwas Kreatives. Kürzlich haben wir gemalt, Leinwände gestaltet mit dem Thema Trauer. Es gibt Meditationsübungen, wir machen Körperübungen. Manchmal erzählen wir einfach nur und schauen, dass wir den zweiten Teil der Stunde wieder mehr in die Kraft gehen: Das heißt, wie überlegen, was hat sich schon entwickelt, was ist Glück in Zeiten von Trauer, und stärken solche Themen bewusst, sodass die Teilnehmer ein kleines Licht wiederfinden.

Und manchmal geht ihr auch zum Fasching, oder zum Feiern, oder?

Ja, tatsächlich: Wir gehen zum Beispiel mit den Trauernden in Bergisch-Gladbach beim Karnevalszug mit. Diese Idee ist aus einer Gruppe entstanden, die insgesamt zwei Jahre Trauerbegleitung erfahren hat, aber auch aus Einzelbegleitungen. Der Gedanke ist: Wir möchten zurück ins Leben und wir möchten das auch sichtbar machen, dass Trauer bunt ist.

Wie viele Stunden in der Woche bist du involviert?

Das ist unterschiedlich. Hier im Haus bin ich alle 14 Tage. Wir haben immer zwischen ein und drei Gruppen, im Winter sind es meistens ein bisschen mehr als im Sommer. Bei mir in der Praxis habe ich durchschnittlich in der Woche zehn bis fünfzehn Trauernde in der Einzelbegleitung.

Schaffst du es danach, dann wieder eine Distanz aufzubauen? Ich kann mir vorstellen, dass das sehr intensiv ist und es einen auch persönlich mitnimmt, dass alte Wunden immer wieder aufgerissen werden. Du hast gesagt, der Grund, warum du das machst, hat mit deiner persönlichen Erfahrung zu tun.

Ich sehe es als Grundvoraussetzung in der Trauerbegleitungsausbildung, sich die eigenen Themen anzuschauen, bevor man eine Begleitung gibt. Ich habe viel an mir selbst arbeiten müssen. Nur wenn ich selbst relativ klar und frei bin, kann ich eine tiefgründige, liebevolle Haltung dem Trauernden oder grundsätzlich den Menschen mit seelischem Leid entgegenbringen.

WIRD IN TRAUERGRUPPEN NUR GEWEINT?

Wer in eine Trauergruppe geht, sitzt mit anderen Leidenden herum und schnieft in sein Taschentuch. Dieses Klischee haben vielleicht die meisten im Kopf, wenn sie den Begriff Trauergruppe hören. Die Realität sieht ganz anders aus. Trauerbegleiterin Stephanie Gotthard sagt, wie es wirklich ist.

David und Stephanie, ihr seid beide ausgebildete Trauerbegleiter*innen. Wird in Trauergruppen eigentlich nur geweint, David?

Hier bei uns im Haus kann ich das nicht sagen. Wir haben Freudentränen, wir weinen auch, weil es traurige Momente gibt, aber es wird in den Trauergruppen nicht nur geweint. Ganz sicher nicht, eher weniger. In Trauergruppen erleben wir, dass Trauer viel mehr Gefühle umfasst als das, was wir von außen so wahrnehmen. Es geht um Sprachlosigkeit, um Überforderung, um die Unfähigkeit loszulassen und Ähnliches. In der Trauergruppe wird sichtbar, wie viele Gefühle in einer Beziehung waren, aber auch in dieser Gruppe, dieser Gemeinschaft da sind.

Stephanie, wie geht ihr denn damit um, wenn jemand in der Gruppe sitzt und anfängt zu weinen? Wie reagieren die anderen darauf?

Wir erleben das vorwiegend am ersten Abend, wenn unsere Halbjahresgruppen starten und eine neue Gruppe zusammenfindet. Jeder bekommt Raum, seine Geschichte zu erzählen. Da ist sehr zu spüren, wie viel Schwere im Raum entsteht. Das ist einfach so. Über den Verlust zu sprechen fällt erst einmal schwer und da wird dann auch geweint. Ich persönlich sehe es als Lebendigkeit: Denn da passiert ja etwas, wenn man weint. Das ist Leben von einer anderen Seite. Oder wie wir hier sagen: Trauer ist Liebe. Es ist ein Zeichen der Liebe. Es zeigt, dass diese Beziehung, die es gegeben hat, echt gewesen ist, egal wie konfliktbehaftet sie auch gewesen sein mag. Und ich erfahre, wie gut es ist, erzählen zu können und dass andere meine Tränen sehen. Ich kann lernen, dass ich mich auch wieder, ja, wohlfühle, wenn ich andere sehe, die ihre Tränen zeigen können und dass das einfach Normalität bekommt.

Wie ist das bei dir, Stephanie, weinst du während der Treffen auch manchmal?

Es gibt ganz selten Momente, in denen ich so berührt bin, dass dann auch die ein oder andere Träne fließt. Wir hatten vor einiger Zeit eine Trauernde in der Gruppe, die schon seit dreieinhalb Jahren kommt. Es war phasenweise für sie wirklich schwierig, überhaupt wieder Licht zu sehen. Und dann zeigte sich irgendwann etwas, was sich verändert hat und sichtbar wurde für alle in der ganzen Gruppe. Das hat mich persönlich sehr angerührt, weil ich diesen Prozess nach dreieinhalb Jahren miterleben konnte und merkte, es hat etwas in ihr stattgefunden. Ich habe mich mit ihr gefreut wie die anderen auch. Da fließen dann schon einmal Tränen.

Waren das dann Tränen der Freude in der Trauergruppe?

Ja.

Wie ist es bei dir, David?

Generell ist es so, dass ich als Bestatter etwas für Menschen tue, was sie vielleicht in dieser Situation selbst so nicht können. Da wird von mir erwartet, dass ich fest, nüchtern, organisiert bleibe. Aber man kommt immer wieder an Grenzen, wenn einen wirklich etwas berührt. Wenn wir dieses Gefühl ganz ausblenden würden, wären wir wahrscheinlich fehl am Platz. Für uns ist das gerade das Schöne, wenn wir Menschen begleiten, dass wir spüren, wie real das ist, dass eine Entwicklung vorangeht, dass es nicht nur steril oder aussichtslos ist, sondern dass ganz viel geschieht.

Bei dir, Stephanie, waren es Freudentränen. Auch bei dieser Frau, die vielleicht selbst so eine Erleichterung gespürt hat, dass sich was verändert hat in ihrem Leben. Worüber weinen die Menschen in einer Trauersituation? Ist es der Verlust, ist es die Chance, die man nicht mehr hat, mit jemandem etwas zu teilen? Worum geht es genau?

Ich glaube, es ist genau das. Es geht nicht darum, ach, jetzt ist mein Mann nicht mehr da und kann das Auto nicht mehr tanken. Und die Tränen sind letztendlich wie ein Katalysator, der uns hilft, etwas zu verarbeiten. Wir brauchen Tränen, Traurigkeit, damit wir wieder Lebensfreude erfahren können. Damit wir durch einen Prozess hindurchgehen können, wieder Erleichterung erfahren können. Das ist ein Selbstheilungsprozess, den uns die Natur mit auf den Weg gegeben hat.

Wir streben in der Gesellschaft nach immer weitergehenden Glückszuständen. Alles muss toll und besser und besser und besser sein. Dazu fehlt uns dann teilweise das Korrektiv: Die Wertschätzung dafür, dass wir heute gut genährt sind, dass wir es warm haben, dass gerade keine großen

Dramen anstehen. Dieses Wissen, wie es auch ganz anders sein kann, das geht manchmal ein wenig verloren.

Dazu kommt noch etwas anderes. Wenn jemand gestorben ist, dann hat es eine Akzeptanz, endlich mal weinen zu dürfen. Über all das, was sich im Leben so angesammelt hat. Weinen ist nicht unbedingt gesellschaftsfähig. Wir setzen uns im Job nicht irgendwo hin und fangen an zu weinen. Und genau das passiert in den Trauergruppen: Plötzlich schweift man vom Thema ab und hört noch so viele andere Themen, »Baustellen« sage ich immer. Ich habe einmal den Satz gehört: »Ehrlich gesagt, bin ich auch mal froh, dass eine Freundin verstirbt, denn jetzt habe ich mal einen Grund, auch mein ganzes Leben zu betrauern. All das, was gewesen ist und was mich bewegt hat. Es ist gar nicht so, dass ich genau sagen könnte, was es ist. Sondern es sind sehr unterschiedliche Gefühle, die da zum Ausdruck kommen.«

Werden Menschen über den Verlust eines anderen noch einmal an eigene Verluste erinnert?

Ja. Ich glaube, das ist immer ein Teil eines Trauerprozesses. Wir haben hier im Haus den »Pfad der Sehnsucht«. Dort gibt es einen Raum, den ich persönlich immer ein bisschen anders interpretiere – den Raum der vergessenen Kindheit. Das sehe ich als einen Blickwinkel im Trauerprozess, dass nach dem Verlust zeitnah die Reflexion kommt: Was habe ich noch alles verloren im Leben? Was waren Verluste, die Traurigkeit ausgelöst haben, die ich aber unterdrückt habe? Ein Wohnortwechsel, eine Kündigung, Liebeskummer, Trennungen, Entscheidungen, die oft unbewusst mitreflektiert werden.

Stephanie hat den »Pfad der Sehnsucht« erwähnt. David, kannst du kurz beschreiben, was das ist?

Der »Pfad der Sehnsucht« ist eine Installation, die unter einem Teil des Hauses und der Villa hindurchgeht. Diesen Weg kann jeder gehen, wenn er uns hier besucht. Wir gehen ihn oft mit Besuchergruppen, aber vor allem mit Menschen, denen wir Mut machen wollen, sich mit Trauer zu befassen. Er beginnt mit einer großen Lebensspirale, die oben an der Decke angebracht ist. Wir haben alle gewisse Erwartungen, wie Leben verläuft, Pläne, die wir machen, wobei uns gar nicht bewusst wird, wie übermütig das ist. Bevor heute ein Kind geboren ist, suchen wir schon einen Kindergartenplatz und nehmen an, dass dieses Kind ohne Komplikationen dann auch auf die Welt kommt. So geht das in einem weiter, von der besten Ausbildung, der besten Arbeit, dem besten Partner, bis wir dann denken: Was ist das Ziel dieses Lebens für mich? Vielleicht so etwas, wie es Peter Fox in dem Lieg »Haus am See« beschreibt: Wir sind an einem schönen Ort, im Kreis unserer wundervollen Familie, und träumen uns aus diesem Leben in eine Art Nirwana hinein. Und dann geh ich in diesen Pfad, komme an einem Wasserfall vorbei, und dort steht dann ein Satz von Nelly Sachs: »Alles beginnt mit der Sehnsucht.« Ich komme dann in einen Raum, der auf einmal ganz anders ist, als ich vielleicht erwartet habe. Ich sehe keine Spur dieser Spirale, sondern ich sehe lauter Steine. Einen Erdrutsch, wo ich meinen Weg hindurchfinden muss. Dann gehe ich weiter. Ich komme dann in einen Raum, wo es sehr hell ist und in dem es um Erinnerungen geht. Dort sehe ich ganz viele Alltagsgegenstände, einen Kniffelbecher, einen Holzlöffel, die Figuren einer Hochzeitstorte, Schokolade aus dem Karneval, Sachen, die mich vielleicht mit irgendetwas verbinden. Dort sind auch ganz viele Namen, und es geht darum, dass ich immer wieder mit dieser Erinnerung lebe. Ich trete dann durch einen dunklen Vorhang und sehe auf einmal den Boden nicht mehr. Ich bin in einem Raum, der erst einmal dunkel und bedrohlich ist. Ich finde dann einen Weg, den ich gehen kann. Da sind Monitore, da geht's darum, wie wir so sein sollen, Zahlen, die großen Begriffe, ein Gefühl des Losgelöstseins, Geschwindigkeit. Ich komme an Glasscherben vorbei, durch die ich durchschaue, ich komme an Treibholz vorbei, bis ich merke, das ist eine Sackgasse, und ich muss nochmal in diesen Raum zurück, in dem ich Angst hatte, weil ich den Boden nicht sehen konnte. Ich merke, dass das auf dem Boden ein Spiegel ist. All das, was so tief unter mir zu sein scheint, ist über mir und es ist ein ganz prächtiger Raum.

Hier wie in der Trauerbegleitung geht es nicht nur um die dunklen Seiten, sondern genauso um all das Schöne, was die Beziehung zum Verstorbenen gestiftet hat: Wie ich als Kind mit meinen Großeltern auf der Eckbank saß, in Urlaub gefahren bin, das erste Mal getanzt habe. Ich finde dann einen Steg, über den ich gehen kann und werde vertrauter mit dem Raum. Dann gehe durch eine Tür und bin wieder mitten im Leben.

DARF MAN UM TIERE TRAUERN?

Hunde und Katzen gehören für viele Menschen fest zur Familie. Sie sind treue Begleiter in allen Lebenslagen, und wenn Menschen sie verlieren, trauern sie.

David, dass man um Menschen trauert, die einem nah waren, das kennt jeder. Aber wie sieht es mit Tieren aus?

Man darf um alles trauern, wozu man eine echte Beziehung hatte. Das können nicht nur Tiere sein, das kann auch der Verlust des Arbeitsplatzes, der Gesundheit oder Ähnliches sein. Warum sollte ich nicht um Tiere trauern dürfen? Besonders heute, wo in einer immer mobileren Gesellschaft immer weniger Platz für andere Menschen bleibt. Wir leben in einer immer einsameren Gesellschaft, weil wir vielleicht immer kompromissloser durch das Leben gehen müssen. Für viele Menschen heute verkörpern Tiere die Chance, Nähe, Berührung und Emotion zu erleben. Dann ist es auch richtig, um Tiere zu trauern.

Gibt es da einen Unterschied in der Intensität, in der Zeit, die die Trauer letztendlich dauert?

Nein. Das muss jeder für sich entscheiden. Wenn ich um mein Kind trauere und ein anderer um sein Tier, dann ist das für denjenigen der härteste Verlust, den er das erlebt und das lässt sich nicht gegeneinander aufrechnen. Anders als Glück, das angeblich größer wird, wenn man es teilt, wird Trauer kein bisschen kleiner, wenn man sie teilt. Am Ende des Tages muss ich mit meiner Trauer selber leben und ich muss mich damit befassen. Das kann mir kein anderer abnehmen, das kann ich nicht delegieren.

Nun sind Tiere keine Menschen. Und wir unterscheiden auch bei Tieren: Es gibt die Haustiere, mit denen wir leben, um die trauern wir. Aber dann gibt es die Nutztiere, die wir aufessen. Um die trauert kein Mensch.

Ja, oder die Insekten, die auf unserer Windschutzscheibe landen, die Tiere, die durch den Klimawandel aussterben. Ich glaube, Trauer ist immer Ausdruck der tatsächlichen Beziehungen, die wir haben.

Nun geht es ja nicht nur um Trauer. Es geht auch darum, Erinnerungsplätze für Tiere zu schaffen. Es gibt Tierfriedhöfe, und in den »Gärten der Bestattung« gibt es ein Feld, wo Menschen zusammen mit ihren Tieren bestattet werden können. Wird das in Anspruch genommen?

Das wird in Anspruch genommen. Noch zaghaft, aber es nimmt zu. Gerade weil wir in einer ländlich geprägten Region leben, wo Menschen es durchaus noch gewohnt sind, ihre Tiere auf ihrem eigenen Grundstück beisetzen zu können. Auch das verändert sich ja. Es nimmt zu, dass Menschen keinen Garten mehr haben oder keinen Ort, der wirklich ihrer ist. Tiere können mittlerweile auch eingeäschert werden. Was passiert mit diesen Tierurnen, wenn ich mal tot bin? Werden die dann von meinen Kindern oder von einer anderen Instanz später einfach weggeräumt, entsorgt? Darum machen sich Menschen mehr und mehr Gedanken. Ich gehe das Thema gerne von einer ganz anderen Seite an, gerade weil es so polarisierend ist. Wenn ich meiner Oma etwas von Tiertrauer erzählt hätte, hätte sie das nicht nachvollziehen können und es gruselig gefunden, wenn neben ihrem Mann ein Tier liegen würde. Wenn ich heute junge Menschen frage, dann würde ich auf Unverständnis stoßen, wenn ich das überhaupt anders bewerten würde. Die Sichtweisen wandeln sich. Deshalb hätte ich es gerne so gemacht, dass wir einen Tierfriedhof haben, wo die Menschen, die mit diesen Tieren in Beziehung stehen, zu den Tieren hinzubestattet werden dürfen. Das ist allerdings auf keinem Tierfriedhof in Deutschland erlaubt! So haben wir jetzt einen Bereich geschaffen, wo nur das eine möglich ist: Das heißt, wenn ich mich als Mensch dort bestatten lasse, kann neben mir die Urne meines Tieres bestattet werden. Man kann kostenfrei die Tiere als Grabbeigabe hinzubestatten, denn der Gesetzgeber lässt Tiere als Grabbeigabe zu.

Du schilderst den Fall, dass Tiere sterben, und deren Halter lassen die Tiere kremieren, bekommen die Urnen und die stehen dann zu Hause. Und wenn die Menschen sterben, können die Tiere mit ins Grab?

Ja, wie gesagt, als Grabbeigabe, das ist ganz eindeutig geklärt: Das Tier darf nicht gleichwertig oder erhöht bestattet werden, die Schriftgröße auf dem Gedenkstein muss eine kleinere sein als beim Namen des Menschen, der dort liegt. Nun gibt es die zeitliche Lücke: Tiere leben in der Regel nicht so lange wie wir. Hunde leben im Durchschnitt zehn bis sechzehn Jahre, Katzen können bis zu 20 Jahre alt werden. Bei Nutztieren ist es wieder anders, nämlich so, dass ich sie eigentlich gar nicht bestatten darf. Das heißt, ein Abdecker muss kommen, aus den Knochen oder aus der Haut werden Gelatine oder Leim gemacht, weil es nicht anders vorgesehen ist.

Wir reden jetzt über Kühe oder Schweine? Bei Pferden ist es doch zum Beispiel so, dass ich ein Pferd auch kremieren lassen kann. Wie viele Urnen braucht man denn dann für die Pferdeasche?

Ich habe mal gehört, dass im Gegensatz zum Menschen von einem Pferd etwa 36 Kilo Asche übrigbleiben.

Wie viel sind es beim Menschen?

Beim Menschen sind es drei- bis dreieinhalb Kilo maximal, die in die typische kaffeekannengroße Form gebracht werden. Ich hatte vor einigen Jahren den Fall, dass ein junges Mädchen verstorben ist und in Köln auf dem Friedhof beigesetzt wurde. Ein paar Jahre später ist ihr Reitpferd gestorben. Die Eltern wollten dann, dass dieses Pferd dahin kommt, wo ihre Tochter liegt. Das war gar nicht so einfach, besonders wenn der Friedhof aufgrund seiner Satzung das offiziell gar nicht als Möglichkeit vorsieht.

Heißt das, ihr habt dann doch irgendwie die Asche zu dem Mädchen ins Grab bekommen?

Ja, das haben die Eltern so nach und nach gemacht, wenn sie da gepflanzt haben. Aber mal eben 36 Kilo, das ist eine Menge.

Du willst sagen, wer den Wunsch hat, sollte sich das nicht durch irgendwelche Friedhofsgesetze verbieten lassen?

Nein. Es ist so eine Sache, wir sehen es schon so, dass der Tod ein Lehrmeister zum bürgerlichen Ungehorsam sein kann. Das heißt nicht, dass ich zwangsweise Gesetze brechen muss, sondern dass ich für das, was mir wichtig ist, einstehe und Verantwortung übernehme. Vorausgesetzt natürlich, ich schade damit keinem anderen.

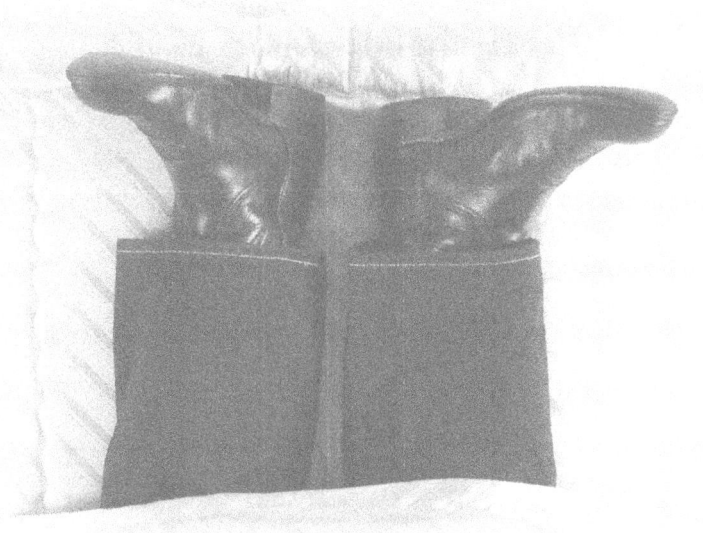

ERINNERN.
LEBEN MIT DEM TOD

AN WELCHEN TOTEN KANNST DU DICH LEBHAFT ERINNERN?

Im Jahr 2012 starb mein Vater, Fritz Roth. Auch er war Bestatter. Der Abschied am offenen Sarg und die ungewöhnliche Trauerfeier prägen meine Erinnerung an ihn bis heute.

David, an welchem Toten kannst du dich besonders lebhaft erinnern?

Ehrlich gesagt an viele. Da ist einmal unser Vater, und es sind generell die Menschen aus unserer Familie, weil da eine sehr nahe Verbindung da ist.

Wie erinnerst du dich an deinen Vater? Ich habe ihn auch gesehen, aufgebahrt in seinem Sarg und ich erinnere mich vor allem daran, dass er seinen grünen Pullover trug.

Daran erinnere ich mich gar nicht mehr so. Ich erinnere mich vor allem an sein Gesicht. Daran, wie sich sein Gesicht über die Zeit verändert hat, wie es zusehends schmaler wurde. Und ich erinnere mich an all die Gegenstände, die bei ihm im Sarg mit drin waren.

Du sagst, es wurde zusehends schmaler. Wie lange habt ihr ihn aufgebahrt? Wie lange konnte man ihn anschauen?

Wir hatten ihn 13 Tage aufgebahrt. Es hat 18 Tage gedauert, bis wir die Trauerfeier organisierten. Erst zwei Tage später brachten wir ihn zum Krematorium, so dass wir ihn immer wieder gesehen haben und auch die Veränderung. Nach 12, 13 Tagen war uns klar, dass er eigentlich gar nicht mehr da ist und wir diesen Körper jetzt weggeben wollen.

Du erinnerst dich an sein Gesicht, aber auch an die Gegenstände im Sarg. Was für Gegenstände lagen im Sarg?

Alles, was ich nicht niet- und nagelfest war, wovon wir ein gutes Gefühl hatten, ihm das mitzugeben. Das waren Bilder, Blumen, die Weihnachtsplätzchen, Sachen, die wir ihm noch aufgeschrieben haben. Sachen von der Jagd, Sachen, die Gäste und Freunde, die ihn besuchen kamen, mit hineinlegten – bis hin zu einer Flasche Kölsch, einer Flasche Wein, Karnevalsorden, einer riesigen Puppe von der »Sendung mit der Maus«. Ich erinnere mich noch sehr gut an die ganzen Gespräche und die Atmosphäre, die ich als sehr angenehm empfand.

Was hast du ihm mitgegeben?

Die Plätzchen. Und wir haben ihm noch einmal ein Briefchen geschrieben, dass wir ihn liebhaben.

Du erwähnst eine Figur aus der »Sendung mit der Maus«. Wer hat ihm die denn in den Sarg gelegt?

Das war ein Junge, ein Freund von uns. Ich bin mir nicht sicher, ob er damals mit in der »Sendung mit der Maus« war, die hier bei uns entstanden ist mit meinem Vater, oder ob er mit einer Klasse Kommunionkinder oder Schulkinder zu uns kam. Aber das war diesem Jungen, vielleicht 9 oder 10 Jahre alt, ein großes Bedürfnis.

Warum macht es Sinn, Menschen Dinge mit in den Sarg zu geben?

Hauptsächlich macht man das auch für sich selbst, um das Gefühl zu haben, dem anderen den Weg ein wenig zu erleichtern. Als ob er eine längere Reise antritt und eine Verbindung in die Heimat mitbekommt, mit Essen gut versorgt ist, mit Gegenständen, die ihm diesen Weg ein bisschen erleichtern. Das gibt es in ganz vielen Kulturen.

Nun werden viele Menschen heute verbrannt. Auch bei deinem Vater Fritz war das so. Ist da alles dringeblieben?

Es ist alles dringeblieben in diesem Sarg, der ganz besonders war. Es war ein rot lackierter Holzsarg in einer besonderen Form. Und alles, was wir hineingelegt hatten, konnte bei ihm bleiben. Wir hatten fast Probleme, den Sarg zuzubekommen durch die vielen Sachen, die alle schön drapiert um ihn lagen. Das Krematorium hat auch gemerkt, dass uns das besonders wichtig war, auch wenn diese Sachen nicht als Gegenstand danach erkenntlich sind, und wir das Gefühl haben wollten, dass sie später in der Urne auf diesem Weg bei ihm sind.

Das war ein ferrari-roter Sarg. Aber ich kann mich nicht erinnern, dass Fritz irgendein Faible für Autos hatte. Warum habt ihr diesen Sarg ausgesucht?

Ich glaube, er fand ihn einfach gut, weil er so andersartig und besonders war, ohne jetzt riesig aufwendig zu sein. Er hat keinen Wert auf Autos oder andere Statussymbole gelegt. Den roten Sarg fand er einfach in seiner Schlichtheit und seinen Facetten gut, er war ein bisschen wie ein Diamant angeschliffen, sehr interessant. Wir haben erst später erfahren, dass es auch Bilder mit diesem Sarg und ihm gab. Wir legen hier nicht großen Wert auf Särge, weil wir glauben, dass man dem Verstorbenen materiell nichts Gutes tun kann. Wir haben ihn eigentlich ganz instinktiv **286** gewählt, er stand da und schien uns passend.

Das heißt, er hat ihn nicht selbst ausgesucht?

Er hatte ihn nicht selbst ausgesucht.

Der Sarg stand ein paar Wochen oder Monate hier bei euch im Bestattungshaus, und es gab Fotos, auf denen Fritz neben dem Sarg steht?

Genau. Das haben wir allerdings erst ein Jahr später festgestellt, dass er damit auch mal fotografiert wurde.

Gibt es Dinge, die man nicht in den Sarg legen sollte, wenn man sich dafür entscheidet sich, Abschiedsgeschenke mitzugeben?

Ich gehe einmal davon aus, dass das Ganze nicht zur Verklappung gedacht ist. Es ist auch ganz klar, dass das Krematorium sich nicht freut über Glas, Metall und Leder, weil diese Stoffe nicht vergehen, und dass man sich auch um die Konsequenzen seines Handelns Gedanken macht. Auch wenn Fritz eine Art Jäger war, eher ein Sonntagsjäger, wären wir nicht auf die Idee gekommen, ihm Munition mitzugeben, weil das in diesem Prozess explodieren und dann zu einer Gefahr für andere werden könnte. Aber ansonsten kann ich alles mitgeben, von dem ich denke, dass das passt, sei es Essen, das ich schön auf einen Teller lege, den Wanderstock, die Werkzeuge oder etwas, was eine Verbindung zu mir herstellt wie Fotos oder Briefe.

Nun ist das eine sehr alte Tradition. Die Pharaonen haben sich ihre Pyramiden gebaut und den halben Staat mit in den Sarkophag bekommen haben. Das wird heute keiner mehr machen. Aber grundsätzlich machen Grabbeigaben Sinn? **287**

Das macht ganz viel Sinn. Diese Bräuche gehen etwa auf eine Zeit vor 300.000 Jahren zurück und stellen früheste Zeugnisse menschlichen Bewusstsein und Handelns dar. Menschen haben angefangen, sich Gedanken zu machen, wenn jemand stirbt, wie sie mit demjenigen umgehen. Bestattung war ein ganz elementarer Teil beim Übergang zum modernen Menschen. In vielen Kulturen ging es nicht nur um den Verstorbenen, sondern auch um die Hinterbliebenen, die die Hoffnung hatten, in einer guten Verbindung zu dem Verstorbenen zu bleiben. Das sieht man heute noch in der chinesischen Kultur, wo mit großer Akribie aus Papier Häuser, Goldbarren, Autos und Ähnliches dem Verstorbenen als Opfer durch Verbrennung übersendet werden sollen. Wenn es ihm im Jenseits gut geht, so ist die Hoffnung, komme auch irgendetwas zurück, dass es auch mir im Leben gut geht. Das hat viel mit einer ernsthaften Erinnerungskultur zu tun. Das, was vorher da war, ist nicht auf einmal weg.

Vieles, was wir heute über vergangene Kulturen wissen, wissen wir aus Gräbern.

Absolut. Wie Menschen zu dieser Zeit gelebt haben. Es war auch immer eine zeitgenössische Kultur, man folgte nicht irgendwelchen alten Ritualen. Die Gegenstände, die man mitgab, stammen aus dieser Zeit, die Kleidung, die Werkzeuge, das Essen.

Wenn irgendwann in tausend Jahren Gräber von heute gefunden und geöffnet werden: Was wird das über unsere Kultur sagen?

Fritz hatte die Befürchtung, dass man über uns denken wird: Sieh an, sie waren gesetzestreu und hygienisch einwandfrei. Denn wie wir aßen, wie wir lebten oder was uns bewegte, woran wir glaubten, alles das wird in den Gräbern nicht mehr sichtbar sein.

STILLE NACHT, TRAURIGE NACHT?

Das erste Weihnachtsfest ohne einen geliebten Menschen, der verstorben ist, erlebt eine Familie, erleben Freunde als eine besonders schwere Zeit. Oft ziehen Trauernde sich gerade in dieser Zeit am liebsten zurück. Doch Gemeinschaft kann helfen.

Die Weihnachtszeit ist für viele Menschen eine besonders schwierige Zeit. Übrigens nicht nur für Trauernde. Was meinst du?

Das sind hochemotionale Momente durch unsere Erfahrungen mit Weihnachten von Kind an, an die wir uns zurückerinnern. Was haben unsere Eltern gemacht, wie hat sich die Familiensituationen vielleicht verändert, als das erste Mal meine Freundin oder Frau, mein Partner dabei waren, die Kinder dazugekommen sind? Jedes Weihnachten ist ein bisschen anders.

In der Vorweihnachtszeit findet hier im »Haus der menschlichen Begleitung« immer die Jahresgedenkfeier statt. Was genau ist diese Jahresgedenkfeier?

Die Jahresgedenkfeier bieten wir seit über 25 Jahren, seit 1994 an. Wir laden Menschen, die im Laufe dieses Jahres jemanden verloren haben, zu uns ein. Meistens ist es ein oder zwei Wochenenden vor Weihnachten. Das Haus wird ganz festlich und weihnachtlich geschmückt und es kommen ganz viele Menschen zusammen, wir erinnern uns und es ist eine gewisse Einstimmung auf Weihnachten. Zu dieser Atmosphäre gehört auch, dass wir dann ganz wie früher zusammen Weihnachtslieder singen. Das Ganze geht auf meinen Vater zurück, auf seine romantischen Gefühle für Weihnachten, er war ein totaler Weihnachtsenthusiast. Am Ende der Feier sind alle eingeladen zu bleiben. Dann ist es nicht mehr so förmlich, dass wir dasitzen und zum Klavier singen, sondern es gibt Glühwein, Kaffee, Kakao, Tee, Plätzchen, oft auch Plätzchen, die meine Tante gebacken hat. Wir verbringen Zeit miteinander, erzählen. Und es kommt auch nicht nur der Witwer oder die Kinder, sondern teilweise die ganze Familie mit 15, 16 Personen zu uns.

Also ist es nicht nur ein Gedenken, sondern tatsächlich eine Feier?

Ja, eine Feier, ein Fest. Es soll schön sein mit allem, was wir mit Weihnachten verbinden. Wir haben keine Bescherung oder Ähnliches, aber es gibt Gemeinschaft. Das ist gerade an Weihnachten so wichtig, weil es die Tage sind, an denen wir wirklich mal Zeit füreinander haben.

Du hast erzählt, dass die Weihnachtszeit für deinen Vater immer eine ganz tolle Zeit war und er das zelebriert hat. Für mich ist Weihnachten eher eine schwierige Zeit, weil ich daran nicht so schöne Erinnerungen habe. Ich habe es früher so erlebt, dass die Leute gerade in der Weihnachtszeit völlig verkrampft waren, weil die ganzen Familienbande das Jahr über nicht so gepflegt worden sind. Alles hat sich auf Weihnachten konzentriert, und das wurde meistens ziemlicher Murks. Wenn man einen Menschen verloren hat, der einem nahestand, ist Weihnachten einer der schwierigsten Momente – und zwar unabhängig davon, wie man Weihnachten die letzten Jahre zelebriert hat, oder?

Ja, weil jeder zu diesem Fest in irgendeiner Form beiträgt, selbst wenn er nur in der Ecke sitzt und grummelig ist. Und es ist eine große Melange aus frohen Erwartungen, schönen Erfahrungen, schrecklichen Erfahrungen, aufgestauten Konflikten, allem, was man sich das ganze Jahr über nicht gesagt hat, dazu der Ablasshandel der Geschenke, die Freude des Schenkens, die Freude des Auspackens, die Ernüchterung, wenn Geschenke unterschiedlich aufgenommen werden, das gegenseitige Bewerten und so fort. Es kommt ganz viel zusammen an Weihnachten. Und wenn dann der fehlt, bei dem die Fäden zusammenliefen, dann ist das besonders intensiv. Um nur einmal kurz zu skizzieren, wie es früher mit Fritz bei uns war: Wir sind eine große Familie, meine Eltern haben je vier Geschwister, die wiederum Kinder haben, die heute auch schon Kinder haben und teils ihre Partner mitbringen – im engsten Familienkreis sind wir 78 Leute. Und zwei Familien, die das Fest sehr unterschiedlich angehen, die eine etwas nüchterner, die Familie meines Vaters total überhöht. Wenn es dann Weihnachten wird, geht es stressig zu.

78 Personen? Aber da schenkt nicht jeder jedem etwas, oder?

Das kommt darauf an. Die Familien gleichen sich vom Aufbau her sehr: Da ist jeweils eine Tante, die nicht verheiratet ist und keine Kinder hat und allen Kindern etwas schenkt. Dann gibt es natürlich die unterschiedlichsten Beziehungen, Patenkinder, Patenonkel und -tanten, Geschenke sind da schon drin. Gerade bei uns ist gut ein Drittel minderjährige Kinder dabei, da spielt das eine große Rolle.

Bleiben wir noch bei euch, David. Wie war das, als dein Vater auf einmal nicht mehr da war? Wie hast du das erlebt?

An Weihnachten fehlte all das, was er gemacht hatte. Wenn der Weihnachtstag kam, war bis mittags noch Arbeitstag, dann fingen die großen Vorbereitungen an für ein festliches Abendmahl. Die Wohnung musste geschmückt werden, der Weihnachtsbaum musste geschmückt werden, die Sachen wurden aus dem Kämmerchen geholt, die Krippe wurde aufgebaut, nebenan wurde gekocht, schon in den Tagen zuvor die traditionelle Markklößchensuppe. Diese Markknochen sind heute nicht mehr einfach zu finden. Das musste alles vorbereitet werden, es war ein Riesenaufwand. Und in diesem Riesenaufwand wollte Fritz dann auf einmal Weihnachtsgeschichten vorlesen, Lieder singen mit den Kindern. Bevor dann die Gäste kamen, fuhren wir alle zum Rathausplatz, wo das Turmblasen stattfand. Auch dafür mussten natürlich Vorbereitungen getroffen werden, Plätzchen gepackt, Glühwein gekocht. Auf dem Platz trifft man tausend andere Leute. Für meinen Vater war das wie eine große Party. Es wurde miteinander gesungen, Glühwein und die mitgebrachten Sachen ausgetauscht, bis die Veranstaltung irgendwann zu Ende war. Dann ging es noch in die Christmette, dann nach Hause und die Vorbereitung wurden fortgesetzt. Die Großeltern der verschiedenen Familien trafen ein, die unverheirateten Tanten, die bei uns Weihnachten feierten, wir Kinder. Dann ging es zum Essen, und es war ein ewiger Streit: Erst Bescherung oder erst Essen? Denn die Erwachsenen hätten natürlich keine Ruhe, während nebenan die Geschenke lagen. Dann wurde groß aufgetischt, es gab mehrere Gänge, bis alle prall da saßen. Es wurde getrunken, lustige Geschichten wurden erzählt, es gab dazwischen auch mal einen Streit, gerade mit meinen Großeltern, die Großväter waren ein bisschen knorrig. Danach ging es ans Auspacken, Aufbauen der Sachen und so weiter, bis es irgendwann spät nachts war und überlegt wurde, ob man noch zur Mitternachtsmesse gehen soll. So waren diese Tage.

Als Fritz auf einmal fehlte, er ist damals elf Tage vor Heiligabend gestorben, da war plötzlich alles anders. Gerade rund um diesen ersten Weihnachtsabend haben wir uns viele Gedanken gemacht: Wollen wir dieses Jahr etwas einfacher feiern? Müssen es wirklich so viele Gänge sein? Muss es diese Markklößchensuppe geben? Die muss es geben, egal ob es stürmt oder schneit, und zu wie vielen Metzgern man fährt, bis man genug Markknochen hat. Dann gibt es aber auch Aspekte, die können wir einfach nicht fortführen. Die Freude am Singen zum Beispiel, oder die Lust, sich vorher Geschichten rauszusuchen, dem Christkind nachher zu danken. Das war nach der Bescherung immer so, dass die Kinder noch einmal rausgehen mussten an die Tür und rufen: Danke, liebes Christkind! Und das war nur der erste Tag – Weihnachten besteht ja aus drei Tagen.

An dem Weihnachten nach seinem Tod waren wir in der besonderen Situation, dass Fritz quasi dabei war bei dieser Weihnachtsfeier. Der Sarg stand in einem anderen Raum in der Nähe, der auch weihnachtlich geschmückt war, und wohin seine älteren Schwestern, meine Mutter und wir gehen konnten. An diesem Heiligabend hat meine Schwester auch ihr erstes Kind geboren. Sie kam später an diesem Abend mit ihrem neugeborenen Baby, weil es ihr ganz wichtig war, ihn noch einmal zu treffen, ihm ihr Kind zu zeigen und das Gefühl zu haben, dass die beiden sich getroffen haben. Der Kleine hat damals natürlich nichts davon mitbekommen, aber auch für das Baby ist dieses Weihnachten eine große Erinnerung, weil man an Weihnachten auch über andere Weihnachten spricht und was man da miteinander erlebt hat. Das ist auch bei meinen Kindern so, die auch zu ihrem Opa an den Sarg gegangen sind, sich für die Geschenke, die schon vorher gekauft waren, bedankt haben. So kommt an diesem Abend alles wieder zusammen.

Ich glaube, es ist gerade dann wichtig, sich dem zu stellen. Es wird nichts besser, wenn ich davor weglaufe, sondern da muss ich durch. Das erste Weihnachten haben wir, glaube ich, gar nicht so realisiert. Das zweite Weihnachten war auch schwierig. Und ich würde auch dazu raten, nicht auf einmal alles über Bord zu werfen. Wir haben damals dadurch ganz viel Freude, Spaß, Nähe und Verbundenheit gespürt, dass wir diese Markklößchensuppe weitergekocht haben. Wir sind zum Turmblasen gegangen, haben wieder die Leute getroffen, die sich auch daran erinnert haben, dass Fritz in der Weihnachtszeit gestorben ist. Es verändert sich peu a peu durch dieses sich damit Befassen, sich dem Stellen. Und das ist eine wunderschöne, wundertraurige Angelegenheit, die einfach immer so ein bisschen weitergeht, aber die viel schöner ist, als sie traurig ist.

Dieser Tag darf schwierig sein, und es wäre merkwürdig, wenn es nicht wehtun würde, dass ein so vertrauter Mensch nicht mehr da ist.

Gleichzeitig sehen wir jedes Weihnachten, wie auch wieder Neues, Schönes hinzukommt. Wir sehen vor allem die Gemeinschaft. Mein Vater ist nicht der Erste aus der Familie, der gestorben ist, vor ihm starben seine Großeltern, seine Eltern, andere aus dem Kreis. Sie fehlen und gehören doch weiter zu dieser Weihnachtsgeschichte und zu dem Weg, den wir gehen.

WIE KOMMT MAN IN DIE ZEITUNG?

Im Trauerfall buchen wir eine Traueranzeige oder übertragen diese Aufgabe direkt dem Bestatter. Es wäre aber besonders schön, dieses individuell und kreativ zu gestalten.

David, wird jedes Mal, wenn ihr einen Sterbefall betreut, automatisch auch eine Anzeige vorbereitet und geschaltet?

Nein. Das gibt es nur, wenn es jemand wünscht. Heute ist das etwas seltener geworden, weil nicht mehr jeder eine große Trauerfeier wünscht oder die Freunde und Bekannten gar nicht mehr mit einer Traueranzeige erreicht werden, weil sie keine Tageszeitung lesen.

Gibt es Vorschriften, wie eine Traueranzeige auszusehen hat?

Das gibt es je nach Zeitung schon. Zum Beispiel hat die Frankfurter Allgemeine Zeitung eine bestimmte Schriftart. Und sie sind nicht unbedingt Fans von Bildern und Ähnlichem dort. Eine Alternative dazu sind Briefe, die ich natürlich sehr frei gestalten kann. Oder neue Medien, so dass ich die Gäste über Facebook, WhatsApp oder E-Mail einlade. Die Frage ist: Wie erreiche ich die Menschen, die ich benachrichtigen möchte?

Stimmt es, dass es unterschiedlich teuer ist, wenn ich eine Traueranzeige als Privatmann oder als Firma schalte?

Ja. Es gibt einmal Millimeter-Preise, das heißt, für jeden Millimeter und jede Spalte in einer Zeitung wird ein bestimmter Preis verlangt. Dann gibt es in der Regel auch die

Trennung zwischen Familienanzeigen, die oft subventioniert sind, und Firmenanzeigen, den klassischen Nachruf, der als Firmenwerbung behandelt wird.

Du sagst, die FAZ nimmt Einfluss auf den Schrifttype. Wie ist das bei anderen Zeitungen? Warum sind die Anzeigen eigentlich immer nur schwarz-weiß? Oder ist das ein Trugschluss?

Das ist meiner Meinung nach ein Trugschluss, es kommt auf die Drucktechnik an. Bei uns hier im Kölner Raum können die Anzeigen mittlerweile ganz bunt sein. Das hat eine Weile gedauert, bis diese Möglichkeit bestand. Es gibt dann viele Dinge, die ich trotzdem noch beachten muss. Welche Motive nehme ich? Gehören diese Motive vielleicht irgendjemandem, was ist dann mit dem Copyright? Darüber muss ich mir Gedanken machen.

Wenn bei euch Traueranzeigen geschaltet werden, übernehmt ihr da komplett den Satz und die Gestaltung? Oder kommen die Leute mit fertigen Entwürfen zu euch?

Bei uns ist es so: Wir haben Mitarbeiter, die das Ganze gestalten. Sie machen Entwürfe und Textvorschläge, bis die Trauernden die Anzeige schön finden und freigeben. Dann geben wir sie an die Zeitung weiter. Wir sind hier aber natürlich genauso offen dafür, dass wir Entwürfe von Angehörigen annehmen. Der klassische Fall, den ich so noch aus den Anfangstagen unserer Firma kenne, ist: Man nimmt einen bestimmten Text auf, der dann telefonisch oder per Fax an die Zeitung gegeben wird, die das gestaltet, ohne mir davon einen Korrekturabzug zu schicken. Da kommt es manchmal zu Überraschungen. Die Zeitung gestaltet natürlich auch, aber das hat dann nicht viel mit Individualität zu tun.

Was muss, was darf in eine Traueranzeige?

Auf jeden Fall sollte natürlich der Name und das Geburtsdatum oder -jahr des Verstorbenen darin stehen. Auch der Grund für die Anzeige gehört hinein. Das heißt, entweder dass ich zu einer Trauerfeier einlade oder nur bekanntgebe, dass die Trauerfeier im engsten Familienkreis stattgefunden hat. Darüber hinaus könnte man natürlich noch viel mehr gestalten. Meistens sind den Leuten diese Gestaltungsmöglichkeiten gar nicht bewusst, weil sie sich zuvor nie damit befasst haben. Oft bekommen Trauernde von ihrem Bestatter nur eine kleine Auswahl an Layouts und Texten vorgelegt.

Wie sieht es mit Fotografien aus? Ich kann mich erinnern, dass man vor 30, 40 Jahren noch kaum eine Fotografie auf der Seite mit den Traueranzeigen gesehen hat.

Das hat heute sehr zugenommen, aber vielleicht nehme ich das gerade bei unseren Anzeigen viel wahr. Wir haben auch sonst viel mehr Fotos in der Zeitung. Man nimmt bei den Anzeigen gerne entweder Landschaftsbilder oder auch durchaus Bilder der Personen, damit ich was mit ihnen verbinden kann. Wenn ich einen sehr üblichen Namen habe wie Marie oder Peter Müller, dann brauche ich vielleicht auch ein Bild, damit die Menschen wissen, welche Marie Müller gemeint ist. Eine noch viel schönere Idee, über die wir hier mit Menschen sprechen, ist: ein Bild zu nehmen, das zeigt, wie jemand »ganz in seinem Element« war, sich wohlgefühlt hat, wie man ihn aus dem Alltag kannte. Neben der Aufmerksamkeit, die das schafft, trägt ein solches Foto auch viel zur Atmosphäre einer Anzeige bei.

Es kann also auch ein schönes Urlaubsfoto sein?

Genau. Ein Urlaubsfoto, eine besondere Situation. Ich hatte kürzlich ein ganz tolles Bild von einem jungen Herrn, der in kurzer Anzugshose und einem Frack mit einem Schirm durch einen Sommerregen rennt. Er war Stylist und hat für Hochzeiten gearbeitet, die Braut geschmückt und Ähnliches. Das Bild war toll, weil es einfach zeigte, wie er so war, wie er lächelnd durch den Regen lief. Das Foto könnte beispielsweise auch zeigen, worauf jemand stolz ist, seinen Garten, seine Aktivitäten im Verein. Es erzählt dann einfach mehr über die Person, zusätzlich zu dem Text, den man am besten auch individuell wählen sollte.

Gibt es Menschen, die zu ihren Lebzeiten ihre eigene Traueranzeige gestalten für den Fall, dass sie versterben?

Im Rahmen der Vorsorge gibt es das tatsächlich. Für die Kinder ist das sicher auch gut zu sehen, was hat der andere sich überlegt? Was könnte ihm gefallen?

Wenn du von Kindern sprichst, meinst du nicht die kleinen Kinder …

Nein, die erwachsenen und teilweise sehr alten Hinterbliebenen, Nachfahren desjenigen, der verstorben ist.

Hast du schon einmal darüber nachgedacht, was in deiner Todesanzeige stehen könnte?

Nein. Ich glaube, oder hoffe sogar, dass es zu dem Zeitpunkt, wenn ich sterbe, dann vielleicht schon ganz andere Medien gibt. Filme vielleicht, Avatare oder so etwas eingesetzt werden, um die Gäste einzuladen. Anstatt der Zeile

»Von Beileidsbekundungen am Grab bitten wir Abstand zu nehmen«, fände ich es auf jeden Fall viel schöner, wenn die Gäste wissen, dass sie willkommen sind. Hauptsache die Leute können kommen, wie sie wollen, und sie haben vielleicht in diesem Moment auch noch ein kleines bisschen Freude, weil es eine schöne Abschiedsfeier wird.

WAS GEHÖRT IN EINE TRAUERANZEIGE?

In Zeitungen gehören die Todesanzeigen bis heute zu den meistgelesenen Seiten. Eine gute Traueranzeige kann mehr sein als die Information, dass ein Mensch verstorben ist – eine persönliche Botschaft.

»Ich lese jeden Morgen die Todesanzeigen in der Zeitung. Wenn mein Name nicht dabeisteht, dann mach ich einfach weiter wie bisher.« Das hat der Jazzmusiker Dizzy Gillesbie gesagt. David, geht's dir auch so?

Naja, ich hoffe schon, dass ich noch mitbekomme, ob ich tot bin oder lebe. Wichtig ist, dass man noch was spürt.

Und lesen kann, die Todesanzeigen zum Beispiel: Die zählen nämlich neben dem Sport und dem Lokalteil zu den meistgelesenen Seiten regionaler Tageszeitungen. Und das schon seit über 250 Jahren. Die älteste bekannte Todesanzeige stammt aus dem Jahr 1753, ist im »Ulmer Intelligenzblatt« erschienen, und darin steht: »In der Nacht und am 14. Juli ist Herr Johann Albrecht Cramer, Weiland des Rats, Zeugherr und Handelsmann, allhier im Alter von 70 Jahren an einem Schlagfuß gestorben.« Das klingt sehr formal im Gegensatz zu heute.

Damals dienten die Todesanzeigen tatsächlich fast ausschließlich der Information. Entsprechend sachlich war auch der Ton, eher wie Bekanntmachung, die man als Firma oder Verein machen muss, damit Geschäftspartner, Schuldner, Gläubiger über das Ableben eines Gemeindemitglieds informiert werden.

Und wie ist es heute? Auch heute liest man noch Trauer- oder Todesanzeigen, die Firmen schalten. Aber die meisten sind von Familienangehörigen, oder?

Meistens ist es so, dass die Familie das macht, auch als Bekanntmachung, um das vielleicht nicht jedem erzählen zu müssen. Oder natürlich auch als Einladung. Da steht dann eher die Emotion im Vordergrund. Wobei viele dieser Anzeigen nicht ganz so emotional sind und sich teilweise sehr ähneln.

Ja, es liest sich oft, als würde es Textbausteine geben, die irgendwie zusammengebastelt werden. Warum eigentlich? Ich will nicht sagen, dass sie sich keine Mühe geben. Aber warum ist das so konfektioniert?

Ich denke, es ist wie mit vielem anderen in unserem Bereich. Wenn es um Tod und Sterben geht, fehlt es einfach an einem Vertrautsein. Wer macht sich darüber vorher schon Gedanken? Man liest diese Anzeigen, ab und zu ist vielleicht eine schöne oder interessante dabei. Aber das wird eigentlich gar nicht diskutiert. Man spricht ja auch nicht über Traueranzeigen, sondern liest sie einfach. Wenn ich heute in die Samstagszeitung schaue, kann ich fast Bingo spielen mit den ewigen Sprüchen: »Als Gott sah, dass dir die Hügel zu steil, die Wege zu lang wurden …«, »Das schönste Vermächtnis ist ein Lächeln im Herzen« und so weiter und so fort. Das sind Standardsprüche, die immer passen auf Standardsituationen. Das ist wenig persönlich.

»Wohlan, mein Herz, nimm Abschied und gesunde«, von Hermann Hesse zum Beispiel …

Oder Albert Schweitzer und Augustinus sind beliebt. Ich könnte in jeder Samstagsausgabe einer Tageszeitung Memory spielen. Ich könnte aber auch genauso gut einen persönlichen Ausspruch des Verstorbenen nehmen. Ich könnte Bilder in den Hintergrund oder über die ganze Anzeige verteilt dazusetzen, bis hin zu Collagen. Ich könnte das genauso liebevoll gestalten wie zum Beispiel die Einladung zu einer Hochzeit. Nur sieht man das meistens so nicht in Anzeigen. Anders als in einer Einladung zur Hochzeit, wo ich mir wünsche, kommt alle, meldet euch, wir freuen uns, sind die Todesanzeigen oft nüchtern und trostlos. Schade finde ich, wenn da steht: »Von Beileidsbekundungen am Grab bitten wir Abstand zu nehmen.«

Was kostet denn eine Traueranzeige?

Das ist total unterschiedlich. Es kommt darauf an, wie groß der Verbreitungsbereich der Zeitung ist und auch auf die Größe der Anzeige natürlich. Diese Anzeigenblätter, die regional an alle Haushalte verteilt werden, sind meistens viel günstiger als die Gesamtausgabe der Lokalzeitung oder gar eine überregionale Zeitung. Generell kann man davon ausgehen, dass die Preise so bei 200, 300 Euro anfangen für diese kleinen Blätter oder die Regionalausgabe einer Tageszeitung. Das Zwei- oder Dreieinhalbfache kostet die Anzeige dann, wenn sie in der Gesamtausgabe gedruckt wird. Ein Vielfaches muss ich ausgeben, wenn ich mit meiner Anzeige in die FAZ, die Welt oder ähnliche große Zeitungen gehe, die deutschlandweit erscheinen. Wie immer sind nach oben keine Grenzen gesetzt. Wir hatten sogar schon einmal einen Fall, dass eine Traueranzeige zeitgleich in den 20 größten Zeitungen der Welt über eine ganze Seite erscheinen sollte. Das war der Familie eine halbe Million Euro wert.

Was ist mit Traueranzeigen im Netz? Mittlerweile gibt es verschiedene Plattformen, auf denen man eine Traueranzeige einstellen kann. Der Vorteil ist tatsächlich, dass sie dort bleibt und nicht wie bei einer Zeitung Ende der Woche ins Altpapier wandert.

Bei bestimmten Formaten habe ich wirklich den Vorteil, dass die Anzeige über einen längeren Zeitraum erscheint und die Reichweite höher ist. Es gibt teilweise eine Kommentarfunktion, so dass dort Menschen auch ihr Beileid ausdrücken können.

Traueranzeigen oder Todesanzeigen – haben wir etwas vergessen, David?

Was uns noch ganz wichtig ist: Viele Menschen sind in der Versuchung, in der Anzeige Verhaltenshinweise auszusprechen. Ich denke, ganz egal, wie ich eine Anzeige gestalte: Wenn ich einlade, muss ich einfach dafür sorgen, dass Gäste wissen, dass sie herzlich willkommen sind.

AM ENDE UMARMTE SIE DER TOD ALS SANFTER FREUND ... WIE KANN MAN MIT DEM TOD UMGEHEN?

Dieser Satz steht in der Traueranzeige, die Klaus Reichert für seine Mutter geschrieben hat. Sie ist im März 2021 in einem Pflegeheim gestorben. Dort lebte sie seit einem Schlaganfall fast zwanzig Jahre lang. Klaus Reichert erzählt von Verlust, Abschied und tiefer Trauer.

Klaus, diesmal tauschen wir die Rollen. Der Grund ist leider, dass deine Mutter gestorben ist. Wie geht's dir?

Es geht im Moment. Es ist eine ganz schwere Zeit, so oft wir hier über den Tod gesprochen haben; wenn dann jemand aus dem Kreis der Familie stirbt, ist doch alles anders, als man es sich vorgestellt hat. Man kann es sich eigentlich nicht vorstellen. Einerseits kriege ich meinen Tagesablauf irgendwie hin; andererseits gibt es zwischendurch immer Momente, in denen ich das Gefühl habe, ich werde schwer. Es ist eine Schwere, die auch in meinen Körper fährt. Nicht nur, dass ich Schwierigkeiten habe, mich zu konzentrieren, sondern tatsächlich eine Schwere im Körper spüre und das Gefühl habe, dass ich unglaublich viel Energie brauche, um einen Fuß vor den anderen zu setzen. Für die Dinge, die man tagsüber so macht, brauche ich unglaublich viel Kraft.

Woran ist deine Mutter gestorben?

Meine Mutter ist an einem Herzinfarkt gestorben. Das hat der Arzt, der sie nach dem Tod untersucht hat, auf den Totenschein geschrieben. So genau wissen wir es aber nicht. Meine Mutter war in einem Pflegeheim, viele Jahre lang. In den letzten Monaten hatte ich das Gefühl, dass sie deutlich schneller müder wird, wenn wir sie besucht haben, als das vorher der Fall war. Aber es ging nicht so weit, dass ich dachte, sie könnte sterben. Am Tag ihres Todes war sie in ihrem Zimmer, wollte am Nachmittag nicht aufstehen. Sie hat dann gegen 16 Uhr ihren Kaffee bekommen. Als eine Stunde später die Pflegerin wieder in ihr Zimmer kam, war sie gestorben.

Wie hast du erfahren, dass sie gestorben ist?

Meine Mutter lebte in Wiesbaden in einem Pflegeheim. Es war die letzten Jahre schon so, dass ich jedes Mal einen Schreck bekam, wenn eine Nummer aus Wiesbaden im Display erschien, dann habe ich oft gedacht: Oje, jetzt ist sie gestorben. Es war ganz anders. Mein Bruder hat mich angerufen, er ist vom Heim verständigt worden. Mich hatte das Heim direkt gar nicht erreicht. Und mein Bruder hat gar nicht viel gesagt, nur: Doris ist gestorben. Danach war es so, dass ich am Nachmittag noch etwas zu tun hatte, und mein erster Gedanke war: Wie kriege ich das jetzt alles noch hin? Ich habe mich dann aber an so viele Dinge erinnert, über die wir gesprochen haben, und alles abgesagt. Ich bin sofort zum Heim gefahren. Mein Bruder war schon da. Sie lag noch im Bett, und zwar so, wie sie gestorben war. Sie lag auf der Seite und es sah aus, als würde sie schlafen. Wir haben sie dann auf den Rücken gedreht und den Kopf etwas höher gebettet und die Hände auf den Bauch gelegt. Dann haben wir zwei, drei Stunden bei ihr gesessen. Da liegt ein toter Mensch, deine Mutter, große Gefühle, die durch den ganzen Körper gehen, es schüttelt einen zwischendurch vor Tränen. Ja, und dann saßen wir da.

Wie habt ihr diese Zeit verbracht? Habt ihr viel miteinander gesprochen?

Ja, wir haben das gemacht, was normal ist, glaube ich. Der Amtsarzt war bis dahin noch nicht da gewesen. Man fragt sich in diesem Moment: Was ist überhaupt passiert? Woran ist sie denn gestorben? Bei meiner Mutter war es so, dass sie schon viele Jahre in einem relativ schwierigen und schlimmen Zustand war. Sie hatte vor 21 Jahren eine Hirnblutung, danach lag sie fast ein Jahr im Koma. Sie ist zwar aus dem Koma wieder aufgewacht, hatte dann aber eine Aphasie, das heißt starke Sprach- und Sprechstörungen. Sie konnte nicht mehr reden und ich hatte oft das Gefühl, dass sie auch nicht mehr verstanden hat, was man ihr gesagt hat. Sie wirkte wach, wenn man sie angeschaut hat, und sie hat sich auch über emotionale Zuwendung gefreut. Aber sie war nicht mehr in der Lage, ein eigenes Leben zu führen. Deshalb lebte sie auch im Heim.

Das heißt, ihr musstet euch schon vorher von dem verabschieden, was eure Mama für euch gewesen ist?

Absolut. Wenn ich heute gefragt werde, ist das oft meine Antwort: Meine Mutter ist im Grunde zweimal gestorben. Einmal damals, als sie ins Koma fiel und nach dem Aufwachen nie ins Leben zurückgefunden hat.

Ich weiß, dass wir dann miteinander telefoniert haben. Wir haben uns darum gekümmert, dass sie hierhergebracht wird und vieles besprochen, die ganzen Formalitäten. Du bist dann später auch noch einmal zu uns gekommen, um sie zu sehen. Das war dir ganz wichtig. Wie hast du das erlebt?

An dem Montag, an dem sie gestorben ist, waren wir erst ein paar Stunden bei ihr und sind dann nach Hause gefahren. Am nächsten Morgen sind wir wieder hingefahren. Ich fand es gut von dem Heim, dass sie sie in ihrem Zimmer gelassen haben und sie nicht direkt irgendwo in einen dunklen, abgelegenen Raum gebracht wurde. Als wir ankamen, war sie noch in ihrem Zimmer. Zuerst mussten wir am Eingang des Heims einen Corona-Test machen. Wir haben darüber ein bisschen lachen müssen, meine Mutter war zweimal geimpft, sie stirbt an einem Herzinfarkt, und mein Bruder und ich müssen Corona-Tests machen, um zu ihr zu dürfen. Natürlich ist klar, dass diese Tests notwendig waren, einfach um die anderen Bewohner zu schützen. Ich fand es in dem Moment trotzdem irgendwie skurril. Das Heim, in dem meine Mutter lebte, hat das sehr sorgfältig gehandhabt. Wenn wir sie in den Monaten vor ihrem Tod besuchten, mussten wir alle Abstands- und Hygieneregeln einhalten und dass wurde auch überprüft. Sie hatten dort tatsächlich keinen einzigen Corona-Fall.

Als dann deine Kollegen kamen, haben mein Bruder und ich unsere Mutter selbst in den Sarg gelegt und deine Mitarbeiter haben sie dann mitgenommen. Fast eine Woche verging. Ich bin dann am Samstag noch einmal zu euch gefahren. Im Nachhinein war das für mich ein unheimlich wichtiger Schritt, obwohl es mir schwergefallen ist, morgens hinzufahren, mich auf den Weg zu machen und zu wissen, ich begegne jetzt meiner toten Mutter wieder. Der Weg war echt schwer. Zwei- oder dreimal habe ich sogar daran gedacht, ne, ich will doch nicht mehr. Aber dann passierte Folgendes: In dem Moment, als ich sie dann sah, war das Gefühl wie weggeflogen. Ich habe keine Sekunde mehr daran gezweifelt, dass es die richtige Entscheidung war, das zu machen. Sondern im Gegenteil, es war superwichtig, noch einmal hinzugehen, sie zu sehen, bei ihr zu sitzen mit meiner Frau und meinem Sohn.

Da haben wir uns dann getroffen. Ich kam ein bisschen spät, weil ich vorher noch in einem Gespräch war und wieder ins Haus kommen musste. Ihr wart schon ein wenig in einer Aufbruchsstimmung und die anderen hatten den Raum verlassen, um dir noch einmal Zeit mit ihr zu geben.

Ja. Ich fand, es war eine besondere, gute Erfahrung. Interessant ist, dass man in so einer Situation mit den Menschen, mit denen man spricht, die einem nahe sind, die eigene Frau, der eigene Sohn, Verwandte ein besonderes Verhältnis hat. Einerseits wird man direkt an gemeinsame Erlebnisse erinnert, andererseits ist es so, dass man nach einer gewissen Zeit das Thema wechselt, obwohl der Tote im Raum ist. Wir waren ja alle zusammen mit meiner toten Mutter im Raum und haben dann irgendwann angefangen, auch über andere Dinge zu sprechen. Das hat eine gewisse Erleichterung gebracht hat, das Abfinden mit der Situation wurde durch das Abschweifen der Gedanken erleichtert.
Unser Gespräch war deshalb für mich so gut, weil es noch einmal eine andere Perspektive eröffnete. Du kanntest meine Mutter nur aus Erzählungen, bist ihr aber vorher nie begegnet, erst als sie tot bei euch im Haus war. Ich konnte mit dir anders über sie reden als mit meinen Verwandten. Diese Distanz hat mir gut getan.

Ich erinnere mich an die Bilder, die du mir geschickt hast. Wir haben über deine Kindheit gesprochen und darüber, wie du dich mit dem Leben deiner Mutter auseinandergesetzt hast.

Es hilft, so einen anderen Blick zu haben und darüber reden zu können. Ich habe bestimmt zwei, drei Taschentücher vollgeweint, und die ihr dann zum Abschied noch unter die Decke geschoben. Sie hat meine Tränen mitgenommen. Das fiel mir spontan ein in der Situation. Ich dachte, was kannst du denn jetzt noch machen? Du hast sie in den Sarg gelegt, du hast geholfen, sie so ein bisschen herzurichten, hast sie angefasst, am Arm, auf der Stirn, was noch? Da fiel mir das ein. Ich hatte diese Taschentücher in der Hand, und es war gut, ihr noch irgendetwas von mir mitgeben zu können.

Nachdem du dich dann von ihr verabschiedet hast, haben wir sie zum Krematorium gebracht. Ein paar Tage später war ihre Urne dann wieder bei uns. Und die Frage war: Wie stellst du dir vor, dass wir uns letztlich von ihr verabschieden? Wie möchtest du sie weggeben?

Zu dem Zeitpunkt hatten wir das noch gar nicht entschieden. Und das ist etwas Wichtiges, was ich bei euch gelernt habe: sich wirklich Zeit zu lassen. Nichts muss in der nächsten Stunde oder am nächsten Tag oder auch in der gleichen Woche entschieden werden.
Bei uns war es so, dass wir von vornherein gesagt haben: Sie soll noch ein paar Stunden in dem Heim bleiben. Dann kommt sie zu euch. Dann besuche ich sie noch mal. Dann wird sie verbrannt. Und dann erst entscheiden wir, wenn die Urne da ist, ob wir sie in den Rhein streuen oder ob wir ein Grab kaufen. Ich hatte mit meinem Bruder zwar schon früher darüber geredet, aber er war auch der Meinung: Ach du, wir müssen das jetzt nicht gleich entscheiden. Wir müssen jetzt auch nicht gleich eine Trauerfeier für sie organisieren. Auch das ist etwas, was hilft in der Situation. Meine Mutter war eine so lange Zeit in einem so schweren Zustand, dass

viele Freunde in den letzten Jahren sie sowieso nicht mehr besucht haben.

Im Vorfeld weiß man oft gar nicht so genau, was die Bedürfnisse sind, ob man eine Stelle braucht, zu der man hingehen kann oder einen anderen Weg finden will. Da ist es am besten, einfach zu schauen: Was fühlt sich für mich gut an?

Als mein Vater vor fast zehn Jahren gestorben ist, haben wir zum einen eine Trauerfeier an einem besonderen Ort gemacht, im Bolongaro-Palast in Frankfurt. Das hatte nichts mit Friedhof zu tun. Dein Vater hat damals die Rede gehalten. Das war eine Feier von zwei, drei Stunden. Wir haben dann noch einmal eine kleine Trauerfeier auf dem Friedhof gemacht, als die Urne beigesetzt worden ist. Der Friedhof, auf dem mein Vater beerdigt ist, ist für mich kein sehr bedeutender Ort geworden. Ich war vor Weihnachten zuletzt da mit meinem Bruder. Mein Vater ist am 25. Dezember geboren, am ersten Weihnachtsfeiertag besuchen wir ihn hin und wieder. Nicht jedes Jahr, aber manchmal. Das kann bei meiner Mutter ganz anders sein. Was sich auf jeden Fall gezeigt hat, war, dass es erstens gut war, sich Zeit zu lassen, und zweitens, selbst etwas zu machen, zu spüren, zu begreifen, dass sie, ja, gestorben ist. Das ist echt wertvoll. Die andere Seite ist das, was in einem selbst passiert. Ich glaube, das ist so unterschiedlich bei den Menschen, dass man nur dazu raten kann, sich wirklich Zeit zu lassen und in sich hineinzuhören: Was brauche ich jetzt im Moment? Zum Beispiel hatte ich bei meinem Bruder das Gefühl, er macht das so mit sich aus. Er vermeidet das Gespräch nicht, aber er sucht es auch nicht unbedingt. Und das ist, glaube ich, genau das Richtige: jeden selbst entscheiden zu lassen. Aber niemand sollte sich schämen, wenn er das Gefühl hat, Hilfe zu brauchen, darüber reden zu wollen und das dann auch tun.

Aber das ist schon selten, sich gegenseitig in dieser Unterschiedlichkeit zuzulassen und am Ende etwas zu finden, das für beide gut passt.

Wichtig für mich war auch die Erfahrung, mit dir da zu sitzen. In dem Moment wirklich jemanden zu haben, der die Situation genau kennt und auch ein Gespür dafür hat, wie Menschen sich in so einem Moment fühlen und wie man sie ansprechen kann, was sie dann brauchen. Auch das ist wichtig nach meiner Erfahrung: sich Menschen zu suchen, von denen man weiß, ja, die können das aushalten. Auch wenn ich in Tränen ausbreche oder mich sonst wie verhalte, wie ich mich normalerweise nicht verhalte. Für mich war es ein guter Weg bis heute.

Das freut mich. Früher oder später sind wir alle in dieser Situation.

WAS HÄTTE FRITZ DAZU GESAGT?

Fritz Roth ist Gründer unseres Bestattungshauses Pütz-Roth und auch über acht Jahre nach seinem Tod noch sehr präsent. Er war ein aufgeschlossener, liebevoller und begeisterungsfähiger Mensch.

David, zum Schluss habe ich mir etwas ganz Besonderes einfallen lassen. Wir lassen Fritz Roth zu Wort kommen, deinen Vater und Firmengründer des Bestattungshauses Pütz-Roth. Er hat vor vielen Jahren darüber gesprochen, wie er diese Bestatter-Branche vorgefunden hat:

»Mittlerweile war es bei uns normal, dass 70 bis 80 Prozent der Menschen in Krankenhäusern versterben, in Institutionen nennen wir es mal, und dass diese Toten ganz schnell in lebensfeindliche Bereiche gebracht wurden. Sprich in die Pathologie, in Prosekturen, hinter Friedhofsmauern verschwinden, dass wir viel zu schnell beerdigen. Es war auch immer mehr so der Trend zu Anonymität. Und wenn man vielleicht noch einlud zur Beerdigung, dann schrieb man drunter: ›Von Beileidsbekundungen bitten wir Abstand zu nehmen.‹ Ich glaube, keiner von uns würde zu einer Geburtstagsfeier einladen und drunter schreiben: ›Von Gratulationen bitten wir Abstand zu nehmen.‹ Wir werden immer sprachloser in den wichtigsten Themen unseres Lebens. Und damals, das ist überhaupt auch die Basis meiner Arbeit, habe ich gesagt: So möchte ich selber nicht behandelt werden, wenn ich einen mir wichtigen Menschen verliere. Und so habe ich angefangen, eigentlich ein konventionelles Bestattungshaus in der äußeren Form zu lassen, aber mit neuem Inhalt, mit neuen Betrachtungsweisen zu füllen. Und das möchte ich mit meiner Arbeit ausdrücken. Das ist sogar die zweite, die genauso wichtige Säule meiner Arbeit, die Nicht-Betroffenen wieder mit diesem Thema vertraut zu machen. Damit kann

man nicht früh genug anfangen. Da muss man in die Kinder-
gärten hineingehen, da muss man in die Grundschulen hinein-
gehen, und dann denke ich mal, wenn wir wieder mit dem Tode
erziehen, dann kann ich auch diese Erfahrung des Todes für
mich wirksam heilend annehmen.«

David, wie ist es heute? Werden den Leuten, die Toten immer noch gestohlen, wie es Fritz damals gesagt hat?

Das bekommt zurzeit wieder eine ganz besondere Aktua-
lität. Es war eigentlich immer ein Kämpfen gegen Wind-
mühlen mit kleinen Erfolgen, zum Beispiel, dass ein Verstorbener nicht direkt vom Zimmer im Krankenhaus in
die Prosektur gebracht wurde oder der Bestatter nicht vor
8 Uhr morgens oder nach 8 Uhr abends kommen sollte,
damit in einem Heim keiner etwas mitbekommt. Je nach
Bestatter gibt es das nach wie vor, dass jemand direkt
vom Sterbeort schnell ins Krematorium weggebracht
wird. Vielen ist gar nicht bewusst, dass sie dagegen etwas tun und diesen Vorgängen widersprechen könnten.
Es ist immer eine Frage von Information, da bleiben wir
beständig am Thema. Hier im lokalen Bereich und von
dem, was ich so von Bestattern höre, habe ich schon den
Eindruck, dass Abschiednahmen eine Renaissance erleben und sich Krankenhäuser, Pflegeheime, Hospize mehr
Gedanken machen, wie man diese Abschiedssituation
gestalten kann. Zum Beispiel, dass es dort immer mehr
schöne, helle Räume gibt. Bei all den Gruppen, die uns
besuchen, höre ich mehr und mehr auch, dass sie so etwas
wie Abschiedsrituale pflegen, bevor ein Verstorbener das
Haus verlässt. Zum Beispiel, dass die Mitbewohner sich
versammeln, bevor der Sarg in den Überführungswagen
eingeladen wird. Ich habe schon den Eindruck, dass sich
einiges zum Besseren entwickelt hat.

Eine Situation, die Fritz angesprochen hat, ist: Wir müssen in die Kindergärten und in die Schulen gehen und den Kindern erklären, was Tod bedeutet, anstatt sie von diesem Thema fernzuhalten. In den »Gärten der Bestattung« gibt es bei euch ja mittlerweile sogar einen Kindergarten, einen Waldkindergarten. Wie kam es denn dazu?

Es heißt, der Apfel fällt nicht weit vom Stamm, und so ist alles, was wir tun, auch geprägt von den Gedanken und Träumen unseres Vaters, die wir weiterentwickeln wollen. Mit dem Kindergarten war es konkret so: Es gab den städtischen Begräbniswald, der zuvor im Wesentlichen eine Hundewiese war, auf die dann nachher ein Waldkindergarten gesetzt wurde, übrigens einer der ersten Waldkindergärten Deutschlands. Nach und nach wurde der Kindergarten dann von diesem Bestattungswald mehr und mehr verdrängt, auch die Hunde wurden von diesem Gelände vertrieben. Wir wissen, dass Kinder die perfekten Trauerbegleiter sind. Tiere im Übrigen auch. Das hat dazu geführt, dass wir gesagt haben: So kann das nicht sein. Wir haben dann den Träger dieses Kindergartens eingeladen, zu uns in den Wald zu kommen und dort einen Kindergarten zu gründen. Wir haben vereinbart, dass sie prinzipiell machen können, was sie wollen, nur das Thema eben nicht aussparen sollen. Es waren auch zwei meiner Kinder in diesem Kindergarten, die jüngste ist es noch. Die Kinder sind häufig in dem Wald, sie kommen auch bis zum Bestattungshaus vor und sind da gern gesehene Gäste. Sie fangen an, ganz natürlich über Beerdigungen, trauernde Menschen und die Gräber zu sprechen. All das bekommt eine Normalität.

David, du sprichst von eurem Haus. Fritz hatte eine ganz genaue Vorstellung, wie das Bestattungshaus Pütz-Roth aussehen soll:

»Ich habe diesem Haus in der Konzeption einen Gedanken gegeben, dass ich es nenne: ein Landhotel der Seele. Und das ist eigentlich ein ganz nachvollziehbarer Gedanke. Wenn wir in Urlaub fahren, dann suchen wir uns einen Platz aus, wo wir nicht von vornherein Stress erwarten. Das kann dann immer noch passieren. Aber ich suche mir erst einmal einen Platz aus, wo ich mich fallen lassen kann, wo ich wieder gesunden kann, an Leib und Seele auftanken kann. Und dann komme ich zurück und sage: So, Welt, hier stehe ich mit meinen neuen Gedanken, mit meiner Energie und nehme meine Aufgabe wieder etwas bewusster und neu an. So möchte ich auch Menschen, die einen Trauerstress haben, einen Ort geben, wo sie nicht sofort fliehen, wegschauen von der Thematik, sondern wo sie hinsehen auf den Tod, um über den Tod das Leben für sich zu entdecken. Und so ist dieses Haus wirklich ein Landhotel. Und wenn der Besucher nicht wüsste, dass es ein Haus ist, wo viele Tote sind, wo Trauernde von ihren Toten Abschied nehmen können, wo sie selber den Sarg bauen können, wo Trauerfeiern sehr individuell abends, samstags, draußen in der Natur gehalten werden können, wo gleichzeitig aber auch Kinder herumspringen, weil dort Theater für Kinder ist, wo Kabarett gemacht wird, ja, wo im Sommer jedes Jahr ein Konzert abgehalten wird für alle, die traurig sind, weil sie nicht in Urlaub fahren, weil ihr Partner, ihr Kind gestorben ist, und wo sie trotzdem an einem Abend einfach wieder entdecken können: Ich darf leben trotz des Todes.

Das Landhotel der Seele, das war so eine Beschreibung, die ihm unglaublich gut gefallen hat. Ist das heute auch noch so?

Ja. Und jeden Tag ein bisschen mehr. Wir arbeiten kontinuierlich daran, dieses Haus heller, schöner, gastlicher, persönlicher zu machen, Menschen ganz viel zu bieten, so dass sie sich willkommen fühlen. Das ist uns ganz, ganz wichtig.

Was genau passiert denn inzwischen im Haus, was früher vielleicht nicht passiert ist, als Fritz es noch geleitet hat?

Wir gehen noch konsequenter in die Richtung, die Fritz vorgeschwebt hat. Zum Beispiel, dass wir für die Abschiednahmen zusätzliche, schöne und individuelle Räume entwickeln. Wir haben inzwischen noch viel mehr unterschiedliche Gruppen im Haus. Das heißt, es finden Seminare bei uns statt in der unterschiedlichsten Form, während gleichzeitig natürlich Trauernde hier sind, die mit uns sprechen, die Abschied nehmen, die Trauerfeiern machen, Kindergärten, Gruppen, die zu Veranstaltungen kommen und natürlich die Veranstaltungen selbst. Also das blüht, würde ich sagen.

Ein weiterer Lieblingssatz von Fritz war: Der Tod als Lehrmeister für zivilen Ungehorsam. Gilt das heute noch?

Das gilt jeden Tag und auch jeden Tag aufs Neue. Wir kommen immer wieder in Situationen, dass Angehörige eine schöne Idee haben, die sie umsetzen möchten und wir auf Sachbearbeiter treffen in diesen überregulierten Steinwüsten, die man Friedhöfe nennt, die sich vieles nicht vorstellen können. Das ist ein tägliches Verhandeln, ein tägliches Übernehmen von Verantwortung für uns und die Angehörigen, die wir begleiten. Wir machen da auch ganz tolle Erfahrungen, wenn Menschen sehen, dass so etwas klappt und dass ihnen das gut tut, und sie ihre Vorstellungen von Trauer verwirklichen können. Menschen in dieser schwierigen Situation zu begleiten, ihnen zur Seite zu stehen und ihnen helfen zu können ist eine wunderbare Aufgabe.

Sollte diese Publikation Links auf Webseiten Dritter enthalten, so übernehmen wir für deren Inhalte keine Haftung, da wir uns diese nicht zu eigen machen, sondern lediglich auf deren Stand zum Zeitpunkt der Erstveröffentlichung verweisen.

Penguin Random House Verlagsgruppe FSC® N001967

1. Auflage
Copyright © 2021 Gütersloher Verlagshaus, Gütersloh,
in der Penguin Random House Verlagsgruppe GmbH,
Neumarkter Str. 28, 81673 München

Umschlagmotiv und Innenillustrationen: © Thomas Balzer/Pütz-Roth
Druck und Bindung: CPI books GmbH, Leck
Printed in Germany
ISBN 978-3-579-07179-4
www.gtvh.de

Das Kaleidoskop des Trauerns

Chris Paul
Ich lebe mit meiner Trauer
Das Kaleidoskop des Trauerns
für Trauernde

· ·

272 Seiten / Klappenbroschur /
durchgehend vierfarbig
ISBN 978-3-579-01458-6
Auch als E-Book erhältlich

Chris Paul
Wir leben mit deiner Trauer
Das Kaleidoskop des
Trauerns für Freunde und
Angehörige von Trauernden

· ·

272 Seiten / Klappenbroschur /
durchgehend vierfarbig
ISBN 978-3-579-01459-3
Auch als E-Book erhältlich

Erfahren Sie mehr zu diesen Büchern unter **www.gtvh.de**

Chris Paul, eine der renommiertesten Trauerbegleiterinnen
Deutschlands, präsentiert einen neuen Ansatz der Trauerbewäl-
tigung: Ihr Kaleidoskop des Trauerns bietet ein lebensnahes,
leicht verständliches Bild, in dem sich Trauernde und ihre Angehörigen und Freunde auf ihren Trauerwegen erkennen können.
Sie zeigt viele unterschiedliche Reaktionen und Gestaltungsmöglichkeiten eines Trauerweges. Die möglichen Stolpersteine
werden anschaulich beschrieben und ihre Bewältigung kann mit
den vielen alltagstauglichen Ideen zur Unterstützung gelingen.

GÜTERSLOHER
VERLAGSHAUS

Trauern ist Hochleistungssport

Maya Stomp
Wir Witwen sind ein zähes Volk
Trauern ist Marathon für
die Seele

· ·

160 Seiten / gebunden
mit Schutzumschlag /
durchgehend vierfarbig
mit Illustrationen von
Charley Ambagtsheer
ISBN 978-3-579-02396-0
Auch als E-Book erhältlich

· ·

Erfahren Sie mehr
zu diesem Buch unter
www.gtvh.de

Der Tod eines geliebten Menschen verändert alles.
Die Welt rückt unfassbar weit weg, sie ist nicht mehr
wie zuvor. Am 7. September 2010 wurde Maya Stomp
mit 41 Jahren plötzlich Witwe. Seit diesem Tag lernt sie,
was Trauern heißt, was hilft, aber auch was eben nicht
hilft, den Verlust eines geliebten Menschen ins eigene
Leben zu integrieren. Die Autorin erzählt ihre persönliche
Geschichte und stellt auch Erfahrungen anderer Witwen
vor. Ihre Mission ist, dass Trauernde lernen, Mitgefühl
mit sich selbst zu entwickeln und sich Raum zu lassen
für die harte Arbeit, die das Trauern ist.

GÜTERSLOHER
VERLAGSHAUS